山东省成人高等教育财经类品牌专业系列教材

国际金融学

宿玉海　主编

经济科学出版社

责任编辑：吕　萍　于海汛
责任校对：郑淑艳
版式设计：代小卫
技术编辑：邱　天

图书在版编目（CIP）数据

国际金融学/宿玉海主编．—北京：经济科学出版社，2011.2
山东省成人高等教育财经类品牌专业系列教材
ISBN 978-7-5141-0236-9

Ⅰ.①国…　Ⅱ.①宿…　Ⅲ.①国际金融学-成人教育：高等教育-教材　Ⅳ.①F831

中国版本图书馆 CIP 数据核字（2010）第 250433 号

国际金融学
宿玉海　主编
经济科学出版社出版、发行　新华书店经销
社址：北京市海淀区阜成路甲 28 号　邮编：100142
总编部电话：88191217　发行部电话：88191540
网址：www.esp.com.cn
电子邮件：esp@esp.com.cn
汉德鼎印刷厂印刷
德利装订厂装订
710×1000　16 开　17 印张　290000 字
2011 年 2 月第 1 版　2011 年 2 月第 1 次印刷
印数：0001—3000 册
ISBN 978-7-5141-0236-9　定价：31.00 元

山东省成人高等教育财经类品牌专业系列教材

编 审 委 员 会

总 序

（一）

为贯彻落实《山东省教育厅、山东省人事厅、山东省财政厅关于加快山东省成人高等教育改革与发展的若干意见》（鲁教职字〔2006〕9号）（以下简称《意见》）精神，进一步深化成人高等教育改革，提高人才培养质量，推动山东省成人高等教育快速健康发展，山东省教育厅自2007年开始在山东省高等学校启动“山东省成人高等教育人才培养模式和教学内容体系改革与建设项目”，开展成人高等教育品牌专业建设工作。品牌专业建设的总体指导思想是：以经济社会发展需求为导向，以提高在职从业人员知识、能力、素质为目标，以大力加强教学工作、切实提高成人高等教育质量为中心，以改革成人高等教育人才培养模式、教学内容、课程体系、教学方法和手段为重点，通过品牌专业建设，进一步优化山东省成人高等教育专业结构，办出成人高等教育特色，提高成人高等教育人才培养的质量，更好地为人才强省和科教兴鲁服务。《意见》中对专业培养目标和方案提出了明确的建设思路：培养目标符合时代要求，培养规格定位准确，具有鲜明的职业针对性，突出岗位、职业对知识能力素质的要求；培养方案紧扣“突出行业性与职业性、应用性与实用性”等特点，工学结合、校企结合，实行“双师、双证”的培养模式，有利于创新精神、实践能力和创业能力的培养。《意见》中对课程建设也指出了详细的建设任务：大力开发符合培养目标、体现成人高等教育特点的课程体系与特色课程群。认真设计结构完整、内容新颖、体例规范、体现课程设计目标及符合各类成人高等教育学习对象、学习层次和学习形式的课程教学大纲。注重编写具有山东成人高等教育特色的高水平教材，尤其突出案例教学与实验环节，适应成人教育的特点与要求；编写适合学生自学的高质量的自学指导书，等等。

为进一步加强山东省成人高等教育专业建设，优化专业结构，提高专业建设水平，切实保证成人高等教育办学质量，根据《山东省教育厅关于开展成人高等教育品牌专业建设工作的通知》（鲁教职函〔2007〕8号）精神，山东省教育厅研究制定了《山东省成人高等教育品牌专业建设标准》（以下简称《标准》）。《标准》从指导思想与建设规划、培养目标方案与模式、师资队伍、教学条件、资源建设、教学资源与管理、人才培养质量与社会声誉、特色项目等8个方面进行了详细的规定，形成了规范的省级建设标准。《标准》在课程资源建设中对教材编写提出了具体的要求：成人教育教材建设要有完整规划，措施要得力。自编教材在内容取舍、重点、难点、编写体例等方面有自己的特色，符合成人教育学生学习实际，使用效果好。

根据《山东省教育厅关于开展2008年成人高等教育品牌专业建设项目申报与评选工作的通知》（鲁教职函〔2008〕11号）要求，在学校申报与专家评审基础上，山东省教育厅确定了17个2008年度山东省成人高等教育品牌专业建设点，其中包括山东财政学院承担建设的金融学专业。

为强化成人教育金融学品牌专业建设，打造山东财政学院成人教育优质专业品牌，学校在第一时间成立了以副校长王玉华教授为组长，继续教育学院院长韩庆华教授、教务处处长刘正林教授、金融学院院长黄磊教授、专业建设负责人刘瑞波教授为副组长，由金融学院、继续教育学院、教务处、实验教学中心等单位有关专家教授共同参与的成人教育金融学品牌专业建设领导小组，全面负责品牌专业建设的规划部署。领导小组办公室设在继续教育学院，负责品牌专业建设工作的具体实施。

（二）

金融学院作为成人教育金融学品牌专业建设的主要依托学院，近年来始终坚持以学科建设为中心，力推教学改革，大力培养、引进人才，努力提高教学、科研水平和人才培养质量，积极发挥专业、学科优势向社会提供专业服务，并形成了自身的学科优势和特色。本科教学质量已达到省内领先水平。

金融学院现拥有金融学、保险学、金融工程、信用管理四个本科专业，其中金融学为国家管理专业。拥有金融学硕士点专业和金融硕士、保险硕士两个专业学位授权点。拥有专业教师39人。其中，教授8人，占20%；副教授21人，占54%；讲师10人，占26%。从学位结构看，共有博士17人，占44%；硕士14人，占36%；学士8人，占20%。设有金融理论、金融管理、金融投资、国际金融、金融工程、保险6个教研室，以及证券期货研究所、资本运作管理研究所、金融产业发展研究所和金融服务外包实验室等研究机构。现有的主要教学与科研资源配置，能够较全面地适应金融学学科框架下的教学与研究需要。

金融学学科为山东省人民政府“泰山学者”特聘教授设岗学科，是省内同学科中唯一设岗单位。金融学是山东省省级重点学科。证券投资学、国际金融两门课程为山东省省级精品课程。金融学院现已成为学校规模最大、实力最强的教学单位之一，也是山东省最大的金融类本科人才培养基地和重要的研究生培养基地。先进的教育理念、卓越的师资队伍、完善的学科结构、超强的科研实力、科学的运行机制、丰富的管理经验，为成人教育金融学品牌专业建设提供了强大的后盾、坚实的基础和较好的平台。

（三）

特色课程是成人教育品牌专业建设的重要组成部分，经成人教育品牌专业建设领导小组推荐，学校教材建设委员会同意将《金融学》、

《国际金融学》、《商业银行经营学》、《证券投资学》、《金融风险管理》、《保险学》和《投资银行学》等7门特色课程教材列入校级成人教育规划立项教材。为全面完成品牌专业建设目标和任务，在规定时间内达到验收标准，我们邀请金融学院长期从事金融学专业教学与科研的沈丽、宿玉海、冯曰欣、张延良、安起光、孙秀清、刘瑞波等7位教授担任教材主编，多位经常参与成人教育教学的教授、青年骨干教师参加，共同编撰了这套金融学品牌专业特色课程系列教材。

本套系列教材的编写以金融学品牌专业培养目标和培养规格为依据，遵循成人教育教学规律，充分体现教学思想的先进性、课程设置的科学性和教学内容的实用性、前沿性。本套系列教材的编写遵循以下基本原则：(1) 要在明确人才培养目标的基础上进行教材建设。成人高等教育金融学专业人才培养的目标是培养适应现代经济建设和社会需要，掌握金融学基础理论、基本知识和基本技能，具有分析、解决一般性金融业务和技术问题的能力，能在银行、证券、投资、保险、信托、租赁等金融机构及相关经济管理部门从事金融业务操作或管理工作的应用型人才。该培养目标根据成人教育对象的特点更加突出微观实用化、技术化和综合化等特色。在教材编写方面，我们要求紧紧围绕上述培养目标安排和设计面向成人高等教育金融学专业的课程体系，并在此基础上进行教材体系的建设。(2) 把专业主干课程教材作为教材建设的重点。在教材建设中，专业主干课程的确定及其教材的建设具有特别重要的意义。它不仅可以使学生掌握必备的专业基础知识，保证人才培养的基本标准，而且有利于加强教学的宏观管理与评估。(3) 与时俱进，构建与培养目标相适应的教学内容体系。教材建设的关键在于构建与培养目标相适应的教学内容体系。要根据时代的发展不断补充和引进新的内容，尽可能做到既反映本门学科的先进水平，又比较简明易懂。(4) 各门教材之间要统筹兼顾，防止低水平重复。不同课程的教材在内容上会有所交叉，在进行教材体系建设时，应做必要的协调和适当的分工，尽可能做到通盘设计，避免不合理的重叠与交叉。

与普通教育相比，成人教育的教材对学生的指导作用尤为突出。

为此，我们要求本套系列教材的编写在内容取舍、重点、难点、编写体例等方面有自己的特色，符合成人教育学生的学习实际，能够体现成人高等教育教学和自学相结合的学习特点。教材内容的撰写，要求简练精确，用语通俗，重点突出。每章内容主要分为五个部分：学习目标、基本理论与基本原理、专题研讨、案例分析和习题思考。其中，“学习目标”主要阐明学生应该掌握哪些基本概念和基本知识，理解哪些基本理论原理，以及需要了解的相关知识。“基本理论与基本原理”是每一章的主体内容，包括该章的基本概念、基本知识以及相关理论与原理。“专题研讨”属于对“基本理论与基本原理”的知识拓展，属于学生可以选读的部分。“案例分析”是基于每一章讲述的基本理论与基本原理，结合实际经济现象或经济事例进行原理分析，是引导学生用所学理论知识对实际问题进行分析的专门训练。“习题思考”是基于每章所讲述的知识内容提出相关问题，检验学生学习的效果和对知识掌握的程度。

（四）

本系列教材是2009年度山东省教育厅高等学校科研计划项目“山东省成人高等教育财经类品牌专业建设与创新研究”（J09WL03）的阶段性成果。

本系列教材是在山东财政学院金融学品牌专业建设领导小组的直接领导与指导下完成的，值此之际向领导小组的各位领导、专家表示衷心的感谢。

继续教育学院是学校负责成人教育的职能管理部门，具体负责金融学品牌专业建设的协调、管理和监督。在编写过程中，继续教育学院为各编写组提供了健全的组织保障、丰富有效的资讯、精确的专业咨询和细致的后勤保障，在此真诚地向继续教育学院韩庆华院长、李好香副院长、范瑞雪副院长表示由衷的谢意。

为高质量地组织好、编写好本系列教材，参加教材编写的金融学院诸位老师以高度的责任心、光荣的使命感与团队合作精神，克服了教学管理事务多、教学工作繁忙、科研任务重等种种困难，积极参加领导小组组织的数次建设论证会、编写协调会，在规定的时间内出色地完成了教材的编撰任务，确保了本套系列教材的权威导向性、不可替代性和应有的应用价值、传播价值。值此系列教材即将出版之际，特向为教材编写付出辛勤劳动的各位老师表示真挚的感谢。

教材出版前的审定，是借助外力确保教材编写质量的一个重要环节。基于此，教材初稿完成后，领导小组单独组织了审稿会议，聘请山东大学经济学院常务副院长、博士生导师胡金焱教授，东北财经大学金融学院院长、博士生导师邢天才教授，中央财经大学金融学院博士生导师张碧琼教授，山东财政学院金融学院副院长宿玉海教授为审稿专家，从教材是否体现成人教育思想观念，是否达到思想性、系统性、科学性、先进性和适用性要求；从教材在学科体系、结构上是否符合本专业培养目标、培养规格和本门课程的教学基本要求，是否正确处理了相关课程之间的交叉、衔接；从教材书稿的撰写是否符合出版要求，引用的资料是否注明出处，引用的科研成果是否成熟，教学方法是否符合现代成人教育思想观念所体现的认知规律等诸多方面，对本系列教材中《金融学》等7本教材进行了全面科学的审查，并有针对性地提出了修改意见与建议。在此，感谢各位专家、教授所做的富有成效的工作，正是由于他们的严格把关、诚实履行审稿职责，才确保了本系列教材的学术价值、市场价值和品牌影响力。

在金融学品牌专业和特色课程建设过程中，山东省教育厅职成教处处长张士瑞调研员多次亲临研讨会指导，对培养方案、教学大纲和教材的编写设计提出宝贵意见，经济科学出版社总编辑吕萍女士给予了热情帮助，在此一并表示感谢！

品牌专业建设负责人　刘瑞波

2010年11月12日

前　　言

本教材是山东省教育厅立项的“山东省成人高等教育财经类品牌专业建设与创新研究”课题项目（批准号为J09WL03）中“特色课程体系建设”子课题项目系列教材之一。

国际金融学是从货币金融角度研究开放经济条件下一国如何同时实现内外均衡目标的一门独立学科。国际金融学的研究主题涉及微观市场层面，也涵盖宏观及政策层面，具体地讲，本学科的主要研究内容包括国际收支问题、汇率决定理论和汇率制度问题、国际金融市场及外汇风险管理问题、实现内外均衡的国内政策搭配和国际政策协调问题。

自20世纪90年代国际金融学成为一门独立学科以来，该学科在国内发展很快，涌现出很多国际金融学教材，其中许多达到了较高的学术水平。目前已经出版的同类教材各有不同的侧重点，一些教材注重理论和政策分析，另一些则注重市场运行和企业跨国投融资分析，当然也不乏同时兼顾上述两者的教材。但是由于国际金融学研究内容的涉及面广，而理论与实践的发展变化又很快，所以仍然很难从众多教材中找到一本既吸纳了理论研究的最前沿，同时又全面反映国际金融市场实践最新发展变化特点的教材。本教材在尽量吸收国际金融理论研究领域最新成果的同时，也注重反映国际金融业务的新发展，力求使教材结构更加严谨，内容更加新颖，信息量更为丰富，更有利于读者把握国际金融学的理论和实务。

本教材分为三部分内容：

第一部分（包括第1章～第4章）为基础篇，主要介绍国际收支、外汇和汇率、汇率决定理论以及汇率制度，为进一步研究国际金融问题做准备。其中，第1章从国际收支的概念出发，介绍国际收支平衡表的含义和内容、国际收支平衡表的编制、国际收支平衡表的分析以及国际收支的失衡和调节，最后结合中国国际收支平衡表介绍了中国国际收支概况及其运行特征；第2章在介绍外汇、汇率的基本概念和种类的基础上，分析了汇率变动对一国的经济影响；第3章介绍了汇率决定理论，包括购买力平价学说、利率平价学说、国际收支说、汇率决定的资产市场说；第4章介绍了不同汇率制度的优劣比较以及港币联系汇率制度，在本章的最后，吸纳了由我们承担的2005年教育部社科规划基金项目《钉住一篮子货币汇率制度研究》的最新研究成果，介绍了人民币参考一篮子货币汇率制度的相关内容。

第二部分（第5章和第6章）为市场篇，介绍国际金融市场和国际金融机构以及金融衍生品交易市场。其中，第5章介绍国际金融市场构成和发展特点、国际金融机构，以及我国与国际金融市场和国际金融机构的关系；第6章重点介绍金融衍生品交易市场，包括远期外汇交易、外汇期货交易、外汇期权交易以及其他金融衍生品交易等。

第三部分（第7章~第10章）为政策篇，内容主要涉及一国在开放经济条件下宏观经济政策的实施，以及不同国家之间的宏观政策协调等问题。其中，第7章阐述开放经济下的政策搭配原理，以及货币、财政政策效力（蒙代尔—弗莱明模型和AD-AS模型）；第8章和第9章分别阐述开放经济下的汇率政策、国际储备政策以及不同政策之间的搭配；第10章以国际货币合作的发展与变革作为全书的终结。

本教材以汇率、市场以及内外均衡同时实现为主线贯穿其中。

作为面向成人高等教育学生使用的教材，本书在编写过程中严格遵照教育部颁布的“全国成人高等教育教学基本要求”，坚持理论联系实际的原则，结合我国成人教育的教学规律和特点，使教材内容完整统一，具有一定的理论性、科学性和实用性，力求使本书从内容到形式真正符合成人教育的特点和要求并有新的突破。具体表现为：

（1）理论联系实际。国际金融学的特点是理论与实务并重，考虑到成人教育学生的学习特点，本教材在编写过程中兼顾理论性、实务性和应用性。在阐述清楚基本理论、基本原理、基础知识的前提下，本教材密切联系社会经济改革之实际，做了大量的具有典型性、代表性的案例分析，最大可能地贴近不断变化发展的客观现实，力求做到理论与实践的有机结合，以提高学生学习的主动性与积极性。

（2）体系完整，编排科学合理，符合成人教育的认识规律。本教材兼顾理论与国际金融市场实务，形成了一个内容科学合理、逻辑严密的理论体系。在编排教材内容时，根据成人教育自学特点，本教材遵循循序渐进、由浅入深、重点

前　言

突出、难点讲清、不留疑点的编写理念，在逻辑体系、理论知识、专题研讨与复习思考题等方面的设置上均给学生留有充分的学习、思考和探索的空间，以激发学生的主动学习兴趣，变单一的知识传授为多元的创新素质教育。

（3）反映学科前沿和国际金融实践的最新发展。国际金融学的研究与时代发展和市场动态紧密联系，本教材在该学科理论体系的基础上力争体现国际金融理论研究的热点和前沿，同时保证教材内容能够与国际金融实践相同步，并且注意这些内容的公认性和相对成熟性。例如，自2005年7月21日起，我国开始实行“以市场供求为基础、参考一篮子货币进行调节、有管理的浮动汇率制度”，结合我们承担的2005年教育部社科规划基金项目《钉住一篮子货币汇率制度研究》的最新研究成果，本教材增加了人民币参考一篮子货币汇率制度等内容。

本教材由宿玉海教授担任主编，张忠宝副教授、柏宝春副教授和贾新民副教授共同担任副主编。具体写作分工是：第1章由崔晓燕撰写，第2、3章由柏宝春撰写，第4、9章由宿玉海撰写，第5章由籍森林撰写，第6章由张忠宝撰写，第7章由山东大学秦川撰写，第8章由贾新民撰写，第10章由安军、张延良撰写。宿玉海教授负责全书最后的审阅和定稿。

教材在编写过程中，得到了山东财政学院继续教育学院韩庆华院长、李好香副院长、范瑞雪副院长，品牌专业建设负责人刘瑞波教授，经济科学出版社总编辑吕萍女士，以及其他领导和老师的大力支持和帮助，在此一并致以诚挚的谢意。

在本书的写作过程中，参考了大量国内外论著、教材和学术论文，借鉴了大量前人的研究成果，在此对涉及的所有作者表示感谢！虽然我们倾注了大量的精力和时间来完成这本教材，但由于知识水平的局限，诸多疏漏和错误之处在所难免，敬请读者批评指正。

编　者

2010年11月

目　　录

第 1 章　国际收支和国际收支平衡表 …… 1

学习目标 …… 1

基本理论与基本原理 …… 1

1.1　国际收支 …… 1

1.2　国际收支平衡表 …… 3

1.3　国际收支调节手段 …… 13

1.4　中国的国际收支 …… 18

专题研讨 …… 28

专题 1.1　国际收支和国民收入核算的关系 …… 28

案例分析 …… 29

案例 1.1　中国国际收支的“双顺差” …… 29

习题思考 …… 29

第 2 章　外汇与汇率 …… 30

学习目标 …… 30

基本理论与基本原理 …… 30

2.1　外汇概述 …… 30

2.2　汇率 …… 34

2.3　汇率变动的经济影响 …… 38

专题研讨 …… 41

专题 2.1　外汇市场行情解读 …… 41

案例分析 …… 43

案例 2.1　套算汇率 …… 43
习题思考 …… 44

第 3 章　汇率决定理论 …… 45

学习目标 …… 45
基本理论与基本原理 …… 45
3.1　汇率与价格水平的关系：购买力平价 …… 45
3.2　汇率与利率的关系：利率平价说 …… 49
3.3　汇率与国际收支的关系：国际收支说 …… 53
3.4　汇率决定的资产市场说 …… 55
专题研讨 …… 62
专题 3.1　汇率决定理论发展回顾 …… 62
案例分析 …… 63
案例 3.1　换汇成本说 …… 63
习题思考 …… 64

第 4 章　汇率制度 …… 65

学习目标 …… 65
基本理论与基本原理 …… 65
4.1　固定汇率制度与浮动汇率制度比较 …… 65
4.2　港币联系汇率制度 …… 71
4.3　人民币参考一篮子货币汇率制度 …… 76
专题研讨 …… 85
专题 4.1　中间汇率制度比较 …… 85
案例分析 …… 88
案例 4.1　人民币汇率制度改革 …… 88
习题思考 …… 88

第 5 章　国际金融市场和国际金融机构 …… 89

学习目标 …… 89
基本理论与基本原理 …… 89
5.1　国际金融市场 …… 89

5.2 国际金融机构 …… 98
5.3 中国与国际金融市场 …… 111
5.4 中国与国际金融机构 …… 122
习题思考 …… 126

第6章 金融衍生品交易市场 …… 127

学习目标 …… 127
基本理论与基本原理 …… 127
6.1 远期外汇交易 …… 127
6.2 外汇期货交易 …… 133
6.3 外汇期权交易 …… 139
专题研讨 …… 144
专题6.1 利率期货 …… 144
专题6.2 利率互换 …… 147
专题6.3 货币互换 …… 148
案例分析 …… 149
案例6.1 利率互换的比较收益分析 …… 149
案例6.2 货币互换的比较收益分析 …… 152
习题思考 …… 153

第7章 开放经济下的财政、货币政策 …… 155

学习目标 …… 155
基本理论与基本原理 …… 155
7.1 开放经济下的政策搭配原理 …… 155
7.2 开放经济下短期财政、货币政策效力 …… 163
7.3 开放经济下中长期财政、货币政策效力 …… 167
习题思考 …… 172

第8章 开放经济下的汇率管理与外汇管制政策 …… 173

学习目标 …… 173
基本理论与基本原理 …… 173
8.1 政府对外汇市场的干预 …… 173

8.2 政府的外汇管制政策 …… 178
8.3 中国的外汇管理政策 …… 192
专题研讨 …… 200
专题 8.1 蒙代尔—克鲁格曼不可能三角模型 …… 200
专题 8.2 汇率政策与支出增减政策的搭配 …… 201
案例分析 …… 203
案例 8.1 1999 年 IMF 的汇率制度分类 …… 203
习题思考 …… 205

第 9 章 开放经济下的国际储备政策 …… 206

学习目标 …… 206
基本理论与基本原理 …… 206
9.1 国际储备的内涵及构成 …… 206
9.2 国际储备管理 …… 214
9.3 国际储备政策与其他政策的搭配 …… 217
专题研讨 …… 221
专题 9.1 国际储备的结构管理 …… 221
案例分析 …… 224
案例 9.1 中国的外汇储备 …… 224
习题思考 …… 224

第 10 章 国际货币合作 …… 225

学习目标 …… 225
基本理论与基本原理 …… 225
10.1 国际金本位体系 …… 226
10.2 布雷顿森林体系 …… 232
10.3 牙买加体系 …… 240
习题思考 …… 249

参考文献 …… 250

第1章　国际收支和国际收支平衡表

学习目标

◇ 理解国际收支和国际收支失衡的含义，以及国际收支账户的分析方法。

◇ 了解国际收支平衡表的项目构成。

◇ 掌握国际收支平衡表的编制原则与应用、国际收支失衡的调节。

基本理论与基本原理

1.1 国际收支

1.1.1 国际收支的概念

国际收支（Balance of Payments）是伴随着国际经济交往的产生和发展而出现的。在各国的政治、经济、文化交往过程中必然会发生各种各样的商品、劳务、资本和技术等的转移，从而必然会产生货币性和非货币性的支付问题，由此引起了国际收支统计和对国际收支进行分析的问题。根据国际货币基金组织（IMF）的解释，一国的国际收支是指在一定时期内一国（或地区）的居民与非居民间所进行的全部经济交易的系统记录。此即为广义的国际收支概念。

事实上，对于国际收支的概念，不同的历史时期有不同的理解。17世纪初期，由于国际经济交往内容简单，形式单一，规模又比较少，国际收支仅仅被解释为一国的对外贸易差额（Balance of Trade），因为贸易盈余可以为该国带来黄金内流。后来，各国逐步重视需要以货币结清的其他各种国际经济交易，这时，国际收支被用来描述一个国家的外汇收支，即一国在一定时期内（通常为一年）必须同其他国家立即结算的各种到期收付的差额。外汇收支就是我们常说的狭义的国际收支，它所包含的经济交易都以现金支付为基础。那些不引起现金支付的交易，如补偿贸易、易货贸易、实物形式的无偿援助以及清算支付协定下的记账贸易等，都没有包括在外汇收支内。第二次世界大战以后，由于国际经济交易的内容和范围不断扩大，此时，并非所有的国际往来都涉及货币支付，比如对外国以实物形式提供的无偿援助和投资等，而且这种不涉及货币支付的国际往来已经占据了相当重要的地位，这样一来，外汇收支这一概念已经不利于一国当局全面掌握其国际经济交易的全貌，于是狭义的国际收支为广义的国际收支所取代。IMF 所给出的国际收支概念包含全部国际经济交易，目前各国普遍采用的正是这一广义的国际收支概念。

1.1.2 对国际收支概念的解释

对于国际收支这一概念，应从以下几个方面理解：

(1) 国际收支记录的是涉外经济交易，即一国居民与非居民之间的交易。居民和公民是两个不同的概念，居民是一个经济概念，公民是一个法律概念。他国的公民如果在本国长期从事生产和消费，也可能属于本国居民。在国际收支统计中，居民是指在该国居住一年以上的自然人和法人。IMF 规定：自然人居民，是指那些在本国居住时间长达一年以上的个人，但官方外交使节、驻外军事人员以及留学人员一律是所在国的非居民；法人居民，是指在本国从事各种经济活动的盈利、非盈利机构，如政府机构、企业、非盈利团体等。这样，跨国公司的母公司和其海外分支机构分别属于其所在国的居民，但国际性机构如联合国、国际货币基金组织等均是任何国家的非居民。

(2) 国际收支反映的内容以交易为基础。这些交易既包括涉及货币收支的对外往来，又包括未涉及货币收支的对外往来。对于那些未涉及货币收支的对外往来需折算成货币加以记录。国际收支所包含的经济交易十分丰富，可以归纳为五类：①金融资产与商品和劳务之间的交换，即以货币为媒介的商品和劳务买卖；②商品和劳务与商品和劳务之间的交换，即物物交换；③金融资产和金融资产之间的交换；④无偿的、单向的商品和劳务转移；⑤无偿的、单向的金融资产转移。需要指出的是，在某些情况下，实际资源和金融资产并未在国与国之间发生流动，但如果根据推论能够确定交易的存在，这样的经济活动也应在国际收支中予以记录。国外投资者收益的再投资就是一个例子：投资者的海外子公司所获收益中有一部分是属于投资者本人的，如果该投资者将这部分收益在当地进行再投资，则必须在国际收支中予以反映，尽管这一行为并未涉及两国间的实际资源或金融资产的流动。

(3) 国际收支是一个流量概念。根据统计学的定义，流量是一定时期内发生的变量变动的数值。国际收支一般是对一年内居民和非居民之间的交易进行总结，因而它是一个流量概念。

(4) 国际收支是一个事后的概念。定义中的“一定时期”一般是指过去的一个会计年度，所以它是对已发生事实进行的记录。

1.2 国际收支平衡表

1.2.1 国际收支平衡表的含义与内容

国际收支平衡表是将国际收支按照特定账户分类和复式记账原则表示的会计报表。世界上大多数国家曾根据不同的经济分析需要编制了不同格式的国际收支平衡表，为便于汇总和比较，IMF在其《国际收支手册》中对国际收支平衡表的编制所采用的概念、准则、管理、分类方法、标准构成等都作了统一的说明。根据该手册的规定，国际收支平衡表由三大部分构成：经常账户、资本和金融账户、错误与遗漏账户。表1-1即为IMF《国际收支手册》第五版中所规定的国际收支平衡表的标准格式。

表1-1　　国际收支平衡表主要项目构成

项目	贷方（+）	借方（-）
一、经常账户		
1. 货物和服务		
（1）货物		
（2）服务		
2. 收益		
（1）职工报酬		

续表

项目	贷方（+）	借方（-）
（2）投资收益		
3. 经常转移		
二、资本和金融账户		
1. 资本账户		
2. 金融账户		
（1）直接投资		
（2）证券投资		
（3）其他投资		
（4）储备资产		
①货币性黄金		
②特别提款权		
③在 IMF 的储备头寸		
④外汇储备		
⑤其他债权		
三、错误与遗漏账户		

1.2.1.1 经常账户

经常账户（Current Account）又称经常项目，是记录实际资源在国际间流动行为的账户，主要包括货物、服务、收益和经常转移四个子项目。

（1）货物（Goods），又称有形贸易（Visible Trade）账户，是记录商品的进口与出口的账户。该账户下的交易对象包括一般商品、用于加工的货物、货物修理、各种运输工具在港口购买的货物和非货币黄金五大类。在处理上，对货物的进出口应在货物的所有权从一国居民转移到另一国居民时记录下来。一般说来，货物按边境的离岸价格（FOB）计价。

（2）服务（Services），又称无形贸易（Invisible Trade）账户，是记录服务的输入和输出的账户。服务账户包括运输、旅游、通讯、建筑、金融、保险、计算机和信息服务、专有权使用费和特许费以及咨询、广告、宣传电影音像及其他商业服务和别处未提及的政府服务。

（3）收益（Income），收益账户主要核算居民与非居民之间进行的两大类交易：支付给非居民工人（如季节性的短期工人）的报酬；投资收入项下有关对外金融资产和负债的收入和支出。前者记录的是一国（或地区）的居民个人在另一国（或地区）工作而得到的现金或实物形式的工资、薪水和福利；后者记录的是与资本和金融项目相对应的涉外金融资产与负债的收益收支状况，具体包括直接投资、证券投资和其他投资的收入和支出以及储备资产的收入。值得注意的是，资本损益是不作为投资收入记载的，所有由交易引起的已经实现的资本损益都包括在金融账户下面。

(4) 经常转移（Current Transfers）。当一个经济体的居民向非居民无偿提供了实际资源或金融产品时，按照复式记账原则，需要在账户的另一方进行抵消记录以达到平衡，即需要建立转移账户作为平衡项目。转移分为经常转移和资本转移。经常转移是排除了以下三项所有权转移的单方面转移：固定资产所有权的转移、同固定资产收买或放弃相联系或者以其为条件的资产转移、债权人不索取任何回报而取消的债务。上述三项所有权转移即是资本转移。具体地，经常转移包括政府单方面转移和私人单方面转移两个方面。政府单方面转移主要有债务豁免、政府间经济和军事援助、战争赔款、捐款等；私人单方面转移主要有侨民汇款、年金、赠与等。

1.2.1.2 资本和金融账户

资本和金融账户（Capital and Financial Account）是记录资产所有权在国际间流动行为的账户，包括资本账户（Capital Account）和金融账户（Financial Account）两个子项目。

(1) 资本账户。资本账户包括资本转移和非生产、非金融资产的收买或放弃。

资本转移是指涉及固定资产所有权的变更及债权的减免等导致交易一方或双方资产存量发生变化的转移，其包含的内容已在经常转移部分进行了说明。

非生产、非金融资产的收买或放弃是指非生产性有形资产（土地和地下资产）和无形资产（专利、版权、商标、经销权以及租赁和其他可转让合同）的交易。

(2) 金融账户。金融账户主要记录引起一个经济体对外资产和负债所有权变更的所有权交易。根据投资类型或功能的不同，金融账户又细分为直接投资、证券投资、其他投资和储备资产四个子项目。

①直接投资（Direct Investment）。其特征是投资者对另一经济体的企业拥有永久利益。这一永久利益意味着直接投资者和企业之间存在着长期的关系，并且投资者对企业经营管理有着相当大的影响。直接投资可以采取在国外直接建立分

支企业的形式，也可以采取购买非居民企业一定比例股票（IMF 规定 10% 以上，我国则规定 25% 以上）的形式，或者采取将投资利润进行再投资（Reinvestment）的形式。

②证券投资（Portfolio Investment）。证券投资的主要对象是股本证券和债务证券。前者主要记录那些拥有非居民企业股权没有达到一定比例（如 IMF 规定 10%，我国规定 25%）的股票投资。对于债务证券而言，它可以进一步细分为期限在一年以上的中长期债券、货币市场工具和其他派生金融工具。

③其他投资（Other Investment）。这是一个剩余项目，包括所有直接投资、证券投资和储备资产未包括的金融交易。这些交易除包括政府贷款、银行贷款和贸易融资等长短期贷款外，还包括货币、存款、短期票据等。

④储备资产（Reserve Assets）。储备资产包括货币当局可随时动用并控制在手的外部资产。它可以分为货币黄金、特别提款权、在基金组织的储备头寸、外汇资产和其他债权。

1.2.1.3 错误和遗漏账户（Errors and Omissions Account）

该账户是为了使国际收支平衡表借方和贷方平衡而人为设置的一种平衡账户。国际收支账户运用的是复式记账法，因此所有账户的借方总额和贷方总额应该是相等的。但是，在实际编制国际收支平衡表的过程中，由于各种国际经济交易的统计资料来源不一或不完整，统计时间不一致，以及一些人为的因素（如有些数据须保密，不宜公开；虚报出口等），国际收支平衡表实际上几乎不可避免地会出现净的借方差额或贷方差额。基于会计上的需要，这时就需要人为设置一个账户，数额与上述差额相等而方向相反，以抵消上述统计偏差。错误和遗漏账户就是这样一种抵销账户。

1.2.2 国际收支平衡表的编制

1.2.2.1 国际收支平衡表的编制原则

国际收支平衡表是按照复式记账原则编制的，每一笔交易都必须同时以相同的金额在国际收支平衡表的借方和贷方分别加以记录，即“有借必有贷，借贷必相等”。

在会计上，商品劳务的进出口和从外国获得的净要素收入等经济行为都对应着一国对外资产负债的相应变化，即一笔贸易流量对应着一笔金融流量。因此，我们可以运用复式记账法的基本原理，将国际收支的各种经济行为归入两类账户：反映商品、劳务进出口及净要素支付等实际资源流动的纳入“经常账户”；反映资产所有权流动的纳入“资本和金融账户”。这样，同一行为就在不同账户中被记录两次，从而较为完整、科学地反映了一国的国际收支状况。

在国际收支平衡表的编制中，应遵循如下原则：对外资产（实际资源和金融资产）持有量的减少被记入贷方（Credit/Plus Items），对外资产持有量的增加被记入借方（Debit/Minus Items）；对外负债的增加被记入贷方，对外负债的减少被记入借方。

这样，在国际收支平衡表中，记入贷方的是货物、劳务的出口（向国外提供实际资源）和资本流入（本国对外金融资产的减少，或本国对外负债的增加）；记入借方的是货物、劳务的进口（从国外取得实际资源）和资本的流出（本国对外金融资产的增加，或本国对外负债的减少）。单方面转移由于是居民和非居民间的无偿价值转移，本身没有对等的交易可以记账，只能使用特别设置的转移账户入账，以符合复式记账法的要求。本国居民收到非居民的单方面转移时，借记对应的相应项目（如商品进口、在国外的银行存款增加等），贷记单方面转移的收入；本国居民对非居民的单方面转移，借记单方面转移的支出，贷记对应的相应项目（如商品出口、在国外的银行存款减少等）。

归结起来，记入国际收支平衡表贷方的项目通常包括：（1）反映出口实际资源的经常项目；（2）反映资产减少或负债增加的金融项目。记入借方的项目包括：（1）反映进口实际资源的经常项目；（2）反映资产增加或负债减少的金融项目。更具体地讲：

进口商品属于借方项目，出口商品属于贷方项目。

非居民为本国居民提供劳务或从本国取得收入，属于借方项目；本国居民为非居民提供劳务或从外国取得的收入，属于贷方项目。

本国居民对非居民的单方面转移，属于借方项目；本国居民收到国外的单方面转移，属于贷方项目。

本国居民获得外国资产或对外投资属于借方项目，外国居民获得本国资产或对本国投资属于贷方项目。

本国居民偿还非居民债务属于借方项目，非居民偿还本国居民债务属于贷方项目。

官方储备增加属于借方项目，官方储备减少属于贷方项目。

1.2.2.2 国际收支平衡表的记账实例

对具体交易记账方法的分析不仅有助于正确掌握国际收支账户的记账原理，同时也有助于我们理解各账户之间的关系。以下我们以甲国为例，列举六笔交易来说明国际收支账户的记账方法。

(1) 甲国某企业出口价值500万美元的设备，收入计入其海外存款账户。

对于该企业的出口行为来说，它意味着甲国实际资源（在此表现为设备）持有量的减少，根据我们前面的分析，应将其记入贷方；同时出口伴随着资本流出，这意味着甲国在外的金融资产（在此表现为海外银行存款）持有量的增加，因此应记入借方。因而该笔交易在国际收支平衡表中可记为：

借：其他投资　　500万美元

　　贷：货物　　500万美元

(2) 甲国居民到外国旅游花销100万美元，这笔费用从该居民的海外存款账户中扣除。

甲国居民到国外旅游，属于服务的进口，因而应记入借方；旅游花销导致本国在外金融资产持有量的减少，应记入贷方。因而这笔交易可记为：

借：服务　　100万美元

　　贷：其他投资　　100万美元

(3) 外商以价值1 000万美元的设备投资甲国，兴办合资企业。

这笔交易可记为：

借：货物　　1 000万美元

　　贷：直接投资　　1 000万美元

(4) 甲国政府动用外汇库存40万美元向外国提供无偿援助，另提供相当于60万美元的粮食药品援助。

这笔交易可记为：

借：经常转移　　100万美元

　　贷：储备资产　　40万美元

　　　　货物　　60万美元

(5) 甲国某企业在海外投资所得利润150万美元。其中75万美元用于当地再投资，50万美元购买当地商品运回国内，25万美元调回国内结售给政府以换取本国货币。

这笔交易可记为：

借：直接投资　　75 万美元
　　货物　　50 万美元
　　储备资产　　25 万美元
　　贷：收益　　150 万美元

（6）甲国居民动用其在海外存款 200 万美元，用以购买外国某公司的股票。这笔交易可计为：

借：证券投资　　200 万美元
　　贷：其他投资　　200 万美元

上述六笔交易可编制成一个如表 1－2 所示的完整的国际收支平衡表。

表 1－2　　六笔交易构成的国际收支账户　　单位：万美元

项目	借方（－）	贷方（＋）	差额
货物	1 000＋50	500＋60	－490
服务	100	—	－100
收益	—	150	＋150
经常转移	100	—	－100
经常账户合计	1 250	710	－540
直接投资	75	1 000	＋925
证券投资	200	—	－200
其他投资	500	100＋200	－200
储备资产	25	40	＋15
资本与金融账户合计	800	1 340	＋540
总计	2 050	2 050	0

1.2.3　国际收支平衡表分析

国际收支平衡表不仅集中反映了一国的对外经济发展状况，且在很大程度上反映了一国的经济发展潜力，要对一国的经济发展状况有一个全面的了解，最有效的方法就是查找该国的国际收支平衡表，并对其进行恰当的分析。

我们已经知道，国际收支平衡表是按照复式记账原则编制的会计报表，其借方总额和贷方总额是相等的，也就是国际收支平衡表的最终差额为零。但就国际收支平衡表中的某一个或某几个具体账户或项目而言，其借方额和贷方额往往是不相等的，双方抵消后会产生一定的差额，这种差额被称为局部差额，如货物收支差额、经常账户差额、金融账户差额等等。如果贷方总额大于借方总额，称为国际收支顺差或盈余（Surplus）；如果贷方总额小于借方总额，称为国际收支逆差或赤字（Deficit）。在运用国际收支平衡表进行经济分析时，人们往往很注重国际收支平衡表中某个账户或科目的交易所形成的局部差额，或者很注重某几个科目的交易加总在一起所形成的局部差额。在对各局部差额的内容和含义进行分析之前，我们先简要介绍国际收支平衡表的分析方法。

1.2.3.1 国际收支平衡表的分析方法

（1）静态分析。即对一国一定时期内的国际收支差额状况进行分析，找出各局部差额形成的原因及其对国际收支总差额的影响。对国际收支平衡表的静态分析主要是通过逆向分析来进行的。即首先看一看该国的官方储备是增加了还是减少了。若增加，表示该国的国际收支为顺差，反之为逆差；然后进一步分析导致国际收支顺差或逆差的局部差额。国际收支总差额可以是多种形式的局部差额综合作用的结果，但不同差额所导致的国际收支总差额其含义和风险程度是不同的。由于经常项目差额反映的是一国实际资源的对外交往情况，因此，若一国的国际收支逆差是建立在经常项目逆差的基础之上，通常是比较致命的，其调整的难度和潜在的国际收支危机风险都比较大；反之，若一国的国际收支逆差仅仅是由于大量长期资本外流的结果，其经常项目存在大量的顺差，则仍可认为该国的国际收支是健康的，因为大规模的对外投资往往是一国对外投资竞争力较强的标志。同时，若该国国际收支的逆差仅仅是因为特殊原因导致的短期资本外流所致，且规模不大，也不必过于担忧，但若规模过大，则应予以警惕。

（2）动态分析。即对某国若干连续时期的国际收支平衡表进行纵向比较分析，以判断其总体变动趋势。国际收支的绝对均衡是罕见的，但不能连续大幅度失衡。国际收支是一个不断变动的过程，只有通过对国际收支的纵向比较才能从总体上判断一国的国际收支变动趋势，从而采取相应的调节措施。

（3）横向比较分析。通过与国外相同或不同经济发展阶段国际收支状况的比较分析，有助于更准确地判断本国国际收支的均衡状况和潜在风险。

（4）内容分析。所谓内容分析就是看该国的国际收支活动是否有助于本国经济的内外均衡发展。如果一国的外部均衡是建立在内部失衡的基础之上的，则不应认为该国的国际收支是健康的。如若贸易收支均衡是建立在大量国内紧俏物资的出口或国内经济紧缩或本币汇率低估的基础之上，也不能认为其均衡是合理的。

1.2.3.2 国际收支各账户余额的含义

国际收支平衡表是由一系列具体项目构成的，这些项目的余额状况在很大程度上反映了一国的对外经济交往情况。对国际收支平衡表的分析主要是指对这些具体项目余额状况的分析。根据不同时期对国际收支含义的不同理解和国际收支各子项目在国际收支平衡表中地位的不同，对国际收支平衡表的分析通常主要集中于如下五个方面：

(1) 贸易账户余额分析。贸易账户余额即货物和服务的进出口贸易余额（Trade Balance）。贸易收支是经常账户收支的主体。历史上贸易收支曾长期作为一国国际收支的代名词，随着国际资本流动规模和地位的提高，国际收支虽被赋予了新含义，但对某些国家来说，贸易收支在整个国际收支中仍处于非常重要的地位。贸易收支可以反映一国的产业结构、产品质量和劳动生产率状况，同时也反映了该国产业在国际上的竞争能力。对一国国际收支状况的分析，首先必须对其贸易收支状况进行分析。

(2) 经常账户余额分析。我们已经知道，经常账户包括贸易账户、收入账户和经常转移账户。经常账户余额则是一定时期内上述三项账户的贷方总额与同期借方总额之差。当经常账户收支为顺差时，就需要通过资本的净流出或官方储备的增加来平衡；反之，当经常账户收支为逆差时，则需要通过资本的净流入或官方储备的减少来平衡。虽然经常项目的收支不能代表全部国际收支，但它综合反映了一个国家的进出口情况（包括有形和无形商品的进出口），从而被当作是各国制定国际收支政策和产业政策的重要依据，因此，经常账户余额也是国际收支平衡表中最重要的收支差额。

(3) 资本和金融账户余额分析。对资本和金融账户进行分析是国际收支平衡表分析的重要内容，该差额有两方面的分析作用。

首先，通过资本和金融账户的差额可以看出一个国家资本市场的开放程度和金融市场的发展程度，可以为一国货币政策和汇率政策的调整提供很好的借鉴作用。

其次，资本与金融账户和经常账户之间具有融资关系，所以资本与金融账户差额可以间接反映出一国经常账户的状况和融资能力。根据复式记账原则，国际收支中一笔贸易流量通常对应一笔金融流量，经常账户中实际资源流动和资本与金融账户中资产所有权的流动是同一个问题的两个方面。在不考虑错误与遗漏账户时，经常账户出现赤字，必然对应着资本与金融账户的相应盈余，这就意味着一国利用金融资产的净流入为经常账户赤字融资。

随着国际金融一体化的发展，这种融资关系有了新的变化。其一，资本和金融账户为经常账户融资开始受到很多因素的影响和制约。比如说，如果提供融资的主要是国外资本，那么这种融资将受到稳定性和偿还性的限制。其二，资本和金融账户已经不再是被动地由经常账户决定并为经常账户提供融资服务，资本流动存在着独立的运动规律，从根本上摆脱了对贸易的依附关系；其三，在两个账户的融资关系中，债务和收入因素也会影响经常账户。资本和金融账户为经常账户融资后产生的资本流动会造成收入账户的相应变动，并通过债务支出进而影响到经常账户。

（4）国际收支综合账户差额分析。国际收支综合账户差额（Overall Balance）又称为国际收支总差额，是将国际收支平衡表中官方储备账户剔除后的余额，即由经常账户，资本和金融账户中的资本账户、直接投资、证券投资、其他投资账户所构成的余额。综合账户差额与官方储备呈反向变动，即，综合账户差额为顺差表现为外汇储备增加，综合差额为逆差则表现为外汇储备减少，所以综合账户差额被用来衡量国际收支对一国储备造成的压力。特别是当一国政府有义务维持固定汇率制度时，该指标的分析意义更为重要。原因在于，国际收支中的各种行为会引起外汇市场上本国货币和外国货币供求的相对变化，从而使得本币汇率发生变动，为了维持汇率的稳定，本国政府必须利用手中的外汇储备进入外汇市场对本币汇率进行干预。所以，综合账户差额在固定汇率或有管理的浮动汇率制度下是非常重要的。在浮动汇率制度下，由于政府很少动用外汇储备干预外汇市场，因此这一指标的实际意义不大。在没有特别说明的情况下，人们所说的国际收支盈余或赤字，通常指的是综合账户盈余或赤字。

（5）错误与遗漏账户分析。国际收支平衡表中的错误与遗漏是国际收支统计误差的逆向调整。通常这个项目的数额不大，方向也不确定。如果出现持续、巨额的同向变动，这常常是人为因素造成的。例如，当一国货币被明显低估时，就会导致大量游资通过非法、隐蔽的途径流入，其国际收支平衡表的错误与遗漏项目通常表现为贷方增加；反之，为躲避官方资本管制而形成的资本外逃或为骗取出口退税而形成的虚假出口都会导致错误与遗漏项目借方的增加。因此，对错误和遗漏账户进行分析是非常必要的。国际惯例通常以不超过进出口贸易总值的5%作为衡量错误与遗漏账户是否潜伏人为因素的标准。2007年和2008年我国的错误与遗漏规模占进出口贸易总值的比例分别为0.77%和1.04%。

1.3 国际收支调节手段

1.3.1 国际收支平衡与国际收支均衡

1.3.1.1 国际收支平衡的含义

前面已经提到，国际收支平衡表的最终差额始终为零，这是由国际收支平衡表的复式记账原则决定的。但就某个或某几个具体账户或项目而言，又形成了诸多以不同口径衡量的局部差额，这些局部差额便成为判断一定时期内一国国际收支是否平衡的标准。"国际收支平衡"或"国际收支失衡"就是基于这些不同口径的局部差额而言的。

在第二次世界大战以前，大多数人认为只要贸易收支差额为零，则可称为国际收支平衡。这与当时国际经济交往的主要形式是贸易收支有着必然的联系。第二次世界大战后的50~60年代，人们把国际收支平衡建立在基础收支①平衡的基础上，认为只要经常项目余额与长期资本项目余额之和为零，便为国际收支平衡。70年代以来，随着短期资本流动规模的不断增加和频度的不断加快，其对国际收支的影响越来越大，于是净清偿差额为零、官方结算差额为零和自主性项目差额为零的国际收支平衡标准便应运而生。其中，净清偿差额是美国1971~1976年采取的一种国际收支核算口径，其把短期资本流动又划分为流动性与非流动性两部分，净清偿差额即为基本收支差额与非流动性短期资本差额之和；官方结算差额则是基本收支差额与全部私人短期资本差额之和。自主性交易差额中的自主性交易（Autonomous Transactions）是指个人和企业为某种自主性目的（如追逐利润、旅游、汇款赡养亲友等）而从事的交易。与自主性交易相对的是

① 基础收支余额是IMF第4版《国际收支手册》中经常账户与长期资本账户（包括直接投资、证券投资与其他投资账户中相应金融资产偿还期限在一年以上部分）所形成的余额。一般认为，长期资本相对于短期资本来讲，是一种比较稳定的资本流动，它本身不是投机性的，而是以市场、利润为目的，反映了一国在国际经济往来中的地位和实力。因此，基本账户余额便成为许多国家，尤其是那些长期资本进出规模较大的国家观察和判断其国际收支状况的重要指标。但是这一差额也存在一些问题，因为这一长期资本流动是根据金融资产发行时的偿还期限来确定的，在金融市场日益发达和金融创新层出不穷的今天，被列为长期资本流动的部分交易也具有短期性质，例如，购买的长期债券即将到期，或者将购买的长期债券、票据和股票转售出去。另外，一些短期资本流动也可能比较稳定。所以这一账户在当今国际资本流动的长短期界限并不鲜明的情况下，其意义已逐步弱化。

补偿性交易（Compensatory Transactions）。补偿性交易是指为弥补国际收支不平衡而发生的交易，如为弥补国际收支逆差而向外国政府或国际金融机构借款、动用官方储备，等等，自主性项目差额的具体计算方式与官方结算差额完全相同。这三个口径均因为无法与现代国际收支统计口径相对应而失去了存在的价值。当代对国际收支问题进行分析和研究中所普遍使用的口径是国际收支综合账户差额或称总差额，其对应的项目是经常账户差额与剔除官方储备后的所有资本与金融账户差额之和。这一差额比较综合地反映了自主性国际收支的状况，是全面衡量和分析国际收支状况的指标，具有重大的意义。我们通常所说的“国际收支平衡”与“国际收支失衡”主要是指一国的综合账户差额状况。当这一差额为零的时候，称为“国际收支平衡”；当这一差额为正时，称为“国际收支顺差”；当这一差额为负时，就称为“国际收支逆差”。后两者统称为“国际收支不平衡”或“国际收支失衡”。

1.3.1.2 国际收支均衡的含义

一国的对外经济活动与国内经济活动是密切相连的，而且随着各国经济相互依赖程度的加大，其对一国经济运行和经济福利的影响也越来越重要。因此，各国政府当局对国际收支的重视程度与日俱增，国际收支均衡就是基于政府当局制定国际收支调节政策的需要而产生的一个更深刻的概念。所谓国际收支均衡，是指国内经济处于均衡状态下的自主性国际收支平衡，即国内经济处于经济增长、物价稳定、充分就业状态下的自主性国际收支平衡。国际收支均衡是一国达到福利最大化的综合政策目标。

1.3.2 国际收支失衡的调节

一国的国际收支失衡如果是偶然的或数额很少，通常不需要进行调节；如果是持续的且数额很大，则必须进行相应的调节。原因在于：持续巨额的国际收支失衡会直接或间接影响该国货币汇率的稳定、内外经济的持续发展。对此，理论界和政府管理当局较多地关注于国际收支逆差的调节，因为持续巨额的国际收支逆差将会直接导致本币汇率的下跌、官方储备资产的减少，从而会在一定程度上影响本国对外经济交往中的信用，并有可能因国际清偿能力的持续下降而导致游资的攻击，进而酿成国际收支危机，乃至金融危机。对于一国的持续大量国际收支顺差，理论界和政府管理当局则普遍持有较为宽容的态度，尤其是发展中国家，对国际收支顺差则更为偏爱。东亚金融危机后，东亚国家的国际收支大都保持为顺差，这很大程度上是基于对危机和游资的恐惧。事实上，就福利经济学的角度来说，持续大量的国际收支顺差与国际收支逆差一样是不可取的。从国际收支平衡表可以看出，一国的国际收支顺差即为其外汇储备的来源，外汇储备并非越多越好，尤其是对于发展中国家来说，储备资产形式的外汇收益要远远低于外汇投资收益，过多地持有外汇储备实际上是一种福利损失。因此，当一国的国际收支出现持续大规模失衡时，无论是顺差还是逆差，均应进行相应的调节。

1.3.2.1 国际收支的自动调节机制

国际收支失衡会引起国内某些经济变量的变动，这些变动反过来又会影响国际收支。国际收支的自动调节机制，就是指由国际收支失衡引起的国内经济变量变动对国际收支的反作用过程。需要注意的是，国际收支的自动调节，只有在纯粹的自由经济中才能产生理论上所描述的那种作用，政府的某些宏观经济政策会干扰自动调节过程，使其作用下降、扭曲或根本不起作用。

（1）货币—价格机制。货币—价格机制最早是由英国著名经济学家大卫．休谟（David Hume）于1752年在其论文《论贸易差额》中首次提出的，其当时的论述称为“价格—现金流动机制”。货币—价格机制与价格—现金机制的主要区别在于货币形态：在休谟的时代，金属铸币参与流通，而当代则完全是纸币参与流通。但这两种机制论述的国际收支自动调节原理是一致的。

当一国国际收支发生逆差时，意味着对外支付大于收入，货币外流，在其他条件不变的情况下，本国物价水平下降，由此导致本国出口商品价格相对便宜、进口商品价格相对昂贵，从而出口相对增加、进口相对减少，国际收支差额得到改善。当国际收支发生顺差时则反之。货币——价格机制的自动调节过程如图1－1所示。

图1－1 货币—价格机制的自动调节过程

上述描述的是国内货币存量与一般物价水平变动对国际收支的影响。货币—价格机制的另一种表现形式是相对价格即汇率水平变动对国际收支的影响。当国际收支发生逆差时，对外支付大于收入，从而外汇需求大于外汇供给，本国货币贬值，由此引起本国商品价格相对下降、进口商品价格相对上升，从而出口增加、进口减少，国际收支改善。当国际收支发生顺差时则反之。这一自动调节过程如图 1－2 所示。

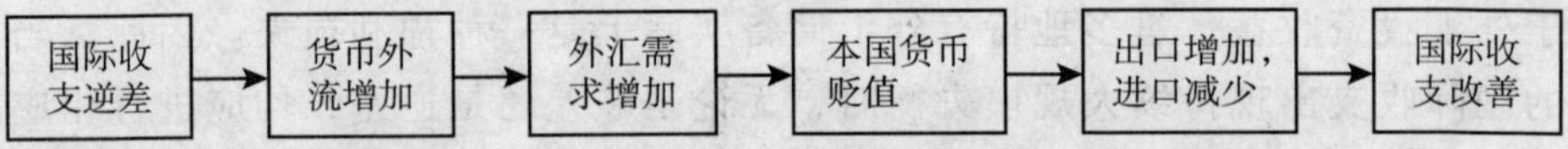

图 1－2　货币—价格自动调节机制的另一种表现形式

（2）收入机制。收入机制是指当国际收支逆差时，对外支付增加，国民收入水平下降，进而引起社会总需求下降，进口需求下降，从而国际收支改善。当国际收支发生顺差时则反之。这一自动调节过程如图 1－3 所示。

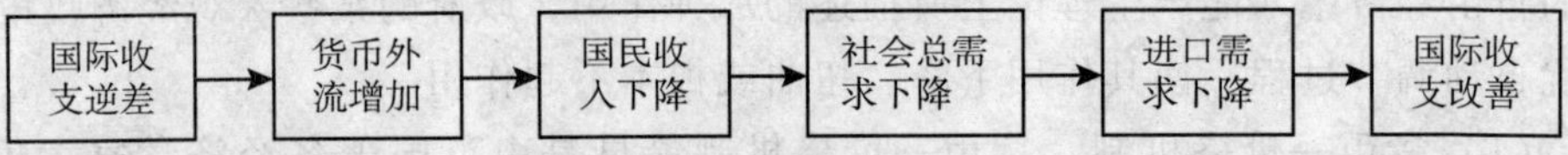

图 1－3　收入机制的自动调节过程

（3）利率机制。利率机制是指一国国际收支不平衡时，该国的利率水平会发生变动，利率水平的变动反过来又会对国际收支不平衡起到一定的调节作用。通常，一国的国际收支发生逆差会导致国内货币供给量的相对减少，利率上升，国内金融资产收益率上升，从而对本国金融资产的需求相对上升、对外国金融资产的需求相对减少，资金外流减少或资金内流增加，资本与金融项目得以改善。同时，利率上升还会减少社会总需求，进口减少、出口增加，贸易收支也会得到改善。

1.3.2.2　国际收支失衡的政策调节工具

在市场有效前提下，国际收支失衡的自动调节通常需要一个过程，且往往以牺牲国内其他宏观经济目标为代价。市场失灵时，国际收支自动调节机制的作用将被削弱或失效。因此，当一国国际收支失衡时，政府通常不能完全依靠自动机制予以调节，而需主动采取适当的政策工具，对影响国际收支平衡的因素予以人为干预和调节，弥补其自动调节的不足，提高其调节效率。

政府对国际收支进行调节的工具多种多样，但基本上可以分为三类：

(1) 调节需求的政策工具。按对需求的不同影响，国际收支的调节政策可分为支出增减型政策和支出转换型政策两大类。

①支出增减型政策（Expenditure - Changing Policy），是调整社会总需求或总水平的政策。其基本原理在于通过对社会总需求或总支出的调整来影响国内对外国商品、劳务和金融资产的需求，进而实现对国际收支失衡的调节。这类政策主要包括财政政策和货币政策。财政政策是政府利用财政收入、财政支出和公债对经济进行调节的经济政策。它的主要工具包括财政收入政策、财政支出政策和公债政策。货币政策是中央银行通过调节货币供应量与利率来影响宏观经济活动水平的经济政策，它的主要工具是公开市场业务、再贴现以及法定准备金率。财政货币政策可以通过这三个渠道来影响国际收支—收入效应、利率效应和相对价格效应（或称替代效应）。通常紧缩性的财政货币政策可调节国际收支赤字，扩张性的财政货币政策可调节国际收支盈余。当一国国际收支出现赤字时，紧缩性的财政货币政策首先可通过乘数效应减少国民收入，降低本国居民对进口商品和劳务支出，从而调整国际收支赤字。这一收入效应的大小取决于一国的边际进口倾向。其次，紧缩性货币政策可通过提高利率来吸引国际资本流入，增加资本账户盈余，调节国际收支逆差。这一利率效应的大小取决于货币需求的利率弹性和国内外资产的替代性高低。最后，紧缩性财政货币政策还可诱发国内生产的出口品和进口替代品的价格下降，提高本国产品的国际价格竞争能力，刺激国内外居民将需求转向本国产品，从而获得增加出口、减少进口的效果。这一相对价格效应的大小主要取决于进出口供需求弹性和国内生产的进口替代品对进口的替代程度。

②支出转换型政策（Expenditure - Switching Policy），是改变社会需求和支出方向的政策，即将国内支出从外国商品和劳务转移到国内商品和劳务上来。主要包括汇率政策、补贴和关税政策以及直接管制。汇率的下浮或贬值、对进口商品和劳务课以较高的关税，都会使进口商品和劳务的价格相对上升，从而使居民将一部分支出转移到购买进口替代品上来。许多教科书把直接管制列为一种单独的国际收支调节政策，它既不属于支出增减型政策，也不属于支出转换型政策。实际上，直接管制也是一种支出转换型政策。汇率和关税政策是通过改变进口商品和进口替代品的相对价格来达到支出转换目的的，而直接管制则是通过改变进口品和进口替代品的相对可获得性来达到支出转换的目的。直接管制包括外汇管制、进口许可证管制等形式。其特点是比较灵活，可以针对具体不同的进出口项目和资本流动有区别地予以实施。因此，可以在不影响整个经济局势情况下，纠

正国际收支赤字。但是，采用这种调整政策来维持国际收支平衡，往往是变显性赤字为隐性赤字，一旦予以取消，除非经济结构相应得到改善，否则国际收支赤字仍然会重新出现。而且直接管制还十分容易引起贸易伙伴国的报复，抑制国内的公平竞争，滋养官僚作风和行贿索贿。因此，西方国家对采用这项措施一般比较谨慎。

（2）调节供给的政策工具。从供给角度讲，调节国际收支的政策有产业政策、科技政策和制度创新政策。供给政策旨在通过改善一国的经济结构和产业结构、降低生产成本，提高进出口商品和劳务的层次与质量，进而实现增加社会产品（包括出口产品和进口替代品）的供给、改善国际收支的目标。供给政策通常具有长期性特征，短期内很难取得显著的效果，但它可以从根本上提高一国的国际竞争力，为实现内外均衡创造条件。其中科技政策主要包括推动技术进步、提高管理水平和加强人力资本投资三个方面。通过实施恰当的科技政策可有效地提高出口和进口替代产品的质量，从而改善国际收支赤字。产业政策的核心在于优化产业结构。根据国际市场的变化制定出正确的产业结构规划，一方面鼓励发展和扩大一部分产业，另一方面对一些产业部门进行调整、限制，乃至于取消。政府实施产业政策的重要目的，在于克服资源在各产业部门间流动的障碍，使本国产业结构的变动能适应世界市场的情况，从而达到减少乃至消除结构性的国际收支失衡。制度创新政策则是针对经济中存在的制度性缺陷而提出的。制度创新政策有助于提高微观主体的活力和效率，增加社会供给，提高出口产品的数量和质量，因此可从总量和结构两个角度来改善一国的国际收支。

（3）资金融通工具。资金融通工具简称融资政策。宏观经济角度的融资主要是指官方储备的使用和国际信贷便利的使用。国际收支失衡中的融资政策主要体现为国际储备政策。融资政策较上述需求调节政策和供给调节政策的最大优点是可避免对国内经济造成不良的冲击，同时其调整速度也比较快，但缺点是受一国政府的储备持有额和国际融资能力的限制，且对国际收支失衡的调节效应具有短暂性，不能从根本上消除一国国际收支失衡的压力。因此只能用于规模不大的临时调整。

1.4 中国的国际收支

作为当今世界大国之一，中国的国际收支状况不仅对于自身经济和金融的持续发展具有重要的意义，且在很大程度上影响世界经济和金融的稳定发展。本节将在回顾中国国际收支和国际收支平衡表的产生与发展的基础上，对中国的国际收支状况进行分析和评价。

1.4.1 中国国际收支与国际收支平衡表

1.4.1.1 中国国际收支与国际收支平衡表的产生与发展

新中国诞生以来，中国的国际收支统计经历了一个不断发展和完善的过程。1980年以前，中国没有编制国际收支平衡表，只是编制外汇收支平衡表。外汇收支平衡表只是反映对外贸易和非贸易的收支状况，不反映资金的跨国流动状况。因为当时中国几乎没有资金的跨国借贷和投资活动，仅有的对外经济援助被列入了财政开支的范畴。

改革开放以来，中国对外交往的范围越来越广，内容越来越复杂，不仅涉及到国际贸易和非贸易，而且资本的双向流动规模越来越大。单纯依靠外汇收支统计已不能全面、综合地反映中国的对外交往情况，编制综合的国际收支平衡表势在必行。1980年中国恢复在世界银行和国际货币基金组织的合法席位后，按照会员国的义务，也必须定期向国际货币基金组织报送国际收支平衡表。为此，1980年，国家外汇管理局和中国银行试编制了国际收支平衡表。1981年，上述两家机构会同国家统计局、国家进出口管理委员会，参照国际货币基金组织国际收支统计的有关规定，结合中国的具体情况确定了中国的国际收支统计制度。1984年11月，按照国际货币基金组织《国际收支手册》第4版的格式，国家统计局和国家外汇管理局对原有的国际收支统计制度进行了修改。1985年9月，国家外汇管理局正式公布了1982～1984年中国的国际收支平衡表。之后每年上半年，对外公布上一年的国际收支平衡表。1997年根据国际货币基金组织《国际收支统计》第5版的格式，中国进一步调整了其国际收支平衡表的格式和内容。

中国现行的国际收支平衡表基本上是按照IMF《国际收支手册》第5版的格式编制的，唯一的不同是将储备资产从资本与金融项目中剥离出来，以便于通过储备资产的变动直接把握国际收支总差额的变动情况。表1－3为国际货币基金组织《国际收支手册》第5版的国际收支平衡表和中国国际收支平衡表的主要项目构成。

表 1－3　IMF 和中国国际收支平衡表主要项目构成

IMF 格式	差额	贷方	借方	中国格式
1. 经常账户 A. 货物和服务 a. 货物 b. 服务 B. 收益 a. 职工报酬 b. 投资收益 C. 经常转移				一、经常项目 A. 货物和服务 1. 货物 2. 服务 B. 收益 1. 职工报酬 2. 投资收益 C. 经常转移
2. 资本和金融账户 A. 资本账户 a. 资本转移 b. 非生产、非金融资产的收买与放弃 B. 金融账户 a. 直接投资 b. 证券投资 c. 其他投资 d. 储备资产				二、资本和金融项目 A. 资本项目 B. 金融项目 1. 直接投资 2. 证券投资 3. 其他投资
3. 净误差与遗漏				三、储备资产
				四、净误差与遗漏

资料来源：IMF：《国际收支手册》（第 5 版），中国金融出版社 1996 年版；中国国家外汇管理局网站。

1.4.1.2　中国国际收支统计数据的采集

从 1996 年开始，中国依据《国际收支统计申报办法》陆续推出了一系列新的国际收支统计申报制度，建立了一套较为完整、系统的数据收集体系。目前中国的国际收支统计数据的采集途径主要包括：

（1）金融机构的逐笔间接申报。当居民通过境内金融机构进行收付汇时，需向国际收支统计部门申报每一笔与非居民发生交易的内容。国际收支统计部门将申报信息进行汇总用于编制国际收支平衡表。

（2）金融机构的汇兑统计。除代客进行逐笔间接申报外，金融机构还单独汇总统计通过其进行的金额较小、频繁发生的现金、旅行支票及信用卡的兑换数据，作为国际收支统计数据的补充。

(3) 金融机构对境外资产负债及损益的申报。金融机构除代客户进行国际收支交易申报外，作为特殊的企业，应向国际收支统计部门直接申报其自身的资产负债及损益变化情况。

(4) 直接投资企业的直接申报统计。由于直接投资企业存在大量的关联交易及内部交易，因此，对直接投资企业的经营状况设计了单独的统计制度，即中国境内外商投资企业以及对境外有直接投资企业的企业，需直接向国际收支统计部门申报其投资者权益、直接投资者与直接投资企业间的债权债务状况以及分红派息情况。

(5) 证券投资统计。包括两方面的内容：一是中国境内的证券交易所及其机构，须向国际收支部门申报居民与非居民之间发生的证券交易以及相应的分红派息情况；二是中国在境外上市公司须直接申报有关其证券的交易情况和分红派息情况。

(6) 境外账户统计。包括向外汇管理局申报的境外账户余额和向外汇管理局提供的银行对账单等信息。

1.4.2 中国国际收支的主要状况和运行评价①

我们以2009年中国国际收支平衡表为例，分析中国国际收支的主要状况，并对其运行进行评价。表1-4为2009年《中国国际收支平衡表》的主要项目状况。

表1-4 中国国际收支平衡表（2009年） 单位：亿美元

项目	行次	差额	贷方	借方
一、经常项目	1	2 971	14 846	11 874
A. 货物和服务	2	2 201	13 333	11 132
a. 货物	3	2 495	12 038	9 543
b. 服务	4	-294	1 295	1 589
1. 运输	5	-230	236	466
2. 旅游	6	-40	397	437
3. 通讯服务	7	0	12	12
4. 建筑服务	8	36	95	59

① 来源于国家外汇管理局网站：《中国国际收支报告》。

续表

项目	行次	差额	贷方	借方
5. 保险服务	9	-97	16	113
6. 金融服务	10	-3	4	7
7. 计算机和信息服务	11	33	65	32
8. 专有权利使用费和特许费	12	-106	4	111
9. 咨询	13	52	186	134
10. 广告、宣传	14	4	23	20
11. 电影、音像	15	-2	1	3
12. 其他商业服务	16	59	247	188
13. 别处未提及的政府服务	17	1	9	8
B. 收益	18	433	1 086	653
1. 职工报酬	19	72	92	21
2. 投资收益	20	361	994	632
C. 经常转移	21	337	426	89
1. 各级政府	22	-2	0	3
2. 其他部门	23	340	426	86
二、资本和金融项目	24	1 448	7 464	6 016
A. 资本项目	25	40	42	2
B. 金融项目	26	1 409	7 422	6 014
1. 直接投资	27	343	1 142	799
1.1 我国在外直接投资	28	-439	42	481
1.2 外国在华直接投资	29	782	1 100	318
2. 证券投资	30	387	981	594
2.1 资产	31	99	669	570
2.1.1 股本证券	32	-338	122	461
2.1.2 债务证券	33	437	547	110
2.1.2.1 （中）长期债券	34	370	479	110
2.1.2.2 货币市场工具	35	67	68	0
2.2 负债	36	288	312	24
2.2.1 股本证券	37	282	288	7

续表

项目	行次	差额	贷方	借方
2.2.2 债务证券	38	6	23	17
2.2.2.1 （中）长期债券	39	6	23	17
2.2.2.2 货币市场工具	40	0	0	0
3. 其他投资	41	679	5 299	4 620
3.1 资产	42	94	1 174	1 080
3.1.1 贸易信贷	43	-544	0	544
3.1.1.1 长期	44	-38	0	38
3.1.1.2 短期	45	-506	0	506
3.1.2 贷款	46	130	450	320
3.1.2.1 长期	47	-315	0	315
3.1.2.2 短期	48	445	450	5
3.1.3 货币和存款	49	52	267	216
3.1.4 其他资产	50	456	457	1
3.1.4.1 长期	51	0	0	0
3.1.4.2 短期	52	456	457	1
3.2 负债	53	585	4 125	3 540
3.2.1 贸易信贷	54	321	321	0
3.2.1.1 长期	55	22	22	0
3.2.1.2 短期	56	298	298	0
3.2.2 贷款	57	37	3 222	3 185
3.2.2.1 长期	58	-97	135	232
3.2.2.2 短期	59	134	3 087	2 953
3.2.3 货币和存款	60	116	456	340
3.2.4 其他负债	61	111	126	15
长期	62	110	110	0
短期	63	1	16	15
三、储备资产	64	-3 984	0	3 984
3.1 货币黄金	65	-49	0	49
3.2 特别提款权	66	-111	0	111

续表

项目	行次	差额	贷方	借方
3.3 在基金组织的储备头寸	67	-4	0	4
3.4 外汇	68	-3 821	0	3 821
3.5 其他债权	69	0	0	0
四、净误差与遗漏	70	-435	0	435

注：本表采用复式记账原则记录所有发生在我国大陆居民（不包括港、澳、台地区）与非居民之间的经济交易；计数采用四舍五入原则；自编制本次即2009年度国际收支平衡表起，国家外汇管理局按照国际惯例对储备资产记录方法进行了调整，即平衡表中只记录由于交易引起的储备资产变动，不包括汇率、价格等非交易因素引起的储备资产价值变动。

资料来源：中国国家外汇管理局网站。

1.4.2.1 中国国际收支的主要状况

(1) 国际收支运行环境。2009年，国际金融危机总体上从恶化蔓延趋向缓和好转，个别性风险事件时有发生，经济金融形势呈现出变化快、波动大、不确定性依然存在等突出特点。

宏观经济总体触底反弹，但复苏基础尚不稳固。2009年年初危机持续恶化蔓延，全球经济全面陷入衰退，市场普遍担心“第二波冲击”。二季度以来，在政府大力救助和市场自我修复的双重作用下，危机恶化局面得到缓解，全球经济逐步企稳复苏。各国复苏进程出现分化，部分新兴市场国家率先企稳，主要发达国家也陆续在下半年步出经济衰退，但与亚洲等新兴市场国家相比，经济恢复速度较缓。整体复苏基础较为脆弱，复苏的动力主要来自大规模政策刺激下的制造业反弹和存货调整，主要国家的就业形势依然严峻，私人需求尚未有效启动，经济复苏依然面临不确定性。

国际金融市场先抑后扬，市场趋稳过程中频繁振荡。二季度以来，国际金融市场信心明显恢复，投资者风险偏好有所回升，股市、汇市、商品市场等均由极端水平快速回调：主要股票指数在创下近十年新低后大幅反弹，受危机中避险情绪升温和资金回流等因素持续推高的美元汇率显著回落，国际原油价格波动上涨，黄金价格屡创新高。但从全球范围看，去杠杆化过程仍在持续，信贷增长尚未恢复，市场避险情绪未完全散去，极易受到局部和个别信用事件的影响，金融市场呈现出波动回升的态势。

2009年，我国国际收支的国内环境经历了较大变化。上半年，受国际金融危机持续扩散蔓延影响，我国经济下行压力明显加大，有效需求不足矛盾凸显；

进出口出现负增长，对外贸易形势发生逆转；外资流入势头放缓，甚至出现部分外资撤资情况。下半年，党中央、国务院不断丰富完善应对国际金融危机的“一揽子”计划和政策措施，我国经济在全球率先回升向好，全年GDP增长8.7%；内需对经济增长的拉动作用显著增强；出口形势逐步好转，利用外资稳步增长，下半年外汇资金净流入势头明显加快。

（2）国际收支主要状况。2009年我国国际收支继续呈现“双顺差”格局。其中，经常项目顺差2 971亿美元，较上年下降32%，2008年为增长17%；资本和金融项目顺差1 448亿美元，较上年增长6.6倍，2008年为下降74%。各主要项目情况如下：

①货物贸易进出口多年来首次回落。2009年，由于外部需求依然较低，国内经济增速相对前些年有所回落，我国货物贸易进出口继续呈现下滑趋势。按国际收支统计口径，2009年货物贸易出口12 038亿美元，进口9 543亿美元，分别较上年下降16%和11%，是近20年来的首次下降；货物贸易顺差2 495亿美元，下降31%。

②服务贸易逆差持续增长。2009年，服务贸易收入1 295亿美元，较上年下降12%；支出1 589亿美元，与上年基本持平；逆差294亿美元，增长149%。服务贸易逆差扩大的主要原因是，运输项目逆差较上年扩大93%，旅游项目由上年的顺差47亿美元转为逆差40亿美元。

③收益项目净流入小幅上升。2009年收益项目顺差433亿美元，较上年增长4%，增幅回落57个百分点。随着我国对外资产规模的进一步扩大，2009年投资收益流入994亿美元，增长7%，其中大部分是国家外汇储备取得的收益。在全球经济不景气的情况下，我国海外务工人员的劳务收入增幅放缓，2009年职工报酬净流入72亿美元，较上年增长12%，增幅回落35个百分点。

④直接投资顺差减少。2009年，直接投资顺差343亿美元，较上年下降64%。由于国际资本流动规模收缩，外国来华直接投资净流入782亿美元，较上年下降47%。我国对外直接投资保持一定规模，2009年净流出439亿美元，较上年下降18%。

⑤证券投资净流入略有下降。2009年，证券投资项下净流入387亿美元，较上年下降9%。其中，我国对外证券投资净回流99亿美元，较上年下降70%；境外对我国证券投资净流入288亿美元，增长191%。

⑥其他投资由净流出转为净流入。2009年，贷款、贸易信贷、货币和存款等形式的其他投资项下净流入679亿美元，2008年为净流出1 211亿美元。其

中，我国境外其他投资资产净回流 94 亿美元，2008 年为净流出 1 061 亿美元。境外对我国其他投资净流入 585 亿美元，2008 年为净流出 150 亿美元。

⑦储备资产增幅放缓。2009 年，剔除汇率、价格等非交易价值变动（即估值效应）影响，我国新增国际储备资产 3 984 亿美元，按可比口径较上年减少 17%。其中，外汇储备交易变动 3 821 亿美元，特别提款权和货币黄金合计增加 160 亿美元。

1.4.2.2 国际收支运行评价

2009 年，国际金融危机影响仍然存在，我国国际收支交易活动总体上放缓。国际收支交易总规模为 4.0 万亿美元，较上年下降 12%；与同期 GDP 之比为 81.9%，较上年下降 18.9 个百分点（见图 1－4）。各主要交易项目收支规模较 2008 年有所回落。按国际收支统计口径，货物贸易总额 21 581 亿美元，下降 14%；服务贸易总额 2 885 亿美元，下降 6%；外国来华直接投资流入 1 100 亿美元，下降 32%；对外直接投资流出 481 亿美元，下降 14%。

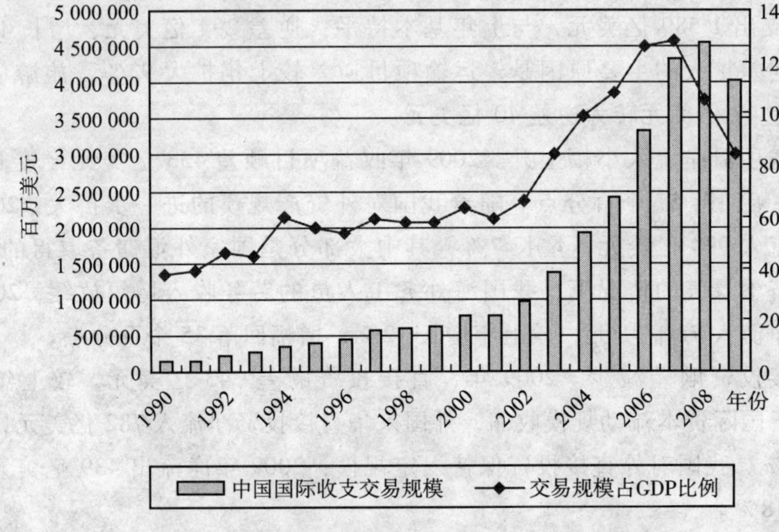

图 1－4　中国国际收支交易规模及其占 GDP 的比例

我国国际收支保持“双顺差”格局，国际收支状况继续改善。2009 年国际收支总顺差 4 420 亿美元，较上年下降 3%，而 2008 年为增长 2%（见表 1－5、图 1－5）。经常项目顺差与同期 GDP 之比为 6.1%，较上年下降 3.5 个百分点，连续第二年呈回落态势。外需对我国经济增长的拉动作用为负，内需的贡献力度加大。

表 1－5　　2003～2009 年中国国际收支顺差结构　　单位：亿美元

项目	2003 年	2004 年	2005 年	2006 年	2007 年	2008 年	2009 年
国际收支总顺差	986	1 794	2 238	2 599	4 453	4 451	4 420
经常项目差额	459	687	1 608	2 532	3 718	4 261	2 921
占 GDP 比例	2.8%	3.6%	7.2%	9.5%	11.0%	9.6%	6.1%
资本和金融项目差额	527	1 107	630	67	735	190	1 448
占 GDP 比例	3.2%	5.7%	2.8%	0.3%	2.2%	0.4%	3.0%

随着国内外宏观经济环境的改变，国际收支运行起伏加大。上半年，在国际金融危机的冲击下，国际收支交易总规模较 2008 年同期下降 27%，其中，货物贸易、服务贸易总额分别下降 24% 和 14%，6 月末外债余额较 2008 年末小幅下降 4%。下半年，国内外经济企稳向好势头明显，国际收支交易总规模超过上半年，同比增长 6%，其中，货物贸易总额同比下降 5%，服务贸易总额同比增长 2%，2009 年末外债余额较 6 月末上升 19%。

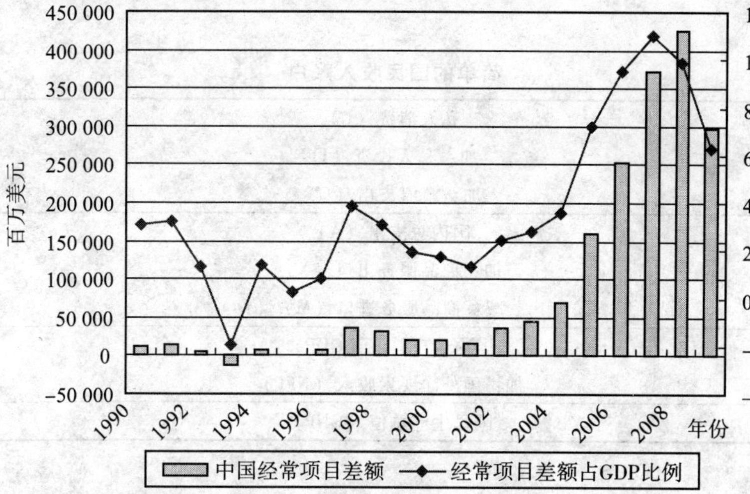

图 1－5　中国国际收支经常项目差额及其占 GDP 的比例

外汇资金净流入规模逐步恢复，国际收支失衡问题依然突出。2009 年二季度以来，外汇净流入触底回升，国际收支逆转风险趋于缓解。上半年，国际收支总顺差 1 955 亿美元，较 2008 年同期下降 26%；下半年，国际收支总顺差 2 465 亿美元，较 2008 年同期增长 29%。从主要交易项目看，下半年货物贸易、收益和经常转移顺差均高于上半年，外国来华直接投资净流入是上半年的 1.7 倍。总体上，2007～2009 年国际收支总顺差持续超过 4 000 亿美元，处于历史上的较高水平。

专题研讨

专题 1.1　国际收支和国民收入核算的关系

一国的国际收支账户与其国民收入账户有着密切的关系，它们都是对开放经济进行描述的工具。表 1－6 简要概括了国际收支和国民收入核算的关系。

GDP 是指在一定时期内一国境内生产的产品与服务的总值；而 GNP 是指在一定时期内一国居民生产的产品与服务的总值。净要素收入 NFP 则是本国居民在外国取得的收入减去外国居民在本国取得的收入。

表 1－6　　简单的国民收入账户

私人消费（C） 加：私人投资（I） 加：政府支出（G）
国内总支出（A） 加：商品服务出口（X） 减：商品服务进口（M）
国内生产总值（GDP） 加：国外净要素收入（NFP）
国民生产总值（GNP）

表 1－6 可以表示为：

$$GDP = C + I + G + (X - M)$$

$$GNP = GDP + NFP$$

记作：

$$GNP = C + I + G + (X - M) + NFP$$

用 CA 表示经常账户差额，经常账户差额可以近似地（忽略经常转移）表示为：

$$CA = (X - M) + NFP$$

从而：

$$GNP = C + I + G + CA$$

上式就是国际收支和 GNP 的关系。若以 T 表示税收，Y 表示国民收入（GNP），S_p 表示私人储蓄，$CA = (S_P - I) + (T - G)$ 即为开放经济条件下进行宏观经济分析的基本等式。

案例分析

案例 1.1　中国国际收支的"双顺差"

结合 2009 年中国国际收支平衡表（见表 1－4），请分析：为什么中国的国际收支会在经常账户和资本与金融账户上都出现盈余？这种盈余带来了什么样的后果？

习题思考

1. 如何理解国际收支的概念？
2. 简述国际收支平衡表的主要内容。
3. 简述国际收支平衡表的编制原则。
4. 如何解释国际收支顺差、逆差和平衡？
5. 对一国国际收支平衡表进行分析的主要方法有哪些？
6. 如何理解贸易账户余额、经常账户余额、资本与金融账户余额、国际收支总差额的含义？
7. 当一国国际收支失衡时通常应如何进行调节？

第 2 章　外汇与汇率

学习目标

◇ 掌握外汇、汇率、外汇市场的概念。

◇ 了解外汇、汇率的分类。

◇ 掌握汇率的标价方法。

◇ 理解汇率变动对经济的影响。

基本理论与基本原理

2.1 外汇概述

2.1.1 外汇定义

外汇（Foreign Exchange），即国际汇兑，是国际金融最基本的概念之一。可以从动态和静态两个不同的角度理解外汇的含义。

动态的外汇是指把一国货币兑换成另一国货币，用以清偿国际间的债权债务以及进行资金转移活动。从这个意义上说，外汇等同于国际结算。

静态的外汇指以外国货币表示的可用于国际结算的各种支付手段。这种支付手段包括以外币表示的信用工具和有价证券，如：银行存款、商业汇票、银行汇票、银行支票、外国政府公债、国库券及各种长短期证券，人们通常所说的外汇，是就其静态含义而言的。

国际货币基金组织（International Monetary Fund，IMF）的定义为："外汇是货币行政当局（中央银行、货币管理机构、外汇平准基金组织和财政部）以银行存款、财政部国库券、长短期政府债券等形式保有的在国际收支逆差时可以使用的债权。”

按照我国1996年1月8号颁布的《中华人民共和国外汇管理条例》的规定，外汇是以外币表示的可以用作国际清偿的支付手段和资产，包括：(1) 外国货币，包括纸币、铸币；(2) 外币支付凭证，包括票据、银行存款凭证、邮政储蓄凭证等；(3) 外币有价证券，包括政府债券、公司债券、股票等；(4) 特别提款权、欧洲货币单位；(5) 其他外汇资产。

2.1.2 外汇的其他一些基本概念

在理解外汇定义时，要区分外国货币、外汇和国际货币三个概念。

(1) 外国货币指本国以外的主权国家（地区）的货币当局发行的货币。世界上各国（地区）的货币有100多种。

(2) 外汇一般指可自由兑换的外国货币，但不仅仅局限于货币形态，以可自由兑换货币为面值的银行存款、政府债券、公司债券等有价证券也是外汇。

一种外币成为外汇有三个前提条件：

①自由兑换性，即这种外币资产能与主要国际货币进行自由兑换；

②普遍接受性，即这种外币资产在国际经济往来中被各国普遍地接受和使用；

③可偿性，即这种外币资产是可以保证得到偿付的。

(3) 国际货币是指在国际经济交往中广泛使用的货币，相对于外汇而言，国际货币更强调该货币作为一种支付手段在国际经济金融交易中使用的广泛性。

2.1.3 外汇的种类

2.1.3.1 自由外汇、有限自由兑换外汇和记账外汇

(1) 自由外汇，指不需要货币发行国批准，可以对任何国家自由支付，并自由兑换成其他国家货币的外汇。

(2) 有限自由兑换外汇，指未经货币发行国，不能自由兑换成其他货币或对第三国进行自由支付的外汇。IMF规定，凡对国际性经常往来的付款和资金转移有一定限制的货币均属于有限自由兑换货币。

(3) 记账外汇，也称双边外汇、协定外汇或清算外汇：指在两国政府签订的双边贸易或多边清算协定中，由进出口贸易所引起的债权债务不用现汇逐笔结算，而是通过对方国家银行专门账户进行相互冲销所使用的外汇。这种外汇不能兑换成自由外汇或对第三国进行支付，只能在双方银行专门账户上使用，所以称为记账外汇。

2.1.3.2 贸易外汇和非贸易外汇

(1) 贸易外汇，指因进出口贸易及其从属费用而收付的外汇。从属费用主要包括与商品进出口直接关联的运费、保险费等。

(2) 非贸易外汇，指与进出口贸易无关的外汇，主要是由资产流动产生的外汇。如：捐赠、侨汇、旅游、海运、保险、银行、海关、邮电、工程承包、资本流动等所收付的外汇。

2.1.3.3 即期外汇和远期外汇

(1) 即期外汇，又称现汇，是指在外汇买卖成交后两个营业日内办理交割的外汇。

(2) 远期外汇，又称期汇，是指交易双方事先签订买卖合约，规定外汇买卖的币种、数量、期限、汇率等，到约定日期才按合约规定的汇率进行交割的外汇。

2.1.3.4 外币现钞和外币现汇

(1) 外币现钞，是指外国钞票、铸币。外币现钞主要由境外携入。

(2) 外币现汇，是指其实体在货币发行国本土银行的存款账户中的自由外汇。所谓自由外汇，是指在国际金融市场上可以自由买卖，在国际结算中广泛使用，在国际上得到承认，并可以自由兑换成其他国家货币的外汇。外币现汇主要由国外收入，或境外携入、寄入的外币票据形成，经银行托收，收妥后存入。

外国钞票不一定都是外汇，外国钞票是否称为外汇，首先要看它能否自由兑换，或者说这种钞票能否重新回流到它的发行国家，而且可以不受限制地存入该国的任意一家商业银行的普通账户上去，并且在需要时可以任意转账，才能称为外汇。各种外汇标的物，一般只有转化为货币发行国本土银行的存款账户中的存款货币，即现汇后，才能进行实际上的国际结算。

2.1.4 国际标准化货币符号

全球经济一体化，国际贸易和国际金融的发展以及电子计算机的广泛应用，要求各国在货币的表示方法上具有一致性和通用性。

为了能够准确而简易地表示各国货币的名称，便于开展国际间的贸易、金融业务和计算机数据通讯，1970年联合国经济委员会首先提出要制定一项国际贸易单证和信息交换使用的货币代码。1973年，国际标准化组织第68次技术委员会在其他国际组织的通力合作下，制定了一项适用于贸易、商业和银行使用的货币和资金代码，即国际标准ISO－4217三字符货币代码（见表2－1）。

表2－1　　常用国家和地区的货币名称符号代码

货币名称	ISO国际标准三字符货币代码	货币名称	ISO国际标准三字符货币代码
人民币	CNY	比利时法郎	BEF
美元	USD	新西兰元	NZD
日元	JPY	卢森堡法郎	LUF
欧元	EUR	澳门元	MOP
英镑	GBP	芬兰马克	FIM
港元	HKD	西班牙比塞塔	ESP
德国马克	DEM	葡萄牙埃斯库多	PIE
瑞士法郎	CHF	爱尔兰镑	IEP
法国法郎	FRF	菲律宾比索	PHP
新加坡元	SGD	韩国元	KRW
荷兰盾	NLG	泰国铢	THB
澳大利亚元	AUD	缅甸元	BUK
挪威克朗	NOK	马来西亚林吉特	MYR
瑞典克朗	SEK	巴基斯坦卢比	PKR
丹麦克朗	DKK	俄罗斯卢布	SUR
奥地利先令	ATS	印度卢比	INR
加拿大元	CAD	越南盾	VND

2.2 汇　　率

2.2.1 汇率定义

汇率（Exchange Rate）又称汇价、外汇行市或外汇牌价，是一国货币折算为另一国货币的比率或比价，或两国货币之间兑换的比率或一国货币用另一国货币表示的价格。由于国际间的贸易与非贸易往来，各国之间需要办理国际结算，所以一个国家的货币，对其他国家的货币，都规定有一个汇率，但其中最重要的是对美元等少数国家货币的汇率。

2.2.2 汇率的标价方法

折算两个国家货币的汇率，首先要确定是以哪一种货币为基准，一国的汇率，是以外国货币表示本国货币的价格，还是用本国货币表示外国货币的价格，这称为汇率的标价方法（Quotation）。目前国际上有四种标价法，通常用的是前三种。

2.2.2.1 直接标价法

直接标价法（Direct Quotation）又称应付标价法，是以一定单位（1、100、1 万、10 万）的外国货币为基准，折算一定单位的外币应付若干单位的本国货币。在直接标价法下，外国货币为基准货币，本国货币为标价货币。目前大多数国家都采用这种标价法，我国人民币的牌价也采用直接标价法。如某日香港外汇市场 USD1 = HKD7.7690，JPY100 = HKD6.8150；东京外汇市场 USD1 = JPY120，GBP1 = JPY180。

这种标价法的特点是外币的数额不变，折合本币的数额随着外国货币或本国货币币值的变化而改变。通俗地讲，是外币不动、本币动的标价法。

在直接标价法下，由于是以外币为基准，因而外汇汇率的升降同本币对外价值增减的方向相反。若一定单位的外币折算成本币的数额比原来多，则说明外汇汇率上升（外币升值），本币汇率下跌（本币贬值）；反之，如果一定单位的外币折算成本币的数额比原来少，则说明外汇汇率下跌，本币汇率上升，本币升值。

2.2.2.2 间接标价法

间接标价法（Indirect Quotation）又称应收标价法，是以一定单位的本币为基准，来计算应收若干单位的外国货币。

在间接标价法下，本国货币为基准货币，其数额不变，而标价货币（外国货币）的数额则随本国货币或外国货币币值的变化而改变，通俗地讲是本币不动、外币动的标价法。

英国、美国都是采用间接标价法的国家。英国一直采用间接标价法，因为英镑曾经是国际贸易计价标准。如某日伦敦外汇市场英镑对美元的汇率是：GBP1 = USD1.4616，在伦敦外汇市场英镑是基准货币，美元是标价货币。

美国从1978年9月1日起，除对英镑采用直接标价法外，对其他货币均改用间接标价法，以便与国际外汇市场对美元的报价一致，USD1 = JPY110.5。此外，欧元区、新西兰、加拿大、澳大利亚和爱尔兰等国家或地区也采用间接标价法。

间接标价法下，直接表示的不是外币的价格，而是本币的对外价格，如果一定单位的本币折算外币的数量比原来多，说明本币汇率上升，外汇汇率下跌；相反，如果一定单位的本币折算外币的数量比原来少，则说明本币汇率下跌，外汇汇率上升。

虽然以上两种汇率标价法基准货币不同，但表示的一国货币对外汇率的升降意义并无不同，两者互为倒数。

2.2.2.3 美元标价法

直接标价法和间接标价法都是针对本国货币和外国货币之间的关系而言的。相对于某个国家或某个外汇市场而言，本币以外其他各种货币之间的比价则无法用直接或间接标价法表示。

第二次世界大战后，特别是欧洲货币市场兴起以来，国际金融市场之间外汇交易量迅速增长，为了便于在国际间进行外汇业务交易，银行间的报价都以美元为标准来表示各国货币的价格，至今已形成习惯。

这种非本币之间以一种国际上的主要货币或关键货币（Key Currency）来作为汇价标准的标价方法被称为美元标价法。

其是以一定单位美元为基准折合多少其他国家货币单位的标价法，即用美元表示各国货币的价格。目前世界各大国际金融中心的货币汇率都以美元的比价为准，世界各大银行的外汇牌价，也都是公布美元对其他主要货币的汇率。

2.2.3 汇率的分类

2.2.3.1 基本汇率和套算汇率

（1）基本汇率（Basic Rate），指一国货币对关键货币的汇率。关键货币是指在国际经济交易中各国所能普遍接受的，在国际收支中使用最多的，在外汇储备中所占比重最大的，可自由兑换的货币。一般将美元作为关键货币。

（2）套算汇率（Cross Rate），也称交叉汇率，指两种货币通过各自对第三种货币的汇率推算出的汇率，换言之，是通过基本汇率套算出来的汇率。

2.2.3.2 买入汇率、卖出汇率

买入汇率（Buying Rate），也称买入价或买价，是指银行向同业或客户买入外汇时所使用的汇率。卖出汇率（Selling Rate），也称卖出价或卖价，是银行向同业或客户卖出外汇时所使用的汇率。买入价和卖出价都是从银行买卖外汇的角度出发的，买卖差价一般为1‰～5‰，作为银行买卖外汇的收益。

2.2.3.3 开盘汇率、收盘汇率、最高汇率、最低汇率

个人实盘外汇报价（2005年2月21日7：00～18：00）如表2－2所示。

表2－2　　个人实盘外汇报价

币种	开盘	最高	最低	收盘
欧元/美元	1.1929	1.1942	1.1902	1.1913
英镑/美元	1.7442	1.7452	1.7414	1.7427
澳元/美元	0.7402	0.7415	0.7368	0.7382
美元/日元	118.36	118.77	118.24	118.70
美元/瑞士法郎	1.3080	1.3115	1.3073	1.3087
美元/港元	7.7598	7.7619	7.7598	7.7617

2.2.3.4 官方汇率、单一汇率和复汇率

（1）官方汇率，是一国货币金融当局确定并公布的汇率，一切外汇交易都

应以该汇率为准。

（2）单一汇率，是一国政府对本币兑换另一国货币只规定一种汇率。IMF、WTO都要求会员国只能实行单一汇率。

（3）复汇率（多种汇率），是指一国政府根据不同的交易对象公布两种或两种以上的汇率。常见的有贸易汇率和金融汇率。

2.2.3.5 电汇汇率、信汇汇率和票汇汇率

（1）电汇汇率（Telegraphic Transfer Rate，简称T/T Rate），是指经营外汇业务的银行以电讯方式买卖外汇时所使用的汇率。如银行卖出外汇后以电报、电传或电讯网络等方式委托其国外分支行或代理行付款时所使用的汇率就是电汇汇率。电汇汇率是外汇市场的基础汇率，信汇和票汇汇率都是以其为基础计算出来的。

（2）信汇汇率（Mail Transfer Rate，简称M/T Rrate），是指银行以信函方式通知收付款时采用的汇率。如银行开具付款委托书，以信函方式通过航邮寄给付款地银行，由其转付给收款人所使用的汇率，就是信汇汇率。在邮程期间，银行可利用汇款资金，另外信函成本比电汇低，所以信汇汇率比电汇汇率低。

（3）票汇汇率（Demand Draft Rate，简称D/T Rate），是指银行在买卖外汇汇票时使用的汇率。例如。当银行卖出外汇时，开立汇票，交给汇款人，由其自带或邮寄国外，交给收款人，在出票银行的国外分支行或代理行取款。票汇汇率分为即期票汇汇率和远期票汇汇率，票汇汇率比信汇汇率低。

2.2.3.6 即期汇率和远期汇率

（1）即期汇率（Spot Rate），是适于即期外汇交易的汇率，即期外汇交易（Spot Exchange Transaction）指外汇买卖成交后在两个营业日内办理交割的交易。

（2）远期汇率（Forward Rate），是适用于远期外汇交易的汇率。远期外汇交易（Forword Exchange Transaction）又称期汇交易，指外汇买卖成交后并不立即办理交割，而是根据合同的规定，在约定的日期按约定的汇率办理交割的外汇交易。最常见的远期外汇交易交割期限一般有1个月、2个月、3个月、6个月，最长可达12个月。

2.2.3.7 固定汇率和浮动汇率

（1）固定汇率（Fixed Rate），是指外汇汇率基本固定，汇率的波动局限于

一个较小的范围内。其特点是该汇率在规定幅度内相对固定，具有相对稳定性。历史上存在过两种典型的固定汇率：一是金本位制下的固定汇率；二是布雷顿森林国际货币体系下的固定汇率。

（2）浮动汇率（Floating Rate），是指各国货币之间的汇率波动不受限制，而主要根据市场供求关系自由涨落的汇率。按浮动方式，可分为自由浮动和管理浮动。

2.2.3.8 名义汇率、实际汇率和有效汇率

（1）名义汇率（Norminal Rate），以上所谈的汇率均为汇率的市场标价，称为名义汇率。

（2）实际汇率（Real Rate），是名义汇率用两国价格水平调整后的汇率，如 eP^*/P（其中 e 为名义汇率，P^* 为外国商品价格水平，P 为本国商品价格水平）。

（3）有效汇率（Effective Exchange Rate，EER 又称 Trade Weighted Rate）是指某种加权平均汇率，是本国货币对一组外币的汇率的加权平均数。以贸易比重为权数的有效汇率所反映的是一国货币汇率在国际贸易中的总体竞争力和总体波动幅度。我们知道，一国的产品，出口到不同国家可能会使用不同的汇率。另外，一国货币在对某一种货币升值时也可能同时在对另一种货币贬值。即使该种货币同时对所有其他货币贬值（或升值），其程度也不一定完全一致。因此，从20世纪70年代末起，人们开始使用有效汇率来观察某种货币的总体波动幅度及其在国际经贸和金融领域中的总体地位。

2.3 汇率变动的经济影响

汇率变动从根本上说取决于一国国际收支和经济发展的状况。但实际上，汇率的变动在很大程度上受到该国汇率政策的影响，即出于一定的目的，该国政府有意识地促使本国倾向贬值或升值。汇率的变动会对一国经济产生广泛的影响，一国决策层往往为了某些方面的目标，而促使汇率朝有利的方向移动。

2.3.1 汇率变动的贸易效应

在其他条件不变的前提下，本国货币汇率下跌（贬值）通过降低本国商品

相对外国产品的价格，使国外消费者增加对本国产品的需求，本国居民减少对外国产品的需求，从而有利于本国的出口，减少进口。

货币贬值要起到刺激出口和限制进口的双重作用，需要以下条件：

条件一："马歇尔－勒纳条件"和"J曲线效应"。

"马歇尔－勒纳条件"是指在进出口商品供给弹性无穷大的前提下，若进口需求弹性与出口需求弹性之和大于1，该国货币汇率下降，可以引起贸易顺差或减少原来存在的贸易逆差。

用货币贬值鼓励出口，限制进口，存在"时滞"问题，即贬值的传导过程受时效的制约。由于合同的制约以及信息传递需要时间，一国出口商品的外币价格下跌后，其商品在国外的需求量不会马上增加，进口量也不会马上大幅度减少。只有经过一段时间，贬值国的进出口需求弹性才会逐渐增加，其贸易差额状况才会得到改善。这种变化用曲线描述，呈"J"字型，即贬值的"J曲线效应"，而且货币贬值的正效应时间不是持久的，一般情况下，只能维持1~2年。

条件二：国内物价上涨程度小于货币贬值程度。

条件三：其他国家不同时实行同等程度的货币贬值和采取其他报复性措施。

用货币贬值刺激出口抑制进口，对西方国家的影响程度较大，因为西方国家出口贸易以制成品为主，汇率机制作用明显，而且制成品的价格需求弹性和供给弹性普遍比初级产品大，世界市场在这方面的收入弹性也较大。而发展中国家出口贸易以初级产品为主，汇率机制作用较小。

2.3.2 汇率变动的资本流动效应

对长期资本流动的效应。在其他条件不变的情况下，如果预期一国货币贬值是短暂的，那么，它可能吸引长期资本流入该国。因为它能够使一定量的外汇兑换更多的该国货币，等量的外资可以支配更多的实际资源，从而在该国投资可以获取更高的投资收益。若人们认为一国货币贬值是长期趋势，则它对长期资本流动会起到相反的作用。从长期看，汇率上下波动可以部分地相互抵消，所以，贬值一般对长期资本流动影响较小。

对短期资本流动的效应。货币贬值会导致短期资本外流。当一国货币汇率开始下跌时，以该国货币计值的金融资产价格相对价值下降，人们会用该国货币兑换他国货币，资本会大量流出国外，引起大量资本外流。同时，贬值还会造成通货膨胀预期，引起资本外流。

2.3.3 汇率变动对国内物价的效应

一国货币汇率下跌，会使该国物价水平上升；一国货币汇率上升，会使该国物价水平下降。

贬值通过货币工资机制、生产成本机制、货币供应机制和收入机制，有可能导致国内工资和物价水平的循环上升。

2.3.4 汇率变动与民族工业、劳动生产率和经济结构

货币贬值无论从理论上还是在实践中，都可以看成是一种税赋行为。它是对出口的一种补贴，对进口的一种征税。在单一汇率制度下，货币贬值的税赋效应，具有统一性的特点。它不甄别单个企业或单项进出口商品的具体情况，对所有出口进行补贴，对所有进口进行征税。其优点是操作简便，没有歧视性；其缺点是过于简单，会导致各种问题。

货币贬值，具有明显的保护本国工业的作用。货币贬值通过提高进口商品的价格，削弱了进口商品的竞争力，从而为本国进口替代品留下了生存和发展的空间。

但货币的过度贬值，使以高成本、低效益生产出口产品和进口替代品的那些企业也得到鼓励，因此，它具有保护落后的作用，不利于企业竞争力的提高，同时也使社会资源的配置得不到优化。

货币的过度贬值，使本该进口的那些商品尤其是高科技产品或因国内价格变得过于昂贵而进不来，或进来了，但会加大进口企业的成本。它不利于我国劳动生产率的提高和经济结构的调整。

2.3.5 汇率变动对国际经济关系的影响

在国际经济交往中所使用的外汇主要是发达国家的货币。汇率的变动是双向的，本币汇率下降，就意味着他国货币汇率上升，会导致他国贸易逆差，经济增长减缓，由此招致其他国家的抵制和报复。

一国货币对外贬值，只有在适度的范围内，才可能产生正面的效应。如果一国货币贬值幅度过大，反而会使投资者失去信心，从而产生负面效应，甚至引发

货币危机。

汇率变动对各国经济的影响程度取决于以下几方面因素：

第一，进出口占GDP的比重。其比重越大，汇率对国内经济的影响越大。

第二，货币可自由兑换性。若该国货币可自由兑换，在国际支付中使用率越高，则汇率变动对该国经济的影响越大。

第三，参与国际金融市场的程度。一国对外开放程度越高，汇率变动对该国经济的影响越大。

第四，经济发达程度。若国家经济发达，各种市场机制较完善，汇率变动对该国经济的影响就大；若不发达，政府会对汇率和经济进行管制，汇率的作用就小。政府对经济运行的干预会改变市场机制的运作过程，使汇率变动对经济的影响复杂化。

2.3.6 汇率变动对外汇储备的影响

就储备货币的汇率变动来看，汇率变动会改变储备货币的实际价值。如果某种储备货币升值，那么持有这种储备货币的国家就会增加收益；如果某种储备货币贬值，则持有这种储备货币的国家就会遭受损失。

从长期来看，储备货币汇率的变动可以改变外汇储备资产的结构。汇率看涨的币种，在外汇储备中的比重会提高；汇率看跌的币种，在外汇储备中的比重会下降。

以上我们简单分析了汇率变动的经济影响。可以看出，汇率这一变量深刻地影响着开放经济的运行，它所发挥的效力并不局限于国际收支领域，而是对内外均衡目标中的各个层次都产生着影响。

专题研讨

专题2.1 外汇市场行情解读

要进入外汇市场进行交易，首先要了解交易的行情。可以到银行的柜面上询问报价，也可以通过银行的路透社报价系统去了解即时行情，或查询有关报纸，还可以自己直接上网查询。下面以伦敦金融时报（http：//www.ft.com）2005年

4月15日外汇市场汇率信息来对外汇市场行情进行解读。

如表2-3所示，在该汇率行情表中，主要栏目有“货币名称及符号”、“收盘价（中间价）”、“日涨跌幅度”、“买入/卖出价”、“日最高、最低价（中间价）”、“一个月汇率及年率”等。此外汇行情表包含了国际汇市交易所的主要货币币种，其中主要有瑞士法郎（SFr）、英国英镑（£）、欧元（EUR）、特别提款权（SDR）、加拿大元（C$）、墨西哥比索（New Peso）、美元（$）、澳大利亚元（A$）、港元（HK$）、新加坡元（S$）、新西兰元（NZ$）等。

首先要指出的是，在表2-3中外汇行情的标价方法采用的是外汇市场上的惯例——“美元标价法”（Dollar Quotation）。美元标价法的特点是：所有在外汇市场上交易的货币均对美元报价，且除英镑、欧元、澳元和新西兰元外的其他货币均采用以美元为外币的直接标价法。因此，在表2-3中除英镑、欧元、澳元和新西兰元外，其他各行数字均表示1美元等于若干数量该种货币，而英镑、欧元、澳元和新西兰元这几行数字则表示1单位英镑、欧元、澳元和新西兰元等于若干数量的美元。从美国银行的角度看，该行情表是用间接标价法来表示的各种货币（除英镑、欧元、澳元和新西兰元外）的汇率。

表2-3　国际外汇交易行情表

(Data available at www. FT. com 2005-4-15)

2005年4月15日	收盘价（中间价）	日涨跌幅度	买入/卖出价	日中间价		一个月	
				最高价	最低价	汇率	年率
瑞士法郎（SFr）	1.2005	-0.0143	001-008	1.2168	1.1994	1.1982	2.2
英国英镑（£）*	1.8933	+0.0119	930-935	1.8949	1.8773	1.8905	1.8
欧元（0.7733）*	1.2931	+0.0123	929-932	1.2937	1.2778	1.294	-0.8
特别提款权	0.6626	—	—	—	—	—	—
加拿大元（C$）	1.2406	-0.0016	403-409	1.2450	1.2403	1.2401	0.4
墨西哥比索（New Peso）	11.1019	+0.0072	995-043	11.1565	11.0995	11.1673	7.1
澳大利亚元（A$）	1.2969	+0.0016	965-974	1.3068	1.29957	—	—
港元（中国）（HK$）	7.7985	-0.0006	983-988	7.7990	7.7983	7.7969	0.3
日元（Y）	107.540	-0.7050	520-560	108.550	107.480	107.275	3.0
新西兰元（NZ$）	1.3934	+0.0081	930-939	1.4035	1.3887	—	—
新加坡元（S$）	1.6557	—	553-560	1.6615	1.6543	1.6543	1.0
新台币（中国）（T$）	31.6960	-0.0290	930-990	31.7280	31.5800	31.641	2.1

下面以美元对日元的汇率行情为例进行说明。按照上述行情表栏目分布安排，在美元对日元的那行数字中，第一个项目表示的是该交易日收市时美元对日元的中间价，第二个项目为该交易日美元对日元的涨跌幅度，第三个项目为银行进行外汇买卖时所报出的买卖价，第四个项目为该交易日美元对日元的最高价和最低价。在外汇市场上，银行报价采用双向报价法，即同时报出外汇的买入价（Bid Rate）和卖出价（Offer Rate）。如果以美元为外币，日元为本币，那么该行买卖双向报价即表示所报出的两个汇率为直接标价法下的买卖价，前者较小（520）为买价，后者较大为卖价（560），因为银行总是按照贱买贵卖的原则，并且银行报价省去了“大数”（107），而只报出“小数”（520）。520表示银行买入1美元需要用去107.520日元，560表示银行卖出1美元可得到107.560日元，贱买贵卖使得银行得到了40个点的买卖差价。中间价（Mid Point）为买卖价的平均值，一般情况下所说的某一货币的汇率往往就是指其中间价。

在美元对日元那行数字中，最后一组数字代表一个月远期外汇交易所使用的汇率。我们在前面介绍的汇率，实际上是即期交易（Spot Transaction）的汇率。即期交易是指买卖双方成交后，在两个营业日内办理交割的交易，其对应的汇率称为即期汇率（Spot Rate）。而远期交易（Forward Transaction），是指买卖双方事先约定的，据以在未来一定日期进行外汇交割的交易。在远期交易中，事先约定的未来交割日的汇率称为远期汇率（Forward Rate）。

在表2-3中，远期交易的期限为1个月。换言之，在第一组数字中107.275表示一个月的美元对日元远期汇率，即1美元等于107.275日元，3.0表示报价币日元一个月的期汇汇率的升贴水率。也就是说，一个月日元期汇汇率为107.275，而在现汇汇率为107.54的情况下，一个月远期日元升值、美元贬值，升贴水点数为265，亦即如果按一个月日元升水265点的速度发展下去的话，日元的年升水率将为3%。

案例分析

案例2.1 套算汇率

套算汇率（Cross Rate），也称交叉汇率，指两种货币通过各自对第三种货币的汇率推算出的汇率，换言之，是通过基本汇率套算出来的汇率。

计算交叉汇率有两种情况：一种情况是两种汇率的标价方法相同时，应将相应数字相除；另一种情况是两种汇率的标价方法不同时，应将相应数字相乘。

例2-1　想获知港元对瑞士法郎的汇率，可通过美元对港元和对瑞士法郎的汇率加以套算。

香港市场 USD1 = HKD7.7598

苏黎世市场 USD1 = CHF1.3080

则：套算汇率 CHF1 = HKD7.7598/1.3080 = HKD5.9326

例2-2 想获知英镑对瑞士法郎的汇率，可根据英镑对美元汇率和美元对瑞士法郎的汇率套算。

GBP1 = USD1.7442

USD1 = CHF1.3080

套算汇率 GBP1 = CHF1.7442 × 1.3080 = CHF2.2814

习题思考

1. 外汇和外币的区别是什么？
2. 什么是汇率？汇率的基本分类有哪些？
3. 如何解读外汇交易行情表？
4. 汇率变动对一国经济会产生什么样的影响？

第3章　汇率决定理论

学习目标

◇ 掌握一价定律、购买力平价、利率平价的概念，了解汇率理论的发展阶段。

◇ 理解掌握汇率决定的资产市场说。

◇ 了解汇率理论的最新发展。

基本理论与基本原理

3.1　汇率与价格水平的关系：购买力平价

购买力平价说（Theory of Purchasing Power Parity，PPP）是一种历史非常悠久的汇率决定理论，它的理论渊源可以追溯到16世纪，对之进行系统阐述则是瑞典的卡塞尔（G. Cassel）于1922年完成的。购买力平价的基本思想是：货币的价值在于其具有购买力，因此不同货币之间的兑换比率取决于它们各自具有的购买力的对比，也就是汇率与各国的价格水平之间具有直接的联系。

3.1.1　开放经济下的一价定律

为说明问题，我们首先分析某一商品在一国内部不同地区的价格之间的关系。我们的分析建立在两个前提之上：

第一，位于不同地区的该商品是同质的，不存在任何的商品质量及其他方面的差别。

第二，该商品的价格能够灵活地进行调整，不存在任何价格上的粘性。

一国内部的商品可分成两种类型：区域间的价格差异可以通过套利活动予以消除的，我们称之为可贸易商品（Tradable Goods）；区域间的价格差异不能通过套利活动消除，我们称之为不可贸易商品（Notradable Goods）。不可贸易商品一般主要包括不动产与个人劳务项目。

当我们研究的对象是封闭经济时，则有：

第一，某一商品在不同地区的价格存在差异时，就有可能引起套利活动的发生。套利活动是否存在则取决于商品本身的性质及交易成本的高低。

第二，对于不可移动的商品及套利活动交易成本无限高的商品，我们称之为不可贸易商品，它在不同地区间的价格差异不可能通过套利活动消除。

第三，对于可贸易商品，套利活动将它的地区间价格差异保持在较小范围内。如果不考虑交易成本等因素，则同种可贸易商品在各地的价格都是一致的，我们将可贸易商品在不同地区之间存在的这种关系称为“一价定律”（One Price Rule）。

当我们研究的对象是开放经济时，某一可贸易商品在不同国家的价格之间的联系与上述分析存在区别：

第一，不同的国家使用不同的货币，因此商品价格的比较必须折算成统一的货币再进行。在进行套利活动时，除商品的买卖外，还必须进行不同货币间的买卖活动。

第二，跨国间的套利活动还存在着许多特殊的障碍。与一国内部情况相比，各国间的套利活动更加困难，套利的交易成本也更为高昂。

同样，如果我们不考虑交易成本等因素，则以同一货币衡量的不同国家的某种可贸易商品的价格应是一致的，即：

$$P_i = e \cdot P_i^* \text{（}e\text{ 表示直接标价的汇率）} \quad (3-1)$$

上式即为开放经济下的一价定律。

3.1.2 购买力平价的基本形式

购买力平价理论在长期的发展过程中出现了多种形式，但主要是绝对购买力平价和弱购买力平价或相对购买力平价，下面分别予以介绍。

3.1.2.1 绝对购买力平价

绝对购买力平价的前提包括：

(1) 对于任何一种可贸易商品，一价定律都成立。

(2) 在两国物价指数的编制中，各种可贸易商品所占的权重相等。

这样，两国由可贸易商品构成的物价水平之间存在着下列关系：

$$\sum_{i=1}^{n} a_i p_i = e \cdot \sum_{i=1}^{n} a_i p_i^* \tag{3-2}$$

式中，a 项表示权数。如果将这一物价指数分别用 P，P^* 表示，则有：

$$P = e \times P^* \tag{3-3}$$

(3-3) 式的含义是不同国家的可贸易商品的物价水平以同一种货币计量时是相等的。

将上式变形，即：

$$e = \frac{P}{P^*} \tag{3-4}$$

这就是绝对购买力平价的一般形式，它意味着汇率取决于不同货币衡量的可贸易商品的价格水平之比，即取决于不同货币对可贸易商品的购买力之比。

在现代分析中，有的学者认为一国的不可贸易商品与可贸易商品之间、各国不可贸易商品之间存在着种种联系，这些联系使得一价定律对于不可贸易商品也成立。因此，上式中的物价指数应包括一国经济中的所有商品，也就是所有国家的一般物价水平以同一种货币计算时是相等的，汇率取决于货币的价值（一般物价水平的倒数）之比。这种观点由于比较符合汇率是不同货币之间的比价的这一性质，因此运用得更加广泛。

3.1.2.2 弱购买力平价与相对购买力平价

弱购买力平价是对绝对购买力平价假定的放松而得出的。它认为交易成本的存在使一价定律并不能完全成立，同时各国一般价格水平的计算中商品及其相应权数都是存在差异的，因此各国的一般物价水平以同一种货币计算时并不完全相等，而是存在着一定的、较为稳定的偏离（只要这些因素不发生变动）：

$$e = \frac{\theta \cdot P}{P^*}\ (\theta \text{为常数}) \tag{3-5}$$

将上式写成对数形式，再取变动率，即得式：

$$De = DP - DP^* \tag{3-6}$$

（3-6）式即为相对购买力平价的一般形式。相对购买力平价意味着汇率的升值与贬值是由两国的通货膨胀率的差异决定的。如果本国通货膨胀率超过外国，则本币将贬值。与绝对购买力平价相比，相对购买力平价更具有应用价值，这是因为它避开了前者过于脱离实际的假定，并且通货膨胀率的数据更加易于得到。

3.1.2.3 对购买力平价理论的评价

（1）贡献。购买力平价理论从货币的基本功能（购买力）出发，利用简单的数学表达式，对汇率水平与物价水平，以及汇率变动与两国通货膨胀率差异的关系作了描述，它成为经济学家和政府部门计算均衡汇率的常用方法。从理论发展的角度来看，购买力平价被普遍作为汇率的长期均衡标准应用于其他汇率理论的分析之中。从政府政策来看，一国的物价水平是一个国家产品生产成本的反映，任何两个国家之间物价水平的比率都显示了两国产品竞争力的差距，因而，汇率通过购买力平价关系成为影响一国产品国际竞争力的一个至关重要的因素。

从总体上看，购买力平价理论较为合理地解释了汇率的决定基础，虽然它忽略了国际资本流动等其他因素对汇率的影响，但该学说至今仍受到西方经济学者的重视，在基础分析中被广泛地应用于预测汇率趋势的数学模型中。

（2）局限。第一，购买力平价理论的基础是货币数量说。货币数量说的核心是方程 $MV=PY$，该式表明：当实际国民收入（Y）、货币流通速度（V）一定时，一国价格水平（P）由货币供给量（M）决定。由于购买力平价理论认为汇率由两国价格水平之比决定，可见购买力平价理论隐含着这样的结论：汇率变化是一种货币现象，货币数量决定货币的购买力和物价水平，从而决定汇率。这意味着购买力平价理论将决定汇率水平的许多重要的实际因素忽略了，如生产率的变动、消费偏好的变动、自然资源的发现、本国对外国资产的积累、国际贸易中管制措施的变动等。

第二，购买力平价是建立在一系列假定基础上的。例如，物价水平可以灵活调整，不存在资本与金融账户的交易，各国商品同质，不存在贸易壁垒、外汇管制以及交易成本等。现实中这些前提假设难以成立，因而汇率也很难通过商品套购机制使之满足购买力平价。相对来说，购买力平价理论较适用于预测汇率变化的长期趋势，因而考虑一段时期内的相对购买力平价比仅考虑某一时点的绝对购买力平价来说，对长期均衡汇率变动趋势的预测能力更好，短期内汇率变动会因各种原因偏离购买力平价。

第三，购买力平价在计量检验中存在很大的技术上的困难。①采用何种物价指数最为恰当，是一个悬而未决的问题。物价指数的选择不同，可以导致不同的购买力平价；②在商品分类上，要求不同国家的商品分类具有一致性和可操作性，否则会缺乏可比性；③计算相对购买力平价时，要求准确选择一个汇率达到均衡或基本均衡的基年，这是保证以后一系列计算结果正确的必要前提。由于客观和主观方面的原因，使得基年的选择十分困难。

3.2 汇率与利率的关系：利率平价说

在上一节中，我们介绍了开放经济下一国与外国商品市场间存在的联系所带来的汇率与商品价格水平间的关系。而在现实生活中，开放经济下一国与外国的金融市场之间的联系更为紧密，国际资金流动的发展使汇率与金融市场上的价格－利率之间也存在着密切的关系。从金融市场角度分析汇率与利率所存在的关系，就是汇率的利率平价说（Theory of Interest-rate Parity）。与购买力平价说相比，利率平价说是一种短期内的分析。

利率平价说的基本思想可追溯到19世纪下半叶，由凯恩斯于1923年在《货币改革论》一书中首次系统阐述。利率平价说突破了传统的国际收支和物价水平的范畴，从资本流动的角度研究汇率的变化，奠定了现代汇率理论的基础。利率平价理论可分为两种；抛补的利率平价（Covered Interest-rate Parity，CIP）和非抛补的利率平价（Uncovered Interest-rate Parity，UIP）。

3.2.1 抛补的利率平价

与购买力平价关系的机制类似，利率平价关系的机制也是一价定律。因此，利率平价关系也是产生于寻求收益的套利活动。为了清楚地描述这一过程，我们分析一个案例。假设本国的利率水平为 i，外国为 i^*，即期汇率为 S（直接标价法）。

若投资者手中持有一笔可自由支配的资金，计算进行为期一年的储蓄投资。假设资金在国际间流动不存在限制与交易成本。如果投资于本国金融市场，则每1单位本国货币到期可增值为：

$$1+(1\times i)=1+i \tag{3-7}$$

如果投资于外国金融市场，需分三步实施投资计划：第一步，将本币在即期外汇市场上换成外币。1 单位本币在即期外汇市场上可兑换为 $1/S$ 单位外币；第二步，将 $1/S$ 的外币存入外国银行，存期一年，期满可增值为：$1/S\times(1+i^{*})$；第三步，存期到期后，将外币存款本利和在外汇市场上换成本币。由于汇率的易变性，预测汇率波动的方向十分困难，汇率预测的困难将降低国际套利的可行性。

不同的投资者对于风险有着不同的态度，据此可以将投资者分成风险厌恶者、风险中立者和风险偏好者。只有投资者是风险爱好者时，才会选择非抛补套利；对于风险厌恶者或风险中立者，既想获取国际利差，又想将国际套利的风险降低，则会采用抛补套利操作。

在这种套利方式下，投资者不必等到存期到期后，再将高利率货币兑换成低利率货币，而可以在将低利率货币换成高利率货币进行投资的同时，在远期外汇市场上将投资到期后的高利率货币的本利和按远期汇率卖出（掉期交易），将这一远期汇率记为 F。存款到期后，1 单位本币可增值为：$F/S\times(1+i^{*})$。这样，通过掉期交易，可消除未来汇率变动风险，但同时也失去了汇率出现有利变动时的额外收益。如果投资外国市场的收入 $F/S\times(1+i^{*})$ 与投资本国市场的收入 $(1+i)$ 存在差异，投资者就会进行抛补套利操作以赚取无风险利差收入。套利活动和掉期交易使低利率货币的现汇汇率下跌，期汇汇率上升；而高利率货币的现汇汇率上升，期汇汇率下降。于是，远期差价不断加大，直到两种资产的收益率相等时，抛补套利活动才停止，市场处于均衡，最终使利率与汇率形成下列关系：

$$1+i=\frac{F}{S}\times(1+i^{*}) \tag{3-8}$$

整理得：

我们记即期汇率与远期汇率之间的升（贴）水率为 Δf，

$$\Delta f=(F-S)/S$$

再将上式整理得：

$$\Delta f=i-i^{*} \tag{3-9}$$

（3－9）式即为套补的利率平价的一般形式。其经济含义是：汇率的远期升贴水率是由两国间的利率差决定的，高利率货币在现汇市场上升水，在期汇市场上贴水，低利率货币在现汇市场上贴水，在期汇市场上升水。

抛补的利率平价具有很高的实践价值。根据对市场交易者的实际调查，抛补的利率平价被作为指导公式广泛应用于交易中，在外汇交易中处于市场创造者地位的大银行基本上就是根据各国间的利率差异来确定远期汇率的升贴水额。在实证检验中，除了外汇市场激烈动荡的时期，套补的利率平价基本上都能比较好地成立。当然，实际汇率变动与套补的利率平价间也存在着一定的偏离，这一偏离常被认为反映了交易成本、外汇管制以及各种风险因素。

3.2.2 非抛补的利率平价

我们在上文的分析中，假定投资者的投资策略是进行远期交易以规避风险。实际上，还存在另外一种交易策略，即根据自己对未来汇率变动的预期而计算预期的收益，在承担一定的汇率风险情况下进行投资活动。对于风险爱好者，他们会选择进行非抛补套利。

在不进行远期交易时，投资者是通过对未来汇率的预期来计算投资活动的收益的。如果投资者预期一年后的汇率为 Ef，则在外国金融市场投资活动的最终收入为：$\frac{Ef}{S}(1+i^*)$。如果这一收入与投资本国金融市场的收入存在差异，则投资者会在市场上进行相应的操作以使两者相同。这样，在市场处于平衡状态时，有下式成立：

$$(1+i)=\frac{Ef}{S}(1+i^*) \tag{3-10}$$

我们对之进行类似上文的整理，可得：

$$E\Delta f=i-i^* \tag{3-11}$$

式中，$E\Delta f$ 表示预期的未来汇率变动率。上式即为非抛补的利率平价的一般形式，它的经济含义是；预期的未来汇率变动率等于两国货币利率之差。在非抛补利率平价成立时，如果本国利率高于外国利率，则意味着市场预期本币在远期将贬值。

值得指出的是，随着远期外汇市场的发展，根据对汇率的预期进行非抛补套利活动已越来越少，更多的是抛补套利。

3.2.3 非抛补套利与抛补套利的联系

在前文的分析中，抛补的与非抛补的利率平价的成立分别是由两种类型的套利活动来实现的。在外汇市场上，还存在着另外一种交易者——投机者，他们的投机活动使以下两种利率平价统一起来，对远期汇率的形成起到了决定性的作用。

投机者总是试图在汇率的变动中谋利，当预期的未来汇率与相应的远期汇率不一致时，投机者就认为有利可图了。我们假定 $Ef>F$，这意味着投机者认为远期汇率对未来的本币价值高估了，因此他将购买远期外汇，这样在期满后，汇率变动到预期水平时，将远期合约进行交割时获得的外币以这一预期汇率水平卖出，从而获得这一差价所形成的利润。投机者在远期市场的交易将会使 F 值增大，直到与预期的未来汇率相等时为止。可见，投机者的活动将使远期汇率完全由预期的未来汇率所确定，此时抛补的利率平价与非抛补的利率平价同时成立，即：

$$Ef=F \qquad \Delta f=E \quad \Delta f=i-i^{*} \tag{3-12}$$

3.2.4 对利率平价理论的评价

第一，利率平价说的研究角度从商品流动转移到资金流动，指出了汇率与利率之间存在的密切关系，这对于正确认识外汇市场上，尤其是资金流动问题非常突出的外汇市场上汇率的形成机制是非常重要的。与其他的汇率决定理论的成立条件不同，资金流动是非常迅速而频繁的，这使得利率平价（主要是抛补的利率平价）能够较好地始终成立，从而在分析中运用得特别广泛。

第二，同购买力平价说一样，利率平价说并不是一个独立的汇率决定理论，而只是描述出了汇率与利率之间存在的关系。

汇率与利率之间是相互作用的，不仅利率的差异会影响到汇率的变动，汇率的改变也会通过资金流动而影响不同市场上的资金供求关系进而影响利率。更为重要的是，利率和汇率可能同时受更为基本的因素的作用而发生变化，利率平价只是在这一变化过程中表现出来的利率与汇率两者间的联系。因此，利率平价理论与其他汇率决定理论之间是相互补充而不是相互对立的，它常常被作为一种基本的关系式而运用在其他汇率决定理论的分析中。

第三，利率平价说具有特别的实践价值。对于利率与汇率间存在的这一关系，由于利率的变动是非常迅速的，同时利率又可对汇率产生立竿见影的影响，这就为中央银行对外汇市场进行灵活的调节提供了有效的途径，即培育一个发达的、有效率的货币市场，在货币市场上利用利率尤其是短期利率的变动以对汇率进行调节。

3.3 汇率与国际收支的关系：国际收支说

利率平价说利用资金市场上汇率与利率之间的关系讨论了汇率的决定，但在分析时忽略了国际贸易在汇率决定中的作用。国际收支说则考虑了国际收支对汇率的影响，认为国际收支状况决定着外汇供求，进而决定汇率。国际收支说是从国际收支角度分析汇率决定的一种理论，它的理论渊源可追溯到14世纪。1861年英国学者葛逊（G. L. Goschen）较为完整地阐述了汇率与国际收支的关系，他的理论被称为国际借贷说（Theory of International Indebtedness）。在第二次世界大战后，随着凯恩斯主义的宏观经济分析被广泛运用，很多学者应用凯恩斯模型来说明影响国际收支的主要因素，进而分析了这些因素如何通过国际收支作用到汇率，从而形成了国际收支说的现代形式。

3.3.1 国际收支说的早期形式：国际借贷说

国际收支说的早期形式是国际借贷说。1861年英国学者葛逊出版了《外汇理论》一书，较为完整地阐述了汇率与国际收支之间的关系。国际借贷说的主要观点是，一国货币汇率的变动，由外汇的供求决定，而外汇的供求取决于该国对外流动借贷的状况。一国的对外流动借贷，是指该国处于实际收支阶段的对外债务和债权。当一国处于支出阶段的外汇支出大于处于收入阶段的外汇收入时；外汇需求大于外汇供给，外汇汇率上升；反之，外汇汇率下跌。当进入收支阶段的外汇供求相等时，汇率便处于均衡状态。

国际借贷说的缺陷是，没有说清楚哪些因素具体影响外汇供求，限制了这一理论的应用价值。这一缺陷在现代国际收支说中得到了弥补。

3.3.2 现代国际收支说

现代国际收支说的倡导者认为，在分析汇率决定时，可以从两个方面对国际借贷说加以修正和改进。一是将国际资本流动纳入汇率决定的分析中。二是进一步应用贸易收支和国际资本流动的有关理论来探讨深层的汇率决定因素。现代国际收支说形成于布雷顿森林体系崩溃之后，是凯恩斯主义的汇率理论。其主要观点是外汇汇率取决于外汇供求，而国际收支状况决定着外汇供求，因而汇率实际上取决于国际收支。

国际收支均衡的条件是经常账户（CA）和资本与金额账户（K）之和等于零，即 $CA+K=0$。经常账户差额主要是商品和服务的进出口，其出口（X）是由外国国民收入水平（Y^*）和实际汇率（$\frac{eP^*}{P}$）决定的。这样，影响经常账户收支的主要因素可表示为：

$$CA=f(Y,\ Y^*,\ P,\ P^*,\ e) \tag{3-13}$$

为简单起见，假定资本与金融账户的收支取决于本国利率（i）、外国利率（i^*），还有对未来汇率水平变化的预期$\{(Ef-S)/S\}$，将此与上式结合，可得影响国际收支的主要因素为：

$$BP=f(Y,\ Y^*,\ P,\ P^*,\ i,\ i^*,\ e,\ Ef)=0 \tag{3-14}$$

如果将除汇率外的其他变量均视为给定的外生变量，则汇率将在这些因素的共同作用下变化至某一水平，以平衡国际收支，即：

$$e=g\ (Y,\ Y^*,\ P,\ P^*,\ i,\ i^*,\ Ef) \tag{3-15}$$

上式表明影响汇率变化的主要因素有国内外的国民收入、国内外价格水平、国内外利率水平以及人们对未来汇率的预期，这些因素通过影响外汇供求来决定汇率的水平。

上述各变量对汇率的影响机制及效果如下：

第一，国民收入的变动。当其他条件不变时（下同），本国国民收入的增加将通过边际进口倾向而带来进口的上升，这导致对外汇需求的增加，本币贬值。外国国民收入的增加将带来本国出口的上升，本币升值。

第二，价格水平的变动。本国价格水平的上升将带来实际汇率的升值，本国产品竞争力下降，经常账户恶化，从而本币贬值（此时实际汇率恢复原状）。外国价格水平的上升将带来实际汇率的贬值，本国经常账户改善，本币升值。

第三，利率的变动。本国利率的提高将吸引更多的资本流入，本币升值。外国利率的提高将造成本币贬值。

第四，对未来汇率预期的变动。如果预期本币在未来贬值，资本将会流出以避免汇率损失，这带来本币即期的贬值。如果预期本币在未来将升值，则本币在即期就将升值。

需指出的是，以下各变量对汇率影响的分析是在其他条件不变下得出的。而实际上，这些变量之间也存在着复杂的关系，从而对汇率的影响难以简单确定。

3.3.3 对国际收支说的简单评价

(1) 与购买力平价说及利率平价说一样，国际收支说不能被视为完整的汇率决定理论，只是进行更深入的分析时可利用的一种重要工具。其主要特点是具有浓厚的凯恩斯主义色彩，是从宏观经济角度（国民收入、储蓄、投资等），而不是从货币数量角度（价格、利率等）研究汇率，是现代汇率理论的一个重要分支。

(2) 国际收支说是关于汇率决定的流量理论，这一流量特性体现在它认为国际收支引起的外汇供求流量决定了汇率水平及其变动。但是，在国际资金流动迅速发展的背景下，决定汇率的主要因素是金融资产的存量变化，而不是实物资产的流量变动。而且，国际收支说并没有进一步分析哪些因素决定了外汇供求流量，也没有对汇率与各变量之间的关系进行深入分析，得出具有明确因果关系的结论。在分析方法上，它只是简单地运用了类似于普通商品市场上价格与供求之间的关系来对外汇市场进行分析，导致对现实生活中的一些经济现象很难作出解释。例如，利率上升在很多情况下并不能持续吸引资本流入而引起汇率相应变动；再如，外汇市场常在交易流量变动很小的情况下使汇率发生大幅度变动。国际收支说的这一缺陷带来了新的汇率理论的出现，即汇率决定的资产市场说。

3.4 汇率决定的资产市场说

资产市场说是20世纪70年代中期以后发展起来的一种重要的汇率理论。这一理论是在国际资本流动迅速发展的背景下产生的，它特别强调金融资产均衡对汇率变动的影响，使资本与金融项目的交易对汇率的影响日益受到重视。

随着汇率理论的中心注意力转向资本与金融项目，汇率研究的方法也出现了相应的变革，汇率研究开始转向分析存量调节。与传统理论相比，对汇率的资产市场分析法意味着在分析方法上的两点不同。首先，决定汇率的是存量因素而不是流量因素。其次，在当期汇率的决定中，预期发挥了十分重要的作用。为简化分析，在以下的分析中，我们假定预期的未来汇率不发生变动。

在本节的资产市场分析中，我们的分析假定有：第一，外汇市场是有效的，也就是市场当前价格反映了所有可能得到的信息。第二，分析对象是一高度开放的小国（假定其为本国），本国无法影响到国际市场上的利率，同时外国居民不持有本国资产，本国居民不持有外国货币。本国居民主要持有三种资产：本国货币、本国发行的金融资产（主要是本国债务）、外国发行的金融资产（主要是外国债券），一国的资产市场由本国货币市场、本国债券市场、外国债券市场构成。第三，资金是完全流动的，套补的利率平价（CIP）始终成立。

依据对于本币资产与外币资产可替代性的不同假定，资产市场说可分为货币分析法（Monetary Approach）与资产组合分析法（Portfolio Approach）。货币分析法假定这两者可完全替代，非套补的利率平价成立。而后一分析法则反之。在货币分析法内部，又依对价格弹性的假定不同，分为弹性价格货币分析法（Flexible-price Monetary Approach）与粘性价格分析法（Sticky-price Monetary Approach）。

3.4.1 汇率的弹性价格货币分析法

3.4.1.1 弹性价格货币分析法的基本模型

汇率的弹性价格货币分析法可简称为汇率的货币模型。在这一模型中，由于本外币资产是完全可替代的，因此这两种资产市场是个统一的市场。所以，只要本国与外国的货币市场处于平衡，这一资产市场也必然处于平衡。因此，货币模型将集中分析货币市场上货币供求的变动对汇率的影响。

（1）基本模型的建立。弹性价格货币分析法建立在三个假定基础上：垂直的总供给曲线；稳定的货币需求；购买力平价成立。分析的重点是，汇率可以自由调整以反映各种因素对汇率水平决定的影响。特别需要指出的是，此处的货币供给是政府可以控制的外生变量，利率与实际国民收入都与货币供给无关，货币供给只能引起价格水平的迅速调整，而不能降低利率并进一步影响产出。

在这些假定前提下，货币需求等于货币供给这一本国货币市场平衡的条件可写成：

$$Ms - P = ay - bi(a > 0,\ b > 0) \qquad (3-16)$$

上式中，除利率（i）外，其他变量均为对数形式。a 与 b 均为某一常数，分别表示货币需求的收入弹性与利率弹性。

调整后，可得本国价格水平表达式：

$$P = Ms - ay + bi \tag{3-17}$$

为简便起见，我们设外国的货币需求函数的形式与本国相同，同样可得外国价格水平的表达式：

$$P^* = Ms^* - ay^* + bi^* \tag{3-18}$$

购买力平价提供了本国价格水平与外国价格水平之间的联系，即：

$$e = P - P^* \tag{3-19}$$

将（3－17）式和（3－18）式代入（3－19）式，可得（变量为对数形式）：

$$e = a(y^* - y) + b(i - i^*) + (Ms - Ms^*) \tag{3-20}$$

以上即为弹性价格货币分析法的基本模型。从中可以看出，本国与外国之间的实际国民收入水平、利率水平以及货币供给水平通过影响各自的物价水平，最终决定了汇率水平。这样，弹性货币分析法就将货币市场上的一系列因素引进了汇率水平的决定之中。

（2）基本模型分析。

第一，本国货币供给水平一次性增加。在其他因素不变时，本国货币供给水平的一次性增加，会造成现有价格水平上的超额货币供给，公众将增加支出以减少他们持有的货币余额。由于产出不变，额外的支出将会使价格水平上升，直到实际货币余额恢复正常为止。由于购买力平价成立，本国价格水平的提高将会带来本国货币的相应贬值。

结论：在货币模型中，当其他因素不变时，本国货币供给的一次性增加将会带来本国价格水平的同比例上升、本国货币的同比例贬值，本国产出与利率则不发生变动。这个过程可以用图3－1表示。

第二，本国国民收入增加的影响。当其他因素不变时，本国国民收入的增加，意味着货币需求的增加。在现有价格水平上，由于货币供给没有相应地增加，因此居民持有货币的实际余额降低，支出将减少。这一支出的减少会造成本国价格水平的下降，直到实际货币余额恢复到原有水平为止。本国价格水平的下降，会通过购买力平价关系而造成本国汇率的相应升值。

结论：在货币模型中，当其他因素不变时，本国国民收入的增加将会带来本国价格水平的下降，本国货币升值。

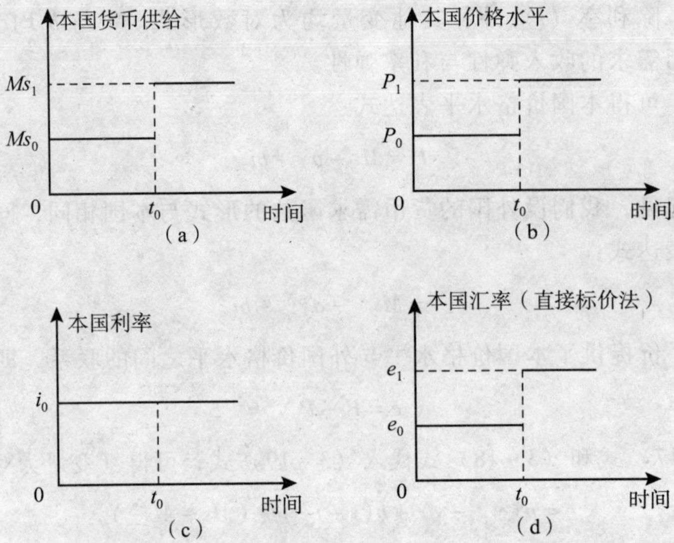

图 3－1　货币模型中本国货币供给一次性增加的影响

第三，本国利率上升的影响。在货币模型中，本国利率的上升会降低货币需求，同样在原有的价格水平与货币供给水平上，造成支出的增加、物价的上升，从而通过购买力平价关系造成本国货币的贬值。

结论：在货币模型中，当其他因素不变时，本国利率水平的上升将会带来本国价格水平的上升，本国货币的贬值。

3.4.1.2　对货币模型的评价

货币模型是建立在购买力平价说这一前提之上的，它是具有诸多创新的独立的汇率决定理论，在现代汇率理论中具有重要地位，这体现在：

（1）货币模型将购买力平价这一形成于商品市场上的汇率决定理论引入到资产市场上，将汇率视为一种资产价格，从而抓住了汇率这一变量的特殊性质。这在一定程度上符合资金高度流动这一客观事实，对现实生活中汇率频繁变动提供了一种解释，具有较强的生命力。

（2）货币模型引入了诸如货币供给量、国民收入等经济变量，分析了这些变量的变动对汇率造成的影响，从而较购买力平价在现实分析中得到更广泛的运用。

（3）货币模型是一般均衡分析。在这个模型里，包含了商品市场的平衡、货币市场的平衡、外汇市场的平衡，这使得它与局部均衡模型相区别。

(4) 由于理论假定的不同，货币模型是资产市场说中最为简单的一种形式，但它却反映了这一分析方法的基本特点。货币模型的这一简单性使得它在各种分析中被经常使用，同时它也是更为复杂的汇率理论的基础。

货币模型的主要不足体现在：

(1) 它是以购买力平价为理论前提的，如果购买力平价本身在实际中很难成立的话，那么这种理论的可信性是存在问题的。无论在长期还是短期，均没有充分证据论证购买力平价的成立，这使得货币模型对现实的解释大打折扣。

(2) 它在货币市场平衡的分析中，假定货币需求是稳定的，这一点至少在实证研究中是存在争议的。

(3) 它假定价格水平具有充分弹性，这一点受到众多研究者的批评。大量的研究结果显示，商品市场上的价格调整不同于金融资产市场上的价格变动，它一般是比较缓慢的，在短期内显示出粘性。坚持这一观点的研究者将粘性价格引入货币模型，即下面介绍的粘性价格货币分析法。

3.4.2 汇率的粘性价格货币分析法

汇率的粘性价格货币分析法简称为“超调模型”（Overshooting Model），是由美国麻省理工学院教授鲁迪格·多恩布什（Rudiger Dornbucsh）于1976年提出的。与货币模型相比，这一模型的最大特点在于：它认为商品市场与资本市场的调整速度是不同的，商品市场上价格水平具有粘性的特点，这使得购买力平价在短期内不能成立，经济存在着由短期平衡向长期平衡的过渡过程。这里所说的短期平衡，是指价格还来不及发生变动的经济平衡。由于在一段时期后，价格才开始调整，所以长期平衡就是价格充分调整后经济的平衡。可以看出，货币模型中所得出的结论实际上是超调模型中长期平衡的情况。

3.4.2.1 超调模型的基本假定

与货币模型相同，超调模型也认为货币需求是稳定的、非套补利率平价是成立的。但是它认为商品市场价格存在粘性，这导致它在分析前提上与货币模型存在以下两方面的不同：

(1) 购买力平价在短期内不成立。作为一种资产价格，汇率的调整是迅速的，而价格水平的调整是滞后的，这样在短期内不能满足购买力平价的要求，实际汇率会在短期内发生变化。在长期中，价格水平可以充分调整，购买力平价可以较好成立。

（2）总供给曲线在短期内不是垂直的。由于价格粘性的存在，总供给曲线在不同的时期内有着不同的形状。如图 3－2 所示。

在短期内的情况如图 3－2（a）所示，此时价格水平完全不发生变动，总供给曲线是水平的。总需求的上升会引起产出的提高，而不会引起价格的上升。随后的一个时期内的情况如图 3－2（b）所示，此时价格开始缓慢调整，总供给曲线由左下方向右上方倾斜，总需求的上升在提高产出的同时也会引起价格的上升。长期内的情况如图 3－2（c）所示，此时价格可以对产出水平的变动进行充分调整，总供给曲线是垂直的，总需求的上升只能引起价格水平的上涨，产出不发生变动。

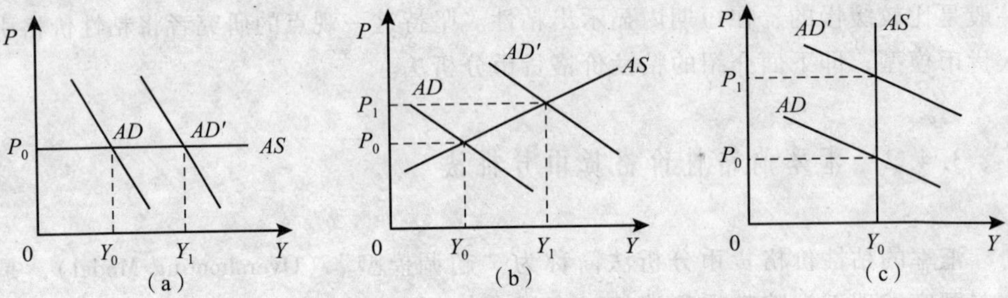

图 3－2　总供给曲线的不同形状

3.4.2.2　超调模型中的平衡调整过程

当商品价格在短期内存在粘性而汇率、利率作为资产价格可以自由调整时，为维持经济平衡，汇率在短期内的调整幅度超过长期平衡水平，这一现象被称为汇率的超调。长期价格水平经过调整，经济会达到长期均衡水平，价格水平发生与货币供给量同比例的上涨，本国货币汇率达到长期平衡水平，购买力平价成立，利率与产出均恢复原状。在超调模型中，货币供给一次性增加造成经济的调整过程可用图 3－3 表示。

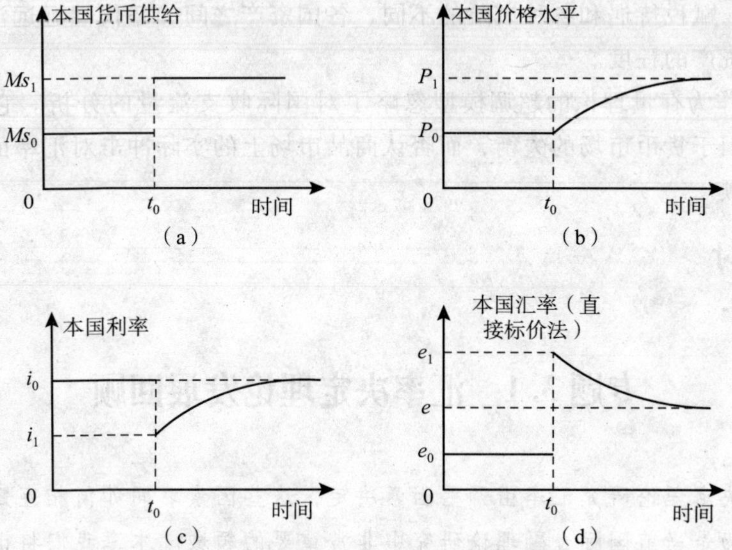

图 3－3　超调模型中本国货币供给一次性增加的影响

3.4.2.3　对超调模型的评价

超调模型在现代汇率理论中具有极为重要的地位，体现在：

(1) 超调模型在货币模型的框架内展开分析，但它又采用了商品价格粘性这一被认为更切合实际生活的分析方法，对开放条件下的宏观经济作了较为全面、系统的描述，从而被研究者广泛接受，它已成为国际金融学中对开放经济进行宏观分析的最基本的模型。

(2) 超调模型首次涉及了汇率的动态调整问题，从而创立了汇率理论的一个重要分支——汇率动态学。

(3) 超调模型具有鲜明的政策含义。既然超调是在资金自由流动条件下汇率自由调整的必然现象，而在这一过程中汇率的过度波动会给金融市场与实际经济带来很大的冲击甚至破坏，那么完全放任资金自由流动、完全自由浮动的汇率制度并不是最合理的，政府有必要对资金流动、汇率乃至于整个经济进行干预与管理。

超调模型的主要缺点是：

(1) 由于建立在货币模型的分析基础上，具有与货币模型相同的一些缺陷。如假定货币需求是稳定的；并假定国内外资产具有完全的替代性，事实上，由于交易成本、赋税待遇和各种风险的不同，各国资产之间的替代性远远没有达到可视为一种资产的程度。

（2）作为存量理论的超调模型忽略了对国际收支流量的分析。它将汇率波动完全归因于货币市场的失衡，而否认商品市场上的实际冲击对汇率的影响，未免有失偏颇。

专题研讨

专题3.1　汇率决定理论发展回顾

汇率决定理论研究汇率由哪些因素决定，这些因素之间如何相互影响。对汇率的研究仍是当前国际金融理论研究中非常重要的领域。本章我们将由简至繁依次介绍汇率与价格水平、利率、国际收支及资产市场之间存在的关系，包括汇率决定的购买力平价说、利率平价说、国际收支说，以及资产市场说。

从历史上看，汇率决定理论的产生和发展大致经历了四个阶段：

（1）第一次世界大战爆发之前。在这一阶段，15世纪初意大利佛罗伦萨的学者罗道尔波斯提出的“公共评价理论”被普遍认为是最早的汇率决定理论。该理论认为，汇率是由人们对两国货币的公共评价决定的，而公共评价则取决于两国货币所含贵金属的纯度、重量及其市场价值。由于该时期是金本位盛行时期，货币之间的兑换以铸币平价（Mint Parity）为标准，所以当时的汇率决定问题较为简单。1861年，英国经济学家葛逊（G. J. Goschen）提出了“国际借贷说”（Theory of International Indebtedness），用以解释汇率在金本位制度下变动的原因。

（2）两次世界大战之间。第一次世界大战的爆发标志着金本位全盛时期的结束。战后国际社会重建金本位制的努力以失败而告终，取而代之的是一种残缺不全的金本位制—金块本位制或金汇兑本位制。20世纪30年代的经济危机更使得金本位制彻底崩溃。与之相伴的汇率频繁波动使得经济学家们对汇率问题进行了重新思考。1921年瑞典学者卡塞尔（G. Cassel）提出的“购买力平价说”，1923年凯恩斯（J. M. Keynes）提出的“利率平价说”，1927年法国学者阿夫塔里昂（A. Aftalion）提出的“汇兑心理说”，都是这一阶段的产物。

（3）布雷顿森林体系时期。第二次世界大战后国际社会努力恢复金本位制下的稳定和谐的秩序，于是建立了各国货币同美元保持固定联系，美元同黄金保持固定兑换比率的“双挂钩”的固定汇率制度。在布雷顿森林体系下，汇率决定理论的研究处于停滞时期，而与此同时，国际收支理论的研究则成为重点。

(4) 20世纪70年代至今。20世纪70年代初，布雷顿森林体系崩溃，主要工业国家纷纷实行浮动汇率制。传统的汇率理论很难解释浮动汇率制度下较商品价格的变动性更强烈的汇率的易变性。这使得汇率决定理论重新成为学术界研究的热点。

回顾历史，我们发现汇率理论的演变是和货币制度的演进紧密联系在一起的。

案例分析

案例3.1 换汇成本说

换汇成本说是中国的学者结合购买力平价说和中国的国情于20世纪70年代末发展出来的一种汇率决定学说。它把购买力平价说中的非贸易商品加以剔除，而用国际贸易商品的价格对比来考察汇率的决定，这显然比购买力平价说更切合中国的实情，因此，可以说它是对传统的购买力平价说的一种发展。

3.1.1 换汇成本说的表达形式

换汇成本可以用两种方式来表达，第一种是在国际市场上换得1美元所支出的人民币成本（加上适当的利润）；第二种是在国内市场出售1美元的进口物品所能获得的人民币收入（也包括适当的利润）。第一种换汇成本实际上是指出口换汇成本，第二种换汇成本实际上是指进口成本。它们的表达方式分别是：

$$\text{出口换汇成本}=[HP/ED]+[P\cdot EY]/ED \tag{3-21}$$

$$\text{进口换汇成本}=MY/MD=(1-P)MY/MD[P\cdot MY]/MD \tag{3-22}$$

在等式（3-21）中，P是预期的利润率，EY是一定时期中以人民币衡量的中国出口总成本，包括商品进价、商品流通费用及关税等项目，ED是一定时期中以美元衡量的中国出口总收入，EY与ED之比表示的是狭义的中国出口成本平价，表明中国在国际市场上赚得1美元所需支出的人民币代价。$P\cdot EY$表示的是预期的总利润，在我们的理论探讨中，它没有意义（但它对我国经贸公司来讲，有重要的实际意义）。在等式（3-22）中，MD是以美元表示的一定时期内的中国的进口总值，MY是以人民币表示的一定时期内中国进口商品在国内市场的销售总收入。MY与MD之比表示在国内市场销售成本1美元的商品所能带来的收入。MY中已包含了利润在内，因此，这个比例表示的是广义的进口成本平价。同样，

$P \cdot MY/MD$ 是预期的进口总利润，它没有理论意义，只有经营意义。等式（3－21）和等式（3－22）的整体，分别表示了广义的出口成本平价（出口换汇成本）和进口成本平价（进口换汇成本）。说它们是广义的，是因为它们都包括了利润在内。

3.1.2 两种换汇成本的选择

出口换汇成本和进口换汇成本都是改进了的购买力平价。选择哪种换汇成本作为汇率决定的基础，取决于政府的政策取向和两种成本平价之间的相互关系。如果出口换汇成本与进口换汇成本是相等的两个值，那么，取哪一个结果都是一样的。反之，如果出口换汇成本与进口换汇成本不相等，那就要依经济运行状况和政府的政策取向来选择其一了。在我国，由于国内外价格体系的差异，出口换汇成本和进口换汇成本是两个不等的值，而鼓励出口又是我国汇率政策的主要目标，因此，我国长期以来一直采用出口换汇成本作为依据来指导人民币汇率的决定。

3.1.3 换汇成本说和传统的购买力平价的异同

换汇成本说和购买力平价的异同，可用表 3－1 来加以归纳。从比较中可以看出，两者的理论基础是一致的。但是，换汇成本缩小了货币购买力的对比范围和一价定律的适用范围，它仅仅从国际贸易商品这一范围来进行货币购买力的对比和承认一价定律的存在。同时，换汇成本说没有假定货物的购买力仅仅由货币的数量来决定，这也是它的一个特征。

表 3－1　　换汇成本说与购买力平价的主要特征比较

项目	换汇成本	购买力平价
广义基础	单位货币的购买力	单位货币的购买力
狭义基础	单位货币对国际贸易商品的购买力	单位货币对一般商品的购买力
假设前提	一价定律存在于国际贸易商品价格之中	一价定律存在于所有商品价格之中
购买力的决定	货币数量、劳动生产率等	货币数量

习题思考

1. 什么是开放经济下的一价定律？它的成立条件是什么？
2. 评述购买力平价的基本内容。
3. 从利率平价角度解释汇率与利率之间存在的关系。
4. 试述国际收支说的主要内容。
5. 请简述货币模型的主要内容。
6. 请简述超调模型中的汇率动态调整过程。

第4章 汇率制度

学习目标

◇ 理解固定汇率制度、浮动汇率制度的优点与缺陷。

◇ 掌握香港联系汇率制度运行机制。

◇ 了解人民币汇率制度的演变过程。

◇ 掌握人民币参考一篮子货币汇率制度的特点、作用及局限。

基本理论与基本原理

4.1 固定汇率制度与浮动汇率制度比较

汇率制度（Exchange Rate Regime），是指一国货币当局对本国汇率水平的确定、汇率变动方式等问题所作的一系列安排或规定。由于汇率的特定水平及其调整对经济有着重大影响，并且不同的汇率制度本身也意味着政府在实现内外均衡目标的过程中需要遵循不同的规则，所以选择合理的汇率制度是一国乃至于国际货币制度面临的非常重要的问题。

按照汇率变动的方式，汇率制度最主要的两大类型是固定汇率制度与浮动汇率制度。固定汇率制度是指政府用行政或法律手段确定、公布、维持本国货币与某种参考物之间固定比价的汇率制度。充当参考物的东西可以是黄金，也可以是某一种外国货币，也可以是某一组货币。在黄金是国际货币制度的基础时，各国一般均规定其货币的含金量，各国货币间汇率则依据这一含金量之比确定。在纸币流通的条件下，不同货币之间的固定汇率往往是人为规定的，在经济形势发生较大变化时，这一汇率可以进行调整，因此这种固定汇率制度实际上是一种可调整的固定汇率制，称为可调整的钉住汇率制度（Adjustable Pegging Regime）。浮动汇率制度（Floating Exchange Rate Regime）是指汇率水平完全由外汇市场上的供求决定、政府不加任何干预的汇率制度。

浮动汇率制度与固定汇率制度孰优孰劣是国际金融领域中一个长期争论不休的问题，一大批著名学者均卷入了这场争论。比如，赞成浮动汇率制度的经济学家有弗里德曼（M. Friedman）、约翰逊（H. Johnson）、哈伯勒（G. Haberler）等，赞成固定汇率制度的有纳克斯（Nurkse）、蒙代尔（R. Mundell）和金德尔伯格（C. Kindleberger）等。

这一争论所涉及的问题是极为广泛的，我们可以将之归结为三个方面。

4.1.1 实现内外均衡的自动调节效率问题

固定汇率制与浮动汇率制最大的区别在于出现国际收支不平衡后经济恢复内外均衡的自动调节机制。在固定汇率制下，货币当局会在固定的汇率水平上通过调整外汇储备来消除外汇市场上的供给与需求的缺口，相应地，通过货币供应量的变动来对经济的不平衡进行调节。而在浮动汇率制下，完全通过外汇市场上的汇率变动来平衡外汇的供求，这一汇率变动进而通过各种机制调节经济运行。以上两种调节方式各有其特点，对于哪种调节方式更有效率的分析便构成了固定汇率制度与浮动汇率制度孰优争论的第一个问题。以下分别介绍支持浮动汇率制的四个理由，并在介绍每个理由的同时说明固定汇率制度支持者的反驳。

4.1.1.1 单一性

以本国产品国际竞争力下降（$P > eP^*$，e 为直接标价法下的汇率）为例，在浮动汇率制下，只需听任汇率这唯一的变量自行调整，让本币贬值即可；而在固定汇率制度下，必须通过货币供应量的变动进而调整本国的价格体系，这就牵涉到许多变量的调整。很显然，前者的调整必然时间更快、成本更低。尤其是本国价格调整存在粘性时，浮动汇率制度的优势更为明显。

固定汇率制度的支持者指出，在很多情况下，对本国价格体系的调整是非常必要的，完全通过汇率变动调整是不合理的。例如，本国产品国际竞争力下降是由于生产出口品的经济部门劳动生产率提高缓慢导致的成本过高所造成时，货币贬值虽可在短期内增加出口，但从长期看不利于本国产品竞争力的提高，不利于本国相关产业的发展。在固定汇率制下，相关产业部门将被迫主动采取措施降低成本，提高技术水平，这一价格调整往往是不可回避的。

4.1.1.2 自发性

在浮动汇率制度下，只要一国的国际收支出现失衡，货币就会自动地贬值或升值，从而对国际收支与整个经济进行自发调节，不需要任何专门的政策乃至于强制措施。而在固定汇率制度下，国际收支的失衡一般都需要政府制定出特定的政策组合来加以解决，这一过程中存在的时滞等问题使其效率较低。

固定汇率制的支持者是从以下三个方面进行反驳的。首先，导致汇率变动的因素很多，汇率未必能按照平衡国际收支所需要的方向进行调整。例如，一国经常账户出现较大赤字，如果同时存在大规模的资金流入，则本国货币不但不会贬值反而会升值，这一升值持续较长时间将会给本国出口部门的竞争力带来严重的、不可逆转的损害。经常账户状况是国际收支平衡的基础，当再次出现大规模的资金流出时，货币的贬值很难迅速发挥效力，在整个过程中汇率变动并不能说是合理或合适的。其次，汇率只能通过价格因素影响到国际收支，而国际收支是受多种因素共同决定的，这就带来很多情况下汇率调整的乏力。例如，一国产品具有较高质量且很少有其他国家产品可以替代时，汇率的升值并不能降低对该产品的需求。一国产品质量低下时，同样会出现马歇尔—勒纳条件不能满足的情况，货币的贬值不能带来国际收支的改善。最后，汇率对国际收支的调整往往需要国内政策的支持，例如，贬值刺激出口时，必须有国内相应的紧缩性政策才可以避免通货膨胀抵消贬值的作用，没有相应政策配合的汇率变动往往是难以发挥效力的。

4.1.1.3 微调性

在浮动汇率制下，汇率可以根据一国国际收支的变动情况进行连续的微调而避免经济的急剧波动。而在固定汇率制下，一国对国际收支的调整往往是问题已经积累到相当程度时才进行的，这一调整一般幅度较大，对经济的震动也比较剧烈。

固定汇率制度的支持者不否认固定汇率制度下的调整较为僵硬，但是他们同时指出，固定汇率制度可以避免许多无谓的汇率调整，尤其是当这些调整是货币性干扰所造成的时候。例如，在资产市场上需求与供给的暂时性变化（如本国货币需求暂时下降），在固定汇率制度下可以通过储备变动予以消除，避免其造成汇率的频繁调整。另外，固定汇率制度的支持者还指出，在资金流动对汇率形成产生决定性影响时，浮动汇率的无谓调整是很剧烈的，对经济的冲击也是非常大的。

4.1.1.4 稳定性

浮动汇率制度的倡导者认为以下两个原因使浮动汇率制具有稳定性。首先，浮动汇率制下的投机主要是一种稳定性投机（Stabilizing Speculation），因为投机者只有在汇率低于均衡水平时（低估）买入，在汇率高于均衡水平时（高估）卖出，才能持续获利。当投机者采取这一投机策略时，对市场价格的影响是稳定性的，倾向于降低市场价格的波幅。其次，在浮动汇率制度下，由于汇率随时都在进行调整，政府也不承诺维持某一汇率水平，因此投机性资金不易找到汇率明显高估（低估）的机会，同时在进行投机活动时还得承担汇率反向变动时的风险。而在固定汇率制下，政府对汇率的调整是很少见的，这便会给投机性资金找到汇率错误定值的时机。并且，在政府承诺对特定汇率水平进行维持时，投机性资金的投机活动就演变为和政府进行的较量。在国际投机性资金实力非常强大的情况下，它们可以从政府的失败干预中获得高额利润。尤其是固定汇率制度下的投机活动可以不承担任何风险，投机失败时可以按原有的汇率水平进行抵补性交易，这大大刺激了投机活动的发生。所以，资金高度流动与固定汇率制度之间可能是一种最不稳定的组合。

固定汇率制的拥护者对此进行针锋相对的反驳。首先，浮动汇率制下盛行的不是稳定性投机，而是非稳定性投机（Destabilizing Speculation）。因为市场投机者的心理往往是非理性的，表现之一就是“羊群效应”，交易者往往在价格上涨时争相买进，价格下跌时纷纷卖出，结果是扩大了而不是缩小了市场价格的波幅。并且，实力较强的投机者还会故意制造价格的大幅波动以从中获利。相比较而言，固定汇率制下的投机行为一般是稳定性的，因为投机者预期汇率将会向固定水平调整，从而在现实汇率水平与平价存在差异时通过缩小这一差异获利。其次，固定汇率制下政府的介入至少使市场中交易者的心理上存在“名义驻锚”（Nominal Anchor），可以通过改变投机者的预期对汇率稳定施加影响，消除不确定性。而在浮动汇率制度下，对未来汇率变动的预期完全没有任何客观依据，这种高度的不确定性使得外汇市场完全成为投机者的乐园，依靠一国政府的单独力量很难对之制约、与之抗衡。

4.1.2 实现内外均衡的政策利益问题

汇率制度的不同导致了在实现内外均衡过程中对政策工具（主要是财政、

货币政策）的不同运用方式。在固定汇率制下，政府必须将货币政策运用于对汇率水平的维持之上，而在浮动汇率制下则无此限制。针对这一特点，不同汇率制度的拥护者也从政策利益角度提出了各自的理由。

4.1.2.1 政策自主性

要求实行浮动汇率制度的重要理由之一就是货币政策可以从对汇率政策的依附中解脱出来，让汇率自发调节实现外部均衡，货币政策与财政政策专注于实现经济的内部均衡。并且，在浮动汇率制下一国可以将外国的通货膨胀隔绝在外，独立制定本国经济稳定与发展的政策。因为如果购买力平价成立（$P = eP^*$），那么在汇率不变时，外国价格水平的上升会带来本国价格水平的相应上升，一国无法控制本国的通货膨胀水平。

固定汇率制度的支持者则指出：首先，汇率调整必须有相应的国内其他政策的配合才能发挥效力。其次，浮动汇率制不可能真正隔绝外国通货膨胀对本国的影响，本国货币的贬值会通过第2章已介绍的货币工资机制等多种途径对国内物价水平产生影响。

4.1.2.2 政策纪律性

浮动汇率制度的拥护者指出，实行浮动汇率制度可以防止货币当局对汇率政策的滥用。例如，一个发展中国家存在大量进口需求时，会故意高估本国货币汇率以减少进口成本，这一做法往往会造成进口过度，外汇短缺，出口衰退，债务状况恶化等严重后果。再如，出口导向型国家往往故意低估本国货币以达到增加出口的目的，这可能会恶化本国贸易条件，不利于经济的长久发展。在浮动汇率制下，对汇率政策的滥用将难以发生，因为汇率已脱离当局控制而由市场供求决定。

与之相应，许多研究者指出，固定汇率制也可以防止对货币政策的滥用。例如，扩张性货币政策会引起储备外流，最终对固定汇率的维持构成威胁，而恢复经济的均衡还得通过紧缩性的货币政策。而在浮动汇率制下，一国可以更自主地推行扩张性政策，而不必顾及本国货币的贬值。

4.1.2.3 政策放大性

一般来说，浮动汇率制下货币、财政政策对收入等实际变量的影响比固定汇率制下的效应要大，这主要是因为汇率的调整增强了原有政策的效果。而倡导固定汇率制度的研究者则指出，政府在对固定汇率度的维系中，会获得执行政策始终一致的声誉，这样在政府的政策实施过程中，会通过影响人们的心理预期而收到额外的效果。

4.1.3 对国际经济关系的影响

4.1.3.1 对国际贸易、投资等活动的影响

浮动汇率制的拥护者是从两个方面论证浮动汇率制度有利于国际间经济交往的。首先，汇率可以自由浮动，这使得固定汇率制度下政府为维持一个固定的汇率而采取的种种直接管制措施失去必要性，浮动汇率制度可以推动经济自由化，而这会极大地促进国际间经济交往的发展。其次，汇率浮动固然给国际贸易、投资带来了一定的不确定因素，但这可以通过远期交易等方式规避风险，国际金融创新的飞速发展已使这一问题的严重性大大减轻了。

赞成固定汇率制度的人则认为绝不能低估浮动汇率制对国际贸易与投资的危害。首先，进行各项规避风险的交易本身也是有成本的，有时成本还比较高，这不可避免地对国际经济活动产生影响。其次，许多经济活动是无法规避汇率风险的，例如跨国的长期投资、实物投资、对人力资源的投资等等。另外，广大发展中国家由于金融市场不发达，缺乏远期交易等规避风险的工具，浮动汇率制对它们是特别不利的。

4.1.3.2 对通货膨胀的国际传播的影响

在固定汇率制度下，两国的货币和商品市场通过固定汇率紧紧地联结在一起。一国的物价上涨必然引起另一国物价的上涨。这是因为，固定汇率制下通货膨胀的国际传递机制是：国外物价上涨，则国内物价相对便宜，导致出口增加，进口减少，本国货币有升值压力。为维护固定汇率制度，货币当局必须在外汇市场上买入外汇，抛出本国货币，结果是国内货币供应量上升，物价随之上涨。而在浮动汇率制下，汇率的变动则可抵消这种传递影响，浮动汇率制度因而犹如一堵堤墙，对通货膨胀和经济周期的传播起到一种隔绝作用。

主张实行固定汇率制的学者则指出，浮动汇率制度下同样存在通货膨胀的传递问题，并且这一传递具有不对称性。当本币汇率贬值时，进口成本上升，物价上升；当本币升值时，进口成本则因价格刚性而不容易下降或下降不足，其净效

应便是物价的上涨。扩大到两个国家的相互关系来看，一国货币的升值便是另一国货币的贬值。贬值国家的物价上升幅度要超过升值国家物价下降的幅度。其净效应便是世界物价水平的上升，这称为不对称效应或棘轮效应。

4.1.3.3 对国际间政策协调的影响

比较普遍的观点是：在浮动汇率制下，由于缺乏关于汇率的有约束力的协议，各国将本国国内经济目标摆在首位，易于利用汇率的自由波动而推行竞争性贬值这一“以邻为壑”的政策，这会造成国际经济秩序的混乱。

对此，浮动汇率制度的拥护者则指出：首先，汇率本质上是个具有“竞争性”的变量，任何一种汇率制度都不可能完全解决这一问题。其次，在浮动汇率制下，汇率的大幅度波动往往会引起各国的关注，进而形成国际间的磋商协调，这在某种程度上反而会加强各国的政策协调。

以上是固定汇率制度与浮动汇率制度孰优孰劣争论的主要观点。可以看出，两种汇率制度都不是十全十美的，各有其特点。就其本质来说，这两种汇率制度的比较实际上意味着在内外均衡目标的实现中，对“可信性”（Credibility）与“灵活性”（Flexibility）的权衡，而这两者常常是不可兼得的。因此，从纯粹抽象的讨论中是不能简单得出哪种汇率制度更为优越的结论的。这一争论本身也在沿着两个方向发展：一个方向是研究什么条件下固定（或浮动）汇率制度是更合理的；另一个方向是研究什么样的汇率制度可以较好地结合固定汇率制度与浮动汇率制度的优点。前一方向的研究形成了最适度货币区理论，我们将在第10章对之进行介绍；后一方向的研究则产生了诸如爬行钉住汇率制度和汇率目标区制等中间汇率制度。

4.2 港币联系汇率制度

4.2.1 联系汇率制度产生的背景

纵观中国香港的金融发展历程，香港实行过不同类型的汇率制度。1863年香港政府宣布银元为香港的法定货币，1866年香港开始发行银元，实行银本位货币制度，到1935年，由于全球性白银危机，香港被迫放弃了银本位制，转向将港元与英镑挂钩，并规定1英镑兑16港元。1972年6月，英国宣布英镑自由浮动，为避免英镑自由浮动对港元的不利影响，同年7月，港府取消了港币与英镑的固定汇率，转而实行与美元挂钩，汇率为1美元兑5.65港元。1973年2月改为1美元兑5.085港元。1973～1974年的石油危机使美元的弱势日益恶化，至1974年11月下旬国际外汇市场掀起抛售美元的浪潮。为避免港币伴随美元贬值而造成通货膨胀压力，港府于1974年11月宣布实行港币自由浮动汇率制度。

但是，浮动汇率制度并没有给香港带来货币汇率政策的稳定。从1978年开始，香港出现了连年的巨额贸易收支逆差，港币汇率在多种因素的作用下从几年前的强势转为弱势。香港经济环境不断恶化，贸易赤字增加，通货膨胀高企。1982年，在香港房地产业出现大幅度滑坡、香港公众和外国投资者对香港未来前途产生怀疑、港英当局取消外币存款利息税而保留港币存款利息税等因素的促动下，终于爆发港元危机。1982年7月1日至1983年6月30日的一年间，港币兑美元的汇率由1美元兑5.91港元跌至1美元兑7.20港元，港币贬值18%。这一港币危机在1983年9月达到高峰，9月1日的港币兑美元的汇率为1美元兑7.58港元，至9月26日已急泻到1美元兑9.60港元，引起居民的挤兑和抢购风潮。在此背景下，为挽救港币危机，恢复港币信用，港英当局决定改变浮动汇率制度，转而实行联系汇率制度。

4.2.2 联系汇率的运行机制

香港没有中央银行，是世界上由商业银行发行钞票的少数地区之一。而港币则是以外汇基金为发行机制的。外汇基金是香港外汇储备的唯一场所，因此是港币发行的准备金。发钞银行在发行钞票时，必须以百分之百的外汇资产向外汇基金交纳保证金，换取无息的债务证明书，以作为发行钞票的依据。香港自1983年10月起实施联系汇率制度，其核心内容是港元与美元挂钩，维持1美元兑换7.80港元的固定汇率。

香港的纸币由3家银行汇丰、渣打和中银共同发行，法例规定发钞银行发钞时须按1美元兑换7.80港元的固定汇率向金融管理局提交等值美元，并记入外汇基金账目，以购买债务证明书作为发钞的支持。因此，港元发行得到外汇基金持有美元的大力支持。相反，回收港币时，金融管理局会赎回债务证明书，发钞银行则自外汇基金收回等值美元。这一机制也被引入了同业现钞市场，即当其他持牌银行向发钞银行取得港币现钞时，也要以百分之百的美元向发钞银行进行兑换，而其他持牌银行用港币向发钞银行兑换美元时，发钞银行也要以等值的美元付给他们。

上述两个联系方式对港元的币值和汇率起到了重要的稳定作用。例如，当港元的市场汇率低于官方汇率（如1∶7.90）时，持牌银行会进行套汇活动，即在同业现钞市场以1∶7.8的官方固定汇率用港币向发钞银行兑换美元，然后在公开外汇市场上以1∶7.90的市场汇率抛售，从中赚取差价；同时，发钞银行也会主动在公开外汇市场抛售美元套汇。这样，市场上美元的供给就会增加，港元的供给会逐渐减少，结果美元汇率下降，港元汇率逐渐上升，最终导致港元市场汇率回升到接近1∶7.80的官方汇率水平。当港元的市场汇率高于官方汇率（如1∶7.7）时，持牌银行则会在同业现钞市场以1∶7.80的官方固定汇率向发钞银行用美元兑换港元，然后在公开外汇市场以1∶7.70的市场汇率抛售港元，从中赚取差价；同时，发钞银行也会用获得的美元向外汇基金换得债务证明书，发行更多的港元，并在公开外汇市场上抛售获利。这样，市场上美元的供给会减少，港元的供给会增加，结果港元汇率下降，美元汇率上升，最终导致港元的市场汇率下降到1∶7.8的官方汇率水平。

利率机制也是保持香港联系汇率制度正常运行的重要条件。当港元的市场汇率低于官方固定汇率时，持牌银行和发钞银行在公开外汇市场对美元的抛售，会减少同业现钞市场上港元的货币供应量，紧缩银根，促使港元短期利率上升，引发套利活动，增加港元的需求，导致港元的市场汇率上浮，最终使市场汇率趋向官方汇率水平。反之，港元短期利率的下降，会导致港元市场汇率的下浮，并最终使市场汇率趋向官方汇率水平。这是一个完全自动的机制，香港金融管理局无需行使酌情权。

需要指出的是，在香港的公开外汇市场上，港币的汇率是自由浮动的。港币联系汇率只适用于发钞银行与外汇基金之间，以及发钞银行与其他持牌银行之间的港元现钞交易，而发钞银行与其他银行以及银行同业之间、银行与客户之间的一切均按市场汇率进行，由市场的供求状况来决定。联系汇率与市场汇率、固定汇率与浮动汇率并存，是香港联系汇率制度最重要的机理。一方面，金融管理局通过对发钞银行的汇率控制，维持着整个港币体系对美元汇率的稳定联系；另一方面，通过银行与公众的市场行为和套利活动，使市场汇率一定程度地反映现实资金供求状况。联系汇率令市场汇率在1∶7.80的水平上做上下窄幅波动，并自动趋近之，不须要人为去直接干预；市场汇率则充分利用市场套利活动，通过短期利率的波动，反映同业市场情况，为港币供应量的收缩与放大提供直接依据。

4.2.3 联系汇率制度的作用与局限

香港联系汇率制度属于货币局制度，是指在法律中明确规定本国货币与某一外国可兑换货币保持固定的交换率，并且对本国货币的发行作特殊限制以保证履行这一法定义务的汇率制度。实践证明，联系汇率制度是保证香港 20 多年来繁荣和稳定的重要因素。香港联系汇率制度的优点主要表现在：

（1）联系汇率内在的套汇和套利机制，可使市场汇率自动地趋向官方固定汇率。例如，当港币市场汇率低于联系汇率时，持牌银行会以联系汇价将多余的港币现钞向发钞银行兑换美元，然后用换得的美元以市场汇率在市场上抛出，赚取差价；发钞银行也会主动在公开外汇市场抛售港元套汇。这样，市场上的美元供给大于需求，结果美元汇率下降，港元汇率逐渐上升，市场汇率逐渐趋向官方固定汇率。同时，港元供给量的减少，会导致港币短期利率上升，引发套利活动，这也会促使港元的市场汇率向官方固定汇率靠拢。

（2）联系汇率内在的稳定性，有助于促进香港国际资本的流动和国际贸易的发展。联系汇率的运作机制，使市场汇率自动趋向官方固定汇率，从而使联系汇率具有了内在的稳定性。联系汇率的这一特点减少了因投机而引起的汇率波动，减少了经济活动中的不确定性，便于成本核算、盈利估计和结算，从而有利于促进国际贸易的发展和国际资本的流动。实践证明，联系汇率制度所提供的稳定的汇率环境，是多年来香港地区国际贸易迅速发展的关键，是香港股市吸引外资的根本条件。

（3）抑制通货膨胀的效应。联系汇率制度对货币创造作了严格的法律限制。在发行新钞时，发钞行必须以等值美元支付外汇基金，换取债务证明书，然后才可以发行货币，这一规则也可称为“后备规则”（Backing Rule）。这一规则可避免信用发行制度下滥发钞票行为的发生，从而使联系汇率制度具有了抑制通货膨胀的效应。

（4）可避免通过发行货币弥补财政赤字情况的发生。政府各项政策效力的大小，在相当程度上取决于长期以来政府在公众中所建立起的声誉。如果政府在历史上曾有较强的通货膨胀倾向的记录，那么政府政策的效力将在相当程度上因为公众的预期因素而抵消。在联系汇率制度下，由于严格限制发钞行为融通政府赤字发行货币，因此，可以向公众清楚地表明政府的意向，从而调整公众的预期，使政府的政策发挥作用。

（5）管理与操作非常简便。联系汇率制度属于货币局制度，是一种高度规则化了的金融制度，它的运行可以为普通公众所监督。联系汇率制的日常操作很少需要审时度势进行决策，并且它不需要承担许多中央银行的职能，这些都大大地简化了它的管理难度。联系汇率制度的这一特点也是香港金管局多年来极力维持联系汇率制度的重要因素。

无论哪种汇率制度都会有其局限性，香港的联系汇率制度也不例外，香港联系汇率制度的缺陷主要表现在：

（1）在香港经济与美国经济周期不一致时，联系汇率制度会使香港货币当局在选择货币政策时处于两难境地。例如，当美国经济衰退，而香港经济过热时，为抑制通货膨胀，香港利率应提高，但提高利率，会吸引投机资金大量进入香港金融市场，促使港元升值，从而危及联系汇率制度的稳定。如果香港货币当局追随美联储，实施低利率政策，则会进一步加剧香港经济的过热程度，导致严重的通货膨胀，从而对香港经济产生严重的负面影响。

（2）在联系汇率制度下，货币当局不能通过汇率变动来调节国际收支情况。在浮动汇率制度下，当国际收支出现逆差时，在外汇市场上外汇的供给小于需求，本币就会贬值，出口会增加，进口会减少，从而改善国际收支状况；反之，当国际收支出现顺差时，本币会升值，出口会减少，进口会增加，从而会减少顺差，使国际收支趋向平衡。但在联系汇率制度下，当国际收支出现不平衡时，就无法通过汇率来调节国际收支，而只能借助价格的调整。由于价格具有粘性的特点，因此，价格对国际收支的调节较汇率调节来得缓慢，从而会使经济的失调状态存在较长的时期。

4.2.4 对联系汇率制度的简要评论

联系汇率制的最大优点在于有利于香港金融的稳定，而市场汇率围绕联系汇率窄幅波动的运行也有助于香港作为国际金融中心和国际贸易中心地位的巩固和加强。但是，这一汇率制度也存在一些缺点。它使香港的经济行为及利率、货币供应量指标过分依赖和受制于美国，从而严重削弱了运用利率和货币供应量杠杆调节本地区经济的能力。同时，联系汇率制也使通过汇率调节国际收支的功能无从发挥。目前联系汇率制的改革已成为理论界十分关心的一个问题。

4.3 人民币参考一篮子货币汇率制度

4.3.1 人民币汇率制度演变

按国内外经济环境、经济体制的特点、政府政策目标及汇率市场化程度等因素，可将人民币汇率制度的演变划分为两大时期、七个阶段。

4.3.1.1 改革开放前人民币汇率制度的演变

第一阶段（1949～1952年），没有真正的汇率制度。从国际经济环境来看，新中国刚刚成立，我国尚未得到西方资本主义国家的承认，处于被封锁状态，也就谈不上和这些国家进行正常的经贸往来。从国内经济环境来看，我国尚处于国民经济恢复时期，经济运行很不稳定，物价起伏较大，对外经贸工作刚刚起步、尚未步入正轨，侨汇是当时我国外汇收入的重要来源。由此，从1949年到1950年3月，我国实行“奖出限入、照顾侨汇”的政策方针，人民币汇率频繁下调，且国内通货膨胀非常严重。从1950年3月到1952年底，我国财政经济工作才开始步入正轨，国内物价水平开始下降，而同期外国物价水平却在不断上升，并且，当时我国实行了“鼓励出口、兼顾进口、照顾侨汇”的政策方针，结果人民币汇率逐步上调。到1952年12月，1美元兑换26 170元旧人民币。这一阶段，人民币汇率政策目标主要是维护国内经济和政治稳定，顺应经济发展和侨汇需要，并没有形成真正的汇率制度。

第二阶段（1953～1973年），可调整固定汇率制。从国际经济环境来看，1944年7月至1973年3月，国际汇率制度处于布雷顿森林体系下，IMF成员国实行可调整的固定汇率制度。从国内经济环境来看，1953～1956年我国成功地完成了社会主义经济改造，过渡到社会主义经济建设时期。而且，1955年中国人民银行发行了新人民币，形成了全国统一的人民币汇率，克服了旧人民币面额过大、汇率混乱不统一、不利于对外贸易发展等内在的缺陷。这一阶段，我国借鉴苏联模式，建立了高度集中的中央计划经济体制。受计划经济模式的影响，政府当局否定了社会主义经济的商品属性，排斥市场机制的作用。结果，人民币汇率与市场严重脱离，仅作为一种计划手段和记账单位，汇率已丧失了其应有的经济意义。这一时期人民币汇率制度的主要特点是：（1）实行可调整的固定汇率制，保持汇率高度稳定；（2）人民币汇率不仅与市场供求无关，而且也与对外贸易调节作用无关，仅作为一种计划手段和记账单位，汇率已丧失应有的经济杠杆作用。

第三阶段（1973～1979年），钉住一篮子货币汇率制度。从国际经济环境来看，由于美元危机和石油危机的双重打击，布雷顿森林体系下可调整固定汇率制度已经崩溃，资本主义国家普遍实行了浮动汇率制。从国内经济环境来看，我国仍实行高度集中的计划经济，但是我国政府已开始意识到人民币汇率在经济和对外贸易发展中的重要性，因而对人民币汇率的调整原则作了新的规定。主要有：（1）坚持人民币汇率相对稳定的方针，在一定的幅度内，人民币汇率不随西方国家货币浮动；（2）人民币汇率的确定要有利于对外贸易的发展；（3）参照外汇市场行情适当调整人民币汇率，特别是当西方国家主要货币汇率浮动幅度达到一定程度时应适当调整人民币汇率。可见，这一阶段，政府目标函数中已朦胧地出现了两难，即稳定与效率如何权衡。人民币汇率政策目标虽说是"名义锚"，但已开始考虑到实际目标。为此，人民币采取了钉住一篮子货币汇率制度。

4.3.1.2 改革开放后人民币汇率制度的演变

第一阶段（1979～1985年），官方汇率与贸易内部结算汇率并存的双重汇率制度。1980年我国正式恢复了在国际货币基金组织中的合法地位。按照IMF的有关规定，其成员可以实行多种汇率，但必须尽量缩短向单一汇率过渡的时间。从国内经济环境来看，70年代末期发起的总体经济改革激发了众多学者对人民币汇率政策的激烈争论，1979年8月国务院决定改革外汇管理体制，除官方汇率外，决定从1981年1月1日起开始试行贸易内部结算汇率，从而形成了人民币双重汇率。

第二阶段（1985～1993年），官方汇率与外汇调剂市场汇率并存的双重汇率制度。这一阶段，又可分为两个分阶段：

1985～1991年为有限灵活汇率制度。从国际经济环境来看，主要社会主义国家都在进行经济体制改革。这种国际经济环境对我国既有推力也有压力。从国内经济环境来看1985年1月1日我国取消了贸易内部结算汇率，恢复单一汇率，该汇率以贸易汇价为基础。虽然在名义上实行了单一汇率，但由于外汇调剂市场汇率的存在，形成了官方汇率与外汇调剂汇率并存的局面，实际上又形成了新的双重汇率。虽然官方汇率被钉住，但是由于外汇调剂市场汇率被逐渐地放开，因而汇率波动暗含着有效汇率实际上是灵活的。所以，这一阶段可称为有限灵活汇率制度。

1991~1993年为外汇调剂市场汇率主导的浮动汇率制度。1991年4月，中国政府正式宣布采用浮动汇率制度。据统计，到1993年年末，中国外汇交易中近乎80%都是通过外汇调剂市场来进行的。外汇调剂市场已被证实对于人民币汇率市场化是一种十分有用的过渡机制。然而，作为过渡机制，外汇调剂市场也引发了许多问题，诸如市场因为准入资格、价格限制等易遭受随机性影响；地方政府总是通过行政手段来频繁地阻滞区域间外汇流动；更严重的是，多重汇率导致难以预见的歧视、寻租活动和腐败等。而且，官方汇率与外汇调剂汇率并存的汇率双轨制不符合国际惯例，常常成为西方国家对我国实行经济制裁的借口，不利于我国对外正常的经贸往来，并且对于我国加入WTO也是非常不利的。因此，进行外汇管理体制改革，尽快结束汇率双轨制，实行单一汇率制度势在必行。

第三阶段（1994~2005年6月），有管理的浮动汇率制度。从国际经济环境来看，市场经济已经在全球范围内得到了极大程度地扩展，特别是信息技术和互联网的迅猛发展，更使得世界经济呈现出一体化的发展态势。我国要想加入WTO、融入全球经济一体化、发展市场经济，就必须按照国际惯例改革我国外汇管理体制，尽早结束人民币汇率双轨制现象。从国内经济环境来看，我国社会主义市场经济体制已初步建立，官方汇率与外汇调剂汇率并存的汇率双轨制引发的问题愈发显著。在此情况下我国于1994年初对外汇管理体制进行了重大改革，决定从1994年1月1日起，实现人民币官方汇率与外汇调剂市场汇率并轨，并轨后的人民币汇率实行以市场供求为基础的、单一的、有管理的浮动汇率制度。此次外汇管理体制改革的创新之处在于确立了统一的以市场为基础的管理浮动汇率制度和经常账户下有条件可兑换。但是，由于实行银行结售汇制，人民币汇率并未实现完全意义上的汇率市场化。

第四阶段（2005年7月~　），人民币参考一篮子货币汇率制度。尽管我国宣布自1994年1月1日起，人民币汇率实行以市场供求为基础的、单一的有管理的浮动汇率制度，但1997年以后人民币汇率变动的事实说明，我国名义上的“有管理的浮动汇率制度”事实上是一种钉住美元的固定汇率制度。人民币兑美元的汇率除1994年汇率并归初期略有波动外，基本上维持在1美元兑8.28元人民币的水平。长期以来人民币钉住美元汇率制度促进了我国对外贸易和投资的迅速发展，但是当我国主要贸易伙伴国之间的货币发生波动时，这种钉住单一货币的汇率制度将汇率波动传导到人民币有效汇率，增加了我国进出口贸易和宏观经济的内在不稳定性。在人民币存在升值预期的情况下，人民币钉住美元汇率制度，不仅会增加我国通货膨胀的压力，丧失货币政策的独立性，而且可能会危及我国的金融稳定。为此，2005 年 7 月 21 日我国宣布，放弃人民币钉住美元汇率制度，实行以市场供求为基础、参考一篮子货币进行调节、有管理的浮动汇率制度，并让人民币兑美元汇率升值 2%。这标志着我国汇率制度改革和经济增长战略调整正在进入一个新的阶段。

4.3.2 选择人民币参考一篮子货币汇率制度的理论依据

根据汇率制度选择理论，在固定汇率制度、自由资本流动和独立货币政策之间存在三难选择。如要想选择独立货币政策和固定汇率制度的政策组合就必须放弃资本自由流动，实行资本管制。这是我国改革开放前选择的一种政策组合，在当今世界经济一体化和金融自由化背景下，我国再选择这种政策组合已不合时宜。要想选择固定汇率制度和资本自由流动的政策组合就必须放弃独立的货币政策。20 世纪 90 年代发生的一系列货币金融危机说明，这种政策组合的危害决非货币政策无效这样一个温和的负面影响。固定汇率制度在开放的资本账户下往往伴随着货币冲击和货币危机，从而给经济带来巨大的动荡，使经济时时处于不稳定的威胁之中，从长期来看，我国也不宜选择这种政策组合。要想选择独立货币政策和自由资本流动的政策组合就必须放弃固定汇率制度，实行浮动汇率制度，这是我国应当选择的一种政策组合。这种政策组合符合我国的实际，作为一个经济大国，保持独立的货币政策必然是我国的现实选择；另外，在世界经济全球化和金融自由化的背景下，我国开放资本账户，实现资本自由流动也是大势所趋。据此，从长期来看，人民币汇率制度改革的长期目标应是浮动汇率制度。

尽管从长期来看，我国应实行人民币自由浮动汇率制度。但从国际金融经验来看，汇率急剧变动和不稳定往往伴随着金融市场的不发达和微观经济主体的不完善。当前我国不仅国有商业银行拥有大量的不良资产，而且国内金融市场尚欠成熟和完善，人们对金融避险工具的认识还需要有一个过程，金融监管也比较薄弱。另外，正处于改革过程中的国有企业也面临着很多困难，还没有建立完善的现代企业制度，还缺乏防范汇率风险的意识。可见，目前我国尚不具备实施浮动汇率制度所需要的条件和环境，如果实行浮动汇率制度，可能会导致人民币汇率频繁波动，不仅无助于金融部门和金融市场的建设和发展，而且还将大大增加经济发展和社会稳定的成本。为此，我国采取了较为缓和的参考一篮子货币进行调节、有管理的浮动汇率制度。

另外，在很长的一段时间里，由于美国在世界经济中的地位和美元的相对稳定性，美元确实在世界范围内起到了各国货币标尺的作用。但是近些年来，美元的稳定性逐渐减弱，同时欧元正在成为一种新的代表性国际货币。因此，我国政府根据整个国际经济形势和美元地位的变化，于2005年7月21日宣布放弃了钉住美元汇率制度，选择采用了参考一篮子货币汇率制度。这可以削弱长期以来美元对人民币汇率的过度影响，更好地保持人民币有效汇率的相对稳定性。

4.3.3 人民币参考一篮子货币汇率制度的特点

从汇率形成机制来看，人民币参考一篮子货币汇率制度不同于人民币钉住美元汇率制度和人民币钉住一篮子货币汇率制度。

在人民币钉住美元汇率制度下，外汇市场上美元对人民币供求变化并不影响人民币对美元的汇率。在钉住美元汇率制度下，外汇市场上美元的供给大于需求，美元对人民币的汇率会下跌，人民银行就会买进美元卖出人民币，从而使美元对人民币汇率保持不变。反之，人民银行会卖出美元买入人民币，以使美元对人民币汇率保持稳定。另外，在人民币钉住美元汇率制度下，美元对非美元货币汇率的变化也不影响人民币对美元的汇率。人民币对非美元货币的汇率是由人民币对美元的汇率和美元对非美元货币的汇率套算而得。如果美元对非美元货币升值，人民币对美元的汇率仍会维持不变，而对非美元货币会升值；反之，如果美元对非美元货币贬值，人民币对美元的汇率同样会维持不变，而对非美元货币会贬值。

人民币钉住一篮子货币汇率制度是使人民币相对于几种货币（或一篮子货币）的加权平均汇率保持不变的一种汇率制度。为更好地理解钉住一篮子货币汇率制度的内涵，我们假设人民币货币篮中只有美元和英镑两种货币，$w_{\$}$ 为货币篮中美元的数量，$w_{£}$ 为货币篮中英镑的数量，$E^{R/\$}$ 和 $E^{R/£}$ 分别表示人民币对美元和英镑的汇率，人民币与美元和英镑的加权平均汇率为 E^R，则：

$$E^R = w_{\$} E^{R/\$} + w_{£} E^{R/£} \tag{4-1}$$

式中，E^R 是以人民币表示的一篮子货币的价格。所谓人民币钉住一篮子货币汇率制度是指保持 E^R 不变，即 E^R 为常数。

从公式（4－1）可以看出，与人民币钉住美元汇率制度不同，在人民币钉住一篮子货币汇率制度下，尽管人民币对美元的汇率同外汇市场上美元对人民币的供求关系同样无关，但篮子中美元对非美元货币汇率的变动，不仅会引起人民币对非美元货币汇率的波动，而且会引起人民币对美元汇率的波动。例如，在上述以美元和英镑构成的虚拟货币篮中，由于以人民币表示的一篮子货币的价格钉住不变，因此，当美元对英镑升值时，人民币对英镑汇率会升值，而人民币对美元汇率则会贬值；当美元对英镑贬值时，人民币对英镑汇率会贬值，而人民币对美元汇率则会升值。可见，在人民币钉住一篮子货币汇率制度下，美元对人民币汇率升值或贬值的可能性皆有。

与人民币钉住一篮子货币汇率制度相比，在人民币参考一篮子货币汇率制度下，人民币对美元汇率不仅受货币篮中美元对非美元货币汇率变动的影响，而且与外汇市场上美元对人民币的供求有关。例如，钉住一篮子货币汇率制下，当美元对其他货币升值时，人民币对美元应该贬值。但在参考一篮子货币汇率制度下，考虑到外汇市场上存在人民币对美元升值的压力，人民银行可能不是根据钉住一篮子货币汇率制度的要求，通过干预外汇市场，使人民币对美元贬值。相反，人民银行可能不干预外汇市场或仅进行小幅度的干预，而听任人民币在市场供求作用下升值。“参考”意味着人民银行有了决定汇率水平的较大灵活性。

4.3.4 人民币参考一篮子货币汇率制度的作用

4.3.4.1 有助于稳定人民币实际有效汇率

对国际贸易和国际投资产生影响的是实际有效汇率。人民币钉住单一美元汇率制度，尽管可以稳定人民币对美元的双边名义汇率，但在美元对世界主要货币之间的汇率发生较大波动时，由于人民币对美元汇率保持不变，因此，美元对非美元货币汇率的波动完全由人民币对非美元货币汇率波动所吸收，从而可能会导致人民币对非美元货币汇率的大幅波动，进而引起人民币名义有效汇率的较大不稳定。因此，在人民币钉住美元汇率制度下，人民币对美元双边名义汇率的稳定，不仅不能稳定人民币名义有效汇率，反而可能会造成人民币名义有效汇率的更大不稳定。

人民币钉住一篮子货币汇率制度是使人民币相对于几种货币（或一篮子货币）的加权平均汇率保持不变的一种汇率制度。人民币钉住一篮子货币汇率制度是一种比较稳定的汇率制度，因为人民币对货币篮中任何一种货币双边汇率的变动，经过权数（小于1）化后传导给以人民币表示的一篮子货币价格的影响大大缩小了。例如，在上述以美元和英镑构成的虚拟货币篮中，如果美元在货币篮中的权重是50%，那么美元对人民币汇率变动10%，只对以人民币表示的一篮子货币价格影响5%。此外，由于货币篮中各种货币的双边汇率的变动，向上的变动与向下的变动对以人民币表示的一篮子货币价格的影响可能会相互抵消，从而使以人民币表示的一篮子货币价格相对稳定。可见，人民币钉住一篮子货币汇率制度可以有效克服钉住单一美元的弊端，保持人民币名义有效汇率的相对稳定性。

与人民币钉住一篮子货币汇率制度相比，在人民币参考一篮子货币汇率制度下，由于允许以人民币表示的一篮子货币价格可以在一定范围内浮动，进而引起人民币名义有效汇率会有适度波动。但与人民币钉住美元汇率制度相比，正是由于在参考一篮子货币汇率制度下限定了以人民币表示的一篮子货币价格的浮动范围，从而使人民币参考一篮子货币汇率制度下人民币名义有效汇率的波幅会较小。由于实际有效汇率是名义有效汇率扣除物价因素后的有效汇率，因此，人民币名义有效汇率保持相对稳定亦有助于稳定人民币实际有效汇率。可见，与人民币钉住单一美元汇率制度相比，人民币参考一篮子货币汇率制度有助于稳定人民币名义有效汇率和实际有效汇率，从而有助于促进我国国际贸易和国际投资的健康发展。

4.3.4.2　可以有效配置资源

微观经济学最重要的一个理论就是均衡价格是对供需双方最有利的价格。尽管单纯从供应方看价格愈高愈好，单纯从需求方看价格越低越好；但是从整个经济来看，一定是供需均衡的价格最好，因为它能最优配置资源。人民币汇率也是一种价格，从全球的角度来看，也是均衡汇率最佳。人民币汇率低估或高估（相对于均衡汇率）都不利于我国经济及世界经济的发展。

一般认为，人民币汇率低估（相对于均衡汇率）会促进出口，但人民币汇率低估也会提高进口成本，从而不利于进口。我国经济的发展需要进口大量外国先进技术和设备，人民币汇率长期低估，也会对经济增长产生消极影响。人民币汇率低估尽管有助于出口，但人民币汇率长期低估，可能会扭曲价格机制，使人民币汇率丧失在资源配中的积极作用，造成资源浪费。另外，人民币汇率长期低估，会减少贸易伙伴国的市场占有份额，引起贸易伙伴国的报复，这不仅会抵消人民币汇率低估的积极效应，而且还会损害国际协调机制的建立，从而可能会对我国经济及世界经济带来新的问题。

同样，人民币汇率高估对贸易双方国家也都是不利的。首先，人民币汇率高估会抑制出口。其次，人民币汇率高估尽管有助于降低进口成本，促进进口，但人民币汇率长期高估也会扭曲价格机制，从而降低外汇资源的使用效率，造成外汇资源的浪费。另外，如果我国出口产品是贸易伙伴国消费者欢迎的商品，那么人民币汇率高估也会损害贸易伙伴国消费者的利益。如果人民币汇率长期过度高估会严重影响我国经济的发展，需求大幅下降，那么贸易伙伴国对我国的出口不仅不会增加，反而会下降。

可见，人民币汇率是把“双刃剑”，人民币汇率低估或高估对我国和贸易伙伴国经济都会产生不利影响。人民币均衡汇率是一个双赢的汇率，对我国和贸易伙伴国经济都会产生积极的作用。

由于人民币均衡汇率的准确测算非常困难，因此，与人民币钉住美元汇率制度和钉住一篮子货币汇率制度相比，人民币参考一篮子货币汇率制度因允许以人民币表示的一篮子货币价格可以在一定范围内浮动，从而可以更好地让市场自动纠正人民币汇率对均衡汇率的偏离，及时反映基本经济面的变化，避免人民币汇率的人为扭曲，更好地发挥人民币汇率在资源配置中的积极作用，促进我国经济及世界经济的健康发展。

4.3.4.3 有助于增强货币政策独立性

在开放经济条件下，如果实行钉住单一货币汇率制度，则本国货币政策将依附于钉住货币国的货币政策。当钉住货币国提高利率时，本国中央银行就必须提高利率，否则就会产生套利行为，资金就会外流，本币就会贬值，为维持钉住汇率制度央行就需要对外汇市场进行干预，即抛出外币，回购本币，这会减少货币供应量，最终会导致本国利率上升；反之，当钉住货币国降低利率时，本国中央银行也必须降低利率，否则投机资金就会大量流入境内，冲击国内金融市场，本币升值的压力就会增大，为维持钉住汇率制度央行就需要对外汇市场进行干预，即抛出本币，购买外币，这会增加货币供应量，最终会导致本国利率下降。同样，在开放经济条件下，如果我国继续实行钉住美元的汇率制度，那么当美国调整货币政策时，我国货币政策也必须做出一致的调整，否则人民币钉住美元汇率制度将难以为继。

人民币钉住一篮子货币汇率制度是使人民币相对于几种货币（或一篮子货币）的加权平均汇率保持不变的一种汇率制度，它具有较好的稳定性。与人民币钉住美元汇率制度相比，在人民币钉住一篮子货币汇率制度下，即使我国货币政策与美国货币政策出现了偏离，以人民币表示的一篮子货币价格仍会保持相对稳定，从而减轻了人民银行干预外汇市场的负担，增强了我国货币政策的独立性。与人民币钉住一篮子货币汇率制度相比，在人民币参考一篮子货币汇率制度下，由于允许以人民币表示的一篮子货币价格可以在一定范围内浮动，从而使我国货币政策获得了较大的独立性。

4.3.4.4 会增加市场预期的不确定性

在人民币参考一篮子货币汇率制度下，货币篮中各种货币汇率的变动会影响人民币汇率，但参考一篮子货币不等于钉住一篮子货币，它还要将市场供求作为另一重要依据，并据此形成有管理的浮动汇率。这种缺乏明确汇率形成规则的汇率制度会增加市场预期的不确定性，从而产生一些消极作用。(1) 不确定的汇率形成规则会损害企业的投资行为。汇率形成规则的不明确会导致汇率变动的不确定性，进出口价格随之不确定，这直接影响到利润的不确定，增加企业选择投资的难度。(2) 不确定的汇率形成规则和远低于市场预期的升值幅度会增强市场预期，刺激投机资金流入。不确定的汇率形成规则，会增大人们对人民币汇率随意猜测的想象空间。尤其是，央行公告指出，新汇率制度下国际收支状况仍是调节人民币汇率的重要基础，那么目前经常账户和资本账户双顺差的情况，必然会增强人民币汇率的升值预期，刺激投机资金的流入，对国民经济产生消极影响。

4.3.5 简要评论

人民币汇率制度改革的长期目标应是浮动汇率制度，但鉴于当前我国金融市场、微观经济主体和金融监管等方面存在的问题，我国选择了较为缓和的参考一篮子货币进行调节、有管理的浮动汇率制度。人民币参考一篮子货币汇率制度和钉住一篮子货币汇率制度，对稳定实际有效汇率、有效配置资源和增强货币政策独立性都有积极作用，但前者在有效配置资源和增强货币政策独立性方面效果更好。另外，人民币参考一篮子货币汇率制度也增加了市场预期的不确定性，对宏观经济产生了一些消极影响。事实上，人民币参考一篮子货币汇率制度基本上是国际上所说的 BBC（Basket，Band and Crawl）汇率制度。BBC 汇率制度使新加坡实现了低通胀下的持续经济增长。但我国的国情毕竟和新加坡不同，人民币参考一篮子货币汇率制度能否成为适合我国国情的较理想的汇率制度还有待时间检验。

专题研讨

专题4.1　中间汇率制度比较

4.1.1　爬行钉住汇率制度

爬行钉住汇率制度是指汇率可以作经常的、小幅度调整的固定汇率制度。这一制度有两个基本特征。首先，其负有维持某种平价的义务，这使得它属于固定汇率制这一大类。其次，这一平价可以进行经常的、持续的、小幅度地调整（如调整2%～3%），这又使得它与一般的可调整的钉住汇率制度相区别，因为后者的平价调整是很偶然的，而且一般幅度很大。

爬行钉住汇率制度的倡导者认为它具有以下优点：

(1) 它提供了一种更有效的内外均衡调节机制。在爬行钉住汇率制度下，汇率调整成为对国际收支进行调节的经常性工具，这就使得国际收支问题得到及时的纠正，不会出现可调整的钉住制之下因汇率调整滞后所带来的投机冲击。同时，它的每次汇率调整的幅度都很小，可以避免对经济造成过大的冲击。另外，与浮动汇率制相比，它又可以避免汇率的不稳定所带来的种种不便。

(2) 它可以使一国抵制境外通货膨胀的输入。正如我们对浮动汇率制的分析中所指出的，用汇率的调整来抵消国外通货膨胀的影响，就可以使一国选择本国独立的通胀率水平。爬行钉住汇率制度的汇率可以及时调整的特征，使得它具有一定的浮动汇率制度的功能。

(3) 它可以减少一国持有的外汇储备的数量。这是因为它并不需要政府长期维持某一汇率水平，当出现较严重的国际收支赤字趋势时，可以通过本国货币的经常贬值予以解决。

但是，很多研究者指出爬行钉住汇率制度也具有一些严重的缺陷：

(1) 国内货币政策仍受到来自外部的严重制约。在爬行钉住制下，短期中的本国货币贬值措施将要求本国利率的相应上升以维护国际收支平衡。因此，在经常进行汇率调整的情况下，这一制度意味着本国货币政策受到比可调整的钉住汇率制度更为严重的外在制约，无法用于实现内部均衡目标。

(2) 汇率调整的速度不够迅速。因为爬行钉住制下的汇率调整是小幅度的，国民经济在遭受突然的外在冲击而需要对汇率水平进行大的调整时，这一制度就显得不够及时、不够到位。

(3) 汇率调整极易转化为国内的通货膨胀。与固定汇率制度下汇率调整的偶然性与浮动汇率制度下汇率调整的频繁性不同，爬行钉住制的汇率调整是相对有规律地进行的，因此极易导致国内的价格体系、工资采取与汇率相挂钩的指数化措施，这会使货币贬值迅速转化为国内价格水平的上升，从而抵消了贬值的效果。

爬行钉住汇率制度在20世纪60年代时在国际范围内引起了较为广泛的重视。自那时起，一些国家相继采用了这一制度，例如，智利（1965~1970年，1973~1979年），韩国（1968~1972年），秘鲁（1976~1977年，1978~ ），等等，但为数并不多。

4.1.2 汇率目标区制

汇率目标区制的含义可分为广义与狭义两种，我们在此分析的主要是广义的汇率目标区制。广义的汇率目标区制是泛指将汇率浮动限制在一定区域内（如中心汇率的上下各10%）的汇率制度。

汇率目标区制是不同于其他类型的汇率制度的。首先，从它与管理浮动汇率制的比较看，区别有两点：(1) 目标区制下，当局在一定时期内对汇率波动制定出比较确定的区间限制；(2) 在目标区制下，当局要更为关注汇率变动，必要时要利用货币政策等措施将汇率变动尽可能地限制在目标区内。它与可调整钉住制的主要区别在于：目标区制下，政府并不严格承诺在任何情况下都对外汇市场进行干预以将汇率维持在目标区内；同时，目标区制下汇率变动的范围更大。

依据目标区区域的幅度、目标区调整的频率、目标区的公开程度以及对目标区进行维持的承诺程度，目标区制可分为严格的目标区制与宽松的目标区制两种类型。前者的目标区区域较小、极少变动，目标区域公开，政府负有较大的维系目标区的义务。后者则是目标区区域较大、经常进行调整，目标区域保密，政府只是有限度地将货币政策运用于对汇率目标区的维持。

汇率目标区制在进入20世纪90年代后引起了研究者的特殊兴趣，这是因为，在新形势下，在目标区域内的汇率变动具有某些非常重要的特征。我们以下对此进行简要介绍。

我们假定目标区是完全可信的，也就是交易者确信汇率永远将在目标区以内变动，政府仅在汇率变动至目标区的上下限时才进行干预，经济基本面的变动完全是随机的。那么，当汇率的变动逐渐接近目标区边缘时，交易者将会预期汇率很快将作反向调整，重新趋近于中心汇率。这一预期将会产生稳定性作用，汇率的变动在不存在政府干预时也不会超过目标区范围，而是保持在目标区边缘并且常常会自动向中心汇率调整。目标区下的汇率围绕着中心汇率而上下变动，当离开中心汇率至一定程度后便会自发向之趋近，这一情形宛如热恋中的情侣短暂分离一段时间后便会尽可能地抗拒进一步的分离、急于寻求重新相聚，所以称之为“蜜月效应”（Honeymoon Effect）（见图4-1）。

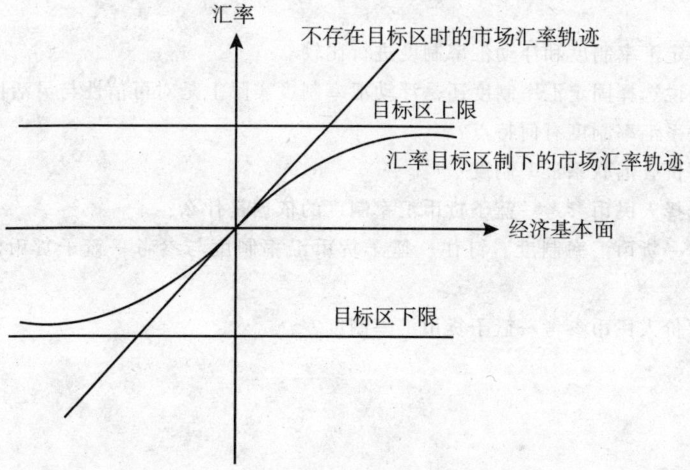

图4-1　汇率目标区的蜜月效应示意图

汇率目标区制下的汇率变动还存在另外一种情况，那就是由于经济基本面向某一方向的变动程度很大并且已表现为长期的趋势，市场交易者普遍预期汇率目标区的中心汇率将作较大的调整，此时汇率目标区不再具有可信性。在这种情况下，对中心汇率的投机发生，市场汇率变动将不再自动倾向于中心汇率。相反，此时的汇率变动非常剧烈，而且一般超过了浮动汇率制下的正常汇率变动程度。与前面的分析相对应，这一汇率变动情况正如情侣在长期共同生活中发现爱情已褪去了玫瑰色的光芒，双方存在根本上的性格不合而不再指望将婚姻关系维持下去，一些小事都会大动干戈，这可称之为“离婚效应”（Divorce Effect）。

可以看出，汇率目标区是对汇率制度可信性与灵活性的一种折中，这导致它的汇率变动也具有双重特征。显然，这种双重特征对达成开放经济内外均衡的同时实现有利也有弊。怎样运用目标区制度因而也成了当代国际金融理论和政策讨论的一个热门话题。

案例分析

案例 4.1　人民币汇率制度改革

结合 1994 年和 2005 年人民币汇率制度的两次改革，分析两次汇改的背景和汇改产生的经济影响，以及人民币汇率制度今后改革的方向。

习题思考

1. 试对固定汇率制度和浮动汇率制度进行比较。

2. 为什么说选择固定汇率制度还是浮动汇率制度实际上是对可信性与灵活性进行权衡？

3. 香港联系汇率制度有何特点？

4. 如何评价香港联系汇率制度？

5. 我国选择人民币参考一篮子货币汇率制度的依据是什么？

6. 钉住单一货币汇率制度、钉住一篮子货币汇率制度与参考一篮子货币汇率制度有何异同？

7. 如何评价人民币参考一篮子货币汇率制度？

第 5 章　国际金融市场和国际金融机构

学习目标

◇掌握国际金融市场的概况和基本组成。

◇了解国际金融市场的特点和发展趋势。

◇了解主要国际金融组织的基本情况。

◇了解我国与国际金融市场及国际金融组织的关系。

基本理论与基本原理

5.1　国际金融市场

5.1.1　国际金融市场概述

国际金融市场的概念有广义和狭义之分。广义的国际金融市场，是指国际间从事各种金融业务活动的场所，这些金融业务活动，主要包括资金的融通、外汇交易、信托租赁、衍生金融工具交易及黄金买卖等。狭义的国际金融市场，特指国际资金市场，主要从资金融通的角度，将各类资金融通业务，如银行信贷、证券的发行买卖等形成的市场称为国际金融市场。本章所指的国际金融市场，即狭义的国际金融市场。

根据资金融通期限的长短，人们将国际金融市场划分为国际货币市场和国际资本市场。前者指期限在一年以内（包括一年）的金融工具交易和资金融通市场，后者指期限超过一年的金融工具交易和资金融通市场。

国际金融市场之所以冠以"国际"二字，在于资金融通的双方，至少有一方是市场所在国的"非居民"，当然，如果交易双方均是市场所在国的"居民"，那么他们之间的交易属于国内金融市场的交易；如果交易发生在"居民"与"非居民"之间，我们把这类交易所形成的市场称为"在岸金融市场"或"外国金融市场"；而交易双方同为"非居民"，我们把他们之间的交易所形成的市场称为"离岸金融市场"或"欧洲货币市场"。在岸金融市场属于传统的国际金融市场，离岸金融市场是20世纪50年代开始发展起来的新型国际金融市场，是国际金融市场的核心。国内金融市场、在岸金融市场和离岸金融市场之间的关系可以用图5－1表示。下面我们对在岸金融市场和离岸金融市场做具体介绍。

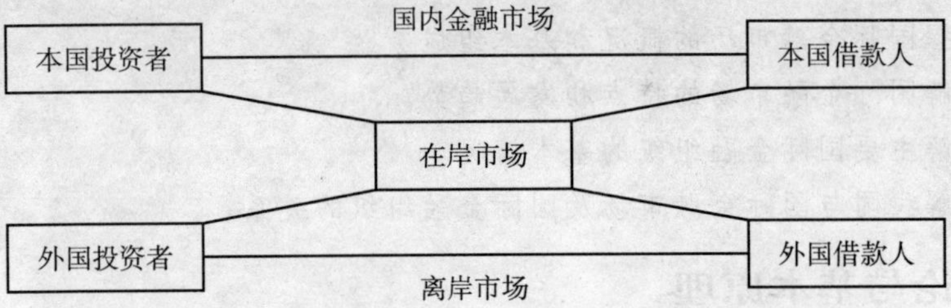

图5－1　国内金融市场、在岸市场与离岸市场

5.1.2　在岸金融市场

在岸金融市场是指居民与非居民之间进行资金融通及相关金融业务的场所。典型的在岸金融市场是外国债券市场和国际股票市场。

5.1.2.1　外国债券市场

国际债券是筹资者在国外市场上以外国货币为面值货币发行的债券，它一般是为了满足筹资者中长期的资金需要，因此期限一般在一年以上。

国际债券可分为外国债券（Foreign Bond）和欧洲债券（Euro Bond）。外国债券是指外国借款人在某国发行的、以该国货币标示面值的债券。外国债券的面值货币是债券发行市场所在国的货币，如中国某公司在日本发行的以日元为面值货币的债券。欧洲债券的相关内容将在后面介绍，在此不再赘述。

外国债券主要由市场所在国居民购买，由市场所在国的证券机构发行和担保。债券的发行必须事先经发行地所在国证券监管机构的批准，并需遵守所在国相关金融法规。主要西方国家的外国债券市场规模很大，东京、纽约、苏黎世、法兰克福及阿姆斯特丹是主要的外国债券市场。习惯上，国外筹资者在美国发行的美元债券被称为“扬基债券”（Yankee Bond）；在日本发行的日元债券被称为“武士债券”（Samurai Bond）；在英国发行的英镑债券被称为“猛犬债券”（Bolldog Bond）等。

外国债券市场可划分为债券发行市场和流通市场，也即一级市场和二级市场。发行市场主要由投资银行、经纪人和证券商等组成。债券发行前一般需国际公认的评级机构对债券资信进行等级评定，并公之于众，为投资者买卖债券提供参考。另外，对发行者而言，资信评级还直接影响到筹资成本，等级越高，债券的票面利率越低。目前，世界知名的评级机构主要有标准普尔公司（Standard & Poor's，S&P）、穆迪投资者服务公司（Moody's Investor Service）等。

外国债券的发行方式一般有私募（Private Placement）和公募（Public Placement）两种。私募是指债券的发行通过投资银行等中介机构限量出售给特定的投资人（人寿保险公司、养老基金等），不公开发行，也不在交易所挂牌上市。私募发行一般不需要向有关管理机构登记，发行人也不需要向社会公众披露信息，手续简便，发行费用较低。

公募是指债券经承销商集体承购后，将债券在交易所挂牌上市，公开买卖。承销商一般由多家投资银行、证券公司组成，债券发行前须向有关部门提交有价证券申报书及申请书等文件，并经国际公认的资信评级机构评级。发行后，发行人还有义务向社会公众提交财务报告并披露相关业务信息。

外国债券的流通市场主要由交易所、证券商、投资者及证券管理机构构成。证券商一方面代客户买卖，一方面还可自营买卖，以增强市场流动性。而没有在交易所登记上市的债券交易，则通过场外交易进行。

5.1.2.2 国际股票市场

国际股票是指市场所在地非居民发行的股票，比如中国某公司在新加坡发行并上市的股票。一般情况下，股票的投资者来自发行公司所在国之外。国际股票的发行人要遵循发行地的市场规则和惯例，接受当地监管部门的监管。

与国际债券市场相比，股票市场的一体化进程比较缓慢，所有主要的股票市场从根本上讲仍然是国内市场。作为一种国际间的融资方式，全球范围内国际股票发行额在整个资本市场资金来源中所占比例比国际债券市场小得多。20世纪60年代起跨国公司的迅速发展、70年代后发达国家资本流动管制的放松及随后的金融自由化浪潮，发达国家股票市场的国际化步伐加快，国际股票的发行及跨国股票投资迅速发展。一方面，本国股票市场的外来上市公司越来越多；另一方面，越来越多的境外投资者投资于本国的股票市场，发达国家的股票市场已成为国际股票市场的一部分。但从另一角度讲，外国公司要发行国际股票，从申请到正式发行，再到上市流通、信息披露等所有环节都必须遵循股票发行所在地的市场规则和惯例，遵守当地法律，接受当地监管部门的监管，国际股票的投资者同样也要遵守当地法律，所以我们说国际股票市场从根本上讲仍然是国内市场。

国际股票市场包括国际股票发行市场和国际股票流通市场。国际股票发行市场又称一级市场，股票的发行程序与本国市场上本国股票的发行程序基本相同，只不过涉及的当事人更多、审查更为严格。国际股票的发行一般有两种情况：一是新设立的股份公司首次发行股票筹资；二是原有股份公司增资扩股。国际股票的流通市场又称二级市场，是国际股票市场最活跃的部分，其组成包括证券交易所、经纪人、自营商、投资人、交易报价系统和清算系统及证券监管机构等。二级市场的核心是交易所，它是按照一定规则集中进行股票交易的场所。另外，场外交易市场（OTC）发展也非常迅速，例如，美国的纳斯达克（NASDAQ，全美证券商协会证券自动报价系统）由相互联结的6 000多家证券投资机构构成，是世界上最大的股票场外交易市场。

国际股票除了传统形式外，还有一种特殊的形式：存托凭证（Depository Receipt，DR）。事实上，国际股票的发行大都采取存托凭证的形式。由于法律上的原因，一些国家不允许国外公司在本国市场上直接发行股票。比如美国就规定，只有在美国注册的公司才能在美国发行股票，欧洲一些国家也有类似的规定。

存托凭证又称存股凭证、预托凭证、存券收据等，是指在一国证券市场流通的代表外国公司有价证券的可转让凭证。它的基本原理是发行公司（有的时候可能是某个证券公司，或者是持有某一公司股票的大股东）同美国的存托银行签订存托协议，将该公司的股票交给存托银行，存托银行同发行公司所在国的国内金融机构签订托管协议，将公司的股票交由国内金融机构集中托管，然后，存托银行发行代表这些股票价值的“凭证”，投资者购买凭证，并可以在股票交易所或其他交易场所交易该凭证。按其发行或交易地点之不同，存托凭证被冠以不同的名称，如美国存托凭证（American Depository Receipt，ADR）、欧洲存托凭证（European Depository Receipt，EDR）、全球存托凭证（Global Depository Receipt，GDR）等。

美国存托凭证是面向美国投资者发行并在美国证券市场交易的存托凭证，如果发行范围不止一个国家，就叫全球存托凭证。但从本质上讲美国存托凭证与全球存托凭证是一回事。两者都以美元标价、都以同样标准进行交易和交割，两者股息都以美元支付，而且存托银行提供的服务及有关协议的条款与保证都是一样的，“全球”一词取代“美国”一词，只是出于营销方面的考虑。

欧洲存托凭证是在欧洲的伦敦、卢森堡、法兰克福等地发行的存托凭证，它一般以市场所在地货币标示其面值并进行交易。1999 年欧元流通后，以欧元标示其面值并进行交易的存托凭证开始出现并迅速发展。

20 世纪 90 年代以来，存托凭证市场发展十分迅速。以美国为例，存托凭证作为一种可转让凭证，以等同于普通股的交易方式在证券交易所进行交易，为投资者的全球投资组合多元化提供了一个既方便而又经济的途径。而且，存托凭证可以避开当地法律对外国公司在注册手续、财务报表和信息披露等方面的严格要求，使外国公司的股票比较方便地进入当地证券市场。

5.1.3 离岸金融市场

离岸金融（Off - shore Financing）亦称境外金融（External Financing），是 20 世纪 50 年代末发展起来的一种金融现象。其源头是欧洲美元存贷业务，之后又相继出现了欧洲英镑、欧洲马克、欧洲法国法郎和欧洲瑞士法郎等欧洲货币存贷业务，随之形成了经营上述货币的欧洲货币市场（Euro Currency Market），亦称境外金融市场或离岸金融市场。由于离岸金融市场起源于欧洲美元市场并以后者为主体，因此给离岸金融市场下定义首先应当理解欧洲美元市场的含义。

欧洲货币市场的前身是欧洲美元市场，此处的“欧洲”与“美元”都是实指。欧洲美元市场发展到 20 世纪 60 年代后，在这一市场上交易的货币不再仅限于美元，马克、瑞士法郎等货币也出现在这一市场上。同时，这一市场的地理范围也扩大了，在亚洲的新加坡、香港等地也出现了对美元、马克等货币进行借贷的市场。这样，原有的欧洲美元市场便演变为欧洲货币市场。在这里，“欧洲”不再是一个表示地理位置的概念，而是境外的意思。所谓“欧洲货币”，就是指在货币发行国境外流通的货币。而经营欧洲货币业务的银行以及市场，就可称为欧洲银行及欧洲货币市场。1981 年，美国联邦储备银行批准在纽约设立国际银行业务设施（International Banking Facility，IBF），并允许它们对外国客户存贷美元，使得欧洲货币市场的含义又发生了变化。此时欧洲货币不再仅仅指在货币发行国境外流通的货币，货币发行国境内流通的货币也可称为欧洲货币。

离岸金融市场（Off - shore Financing Market）亦称境外金融市场（External Financing Market），是相对在岸金融市场而言的，是指在高度自由化和国际化的金融管理体制和优惠的税收制度下，以自由兑换货币为工具，由非居民参与进行的资金融通市场。在本书中，我们不对离岸金融市场与欧洲货币市场进行区分。

根据以上对离岸金融市场所下的定义，离岸金融市场与在岸金融市场之间有着重要的区别。首先，交易类型不同。在岸金融市场上的交易主要是两类：境内债权人与境外债务人之间的交易；境内债务人与境外债权人之间的交易。而在离岸金融市场上，主要是境外债权人与境外债务人之间的交易，市场所在地的金融机构仅起中介作用。其次，交易主体不同。在岸金融市场上，参与交易的是居民和非居民；而在离岸金融市场上，交易主体主要是非居民。再次，市场构成不同。离岸金融市场的构成主要是信贷市场，债券市场和股票市场的地位无足轻重；然而在20世纪80年代国际金融市场证券化过程中，在岸金融市场出现了信贷市场与证券市场平分秋色的格局。最后，政策和制度不同。在岸金融市场适用的政策和制度，是与市场所在国金融、税收政策和制度密不可分的；而离岸金融市场适用的政策和制度则往往独立于市场所在国政策和制度之外，自成体系。

随着资本国际竞争和资本国际化的发展，各个国家和地区纷纷建立起国际离岸金融市场。到目前为止，全球已经出现了50多个国际离岸金融市场，几乎覆盖了世界各大洲。这些离岸金融市场各自具有不同的特点和功能。但根据离岸金融市场业务的经营和管理来看，可以将其归纳为三大类型：一体型或内外混合型、内外分离型、避税港型或簿记型。

（1）一体型或内外混合型，指境内金融市场与境外金融市场的业务融为一体，居民与非居民均可从事各种货币存贷业务，银行的离岸金融业务与境内业务没有严格区别，可同时经营。伦敦、香港即属此类。

（2）内外分离型，根据其分离的程度又可以分为两类：严格的内外分离型和以分离为基础的渗透型。严格的内外分离型，即离岸账户和在岸账户实施隔离。纽约、东京及新加坡即属此类。以分离为基础的渗透型，即允许把离岸账户上的资金投放于国内企业，或允许居民投资于离岸账户，或是离岸与在岸账户双向渗透。

（3）避税港型或簿记型，这类离岸市场几乎没有实际业务的发生，一些国际性银行只是在此开个账户，进行资金交易的记账和划账，以逃避税收和管制。巴哈马、百慕大、开曼群岛等即为此种类型。

5.1.4 国际金融市场的新发展

20世纪70年代以来，国际经济形势发生了巨大而深刻的变化：①1973年，布雷顿森林体系解体，主要国家的货币开始自由浮动，外汇市场动荡不安，国际金融市场面临的风险空前增加；②1973年和1979年的两次石油危机，给西方发达国家和非产油发展中国家带来巨大冲击，发达国家经济陷入滞胀境地，发展中国家发展势头放缓，结构性矛盾开始显露；③20世纪80年代波及全球的债务危机和美元汇率的剧烈波动，严重影响了世界经济的发展，国际金融领域的力量对比也发生了变化，美国银行业及国内资本市场受到冲击，而日本金融实力则快速膨胀；④进入20世纪90年代，金融危机接连爆发，如欧洲货币体系危机、墨西哥金融危机和东南亚金融危机等，同时日本的经济和金融泡沫破裂，所有这些对国际金融形势和相关国家的经济发展产生了重大影响；⑤各国金融管理当局纷纷放松金融管制，再加上网络信息技术的普遍应用，金融一体化进程大大加快，特别是欧盟统一大市场的建成及欧元诞生，对国际经济、金融产生了深远的影响。正是在上述背景下，国际金融市场的发展也呈现出一系列新的特点。

5.1.4.1 国际金融市场的全球化、一体化趋势

伴随着世界各国经济相互依存程度的加深及各国金融监管的放松，国际金融市场的全球化、一体化进程明显加快，主要表现在：

（1）世界各地区的金融市场相互贯通。目前的国际金融中心已不再局限于少数几个发达国家的金融市场，发展中国家和地区也出现了颇具规模的新兴金融市场。由于电子技术的广泛运用、通信技术的迅速发展，打破了地域、时差的限制，金融中心、区域性金融市场、金融中介、客户等紧密联系在一起，融为一体。比如，以纳斯达克（NASDAQ）为代表的现代网上金融交易，以其快速、全天候的交易方式，正在冲击传统的交易所交易方式。另外，各交易所跨越国界进行联网，也推动了全球市场的融合。

（2）全球不同类型的市场相互贯通。在融资证券化趋势及国际资金流动的推动下，资金流动既表现为在不同国家、地区间的流动，也可表现为在银行信贷市场、证券市场、外汇市场及衍生金融工具市场等之间的流动，使各类金融市场相互联结，贯通了直接融资、间接融资，使商业银行、投资银行、金融公司、保险公司及各类基金业务经营上的联系日趋密切。

此外，国际金融市场的全球化、一体化还体现在跨国银行业务的一体化、综合化、网络化。旨在提高市场竞争力和抵御风险能力的金融并购及跨国银行的海外扩张，使跨国银行日益向“全能银行”发展；信息技术的发展及广泛应用，帮助跨国银行形成了全球范围的经营网络。所有这些，促进了国际资金流动，加速了国际金融市场的一体化。

5.1.4.2 金融自由化趋势

金融自由化是指20世纪80年代以来，西方国家普遍放松金融管制后出现的金融体系和金融市场充分经营、公平竞争的趋势。随着经济、金融的发展（如金融创新使有些法律、法规失效了），西方发达国家陆续废除了那些阻碍金融市场发展的一系列法律、法规，开始了放松金融管制的改革。金融自由化包括国内金融自由化（废除利率管制和信贷配给）及国际金融自由化（废除资本流动管制和外汇兑换限制）。金融自由化的本质是通过改革金融制度，改变政府对金融的过度干预，放松对金融机构和金融市场的限制，放松对利率和汇率的管制，使利率反映资金供求、汇率反映外汇供求，最终达到充分动员金融资源，促进经济增长的目的。

金融自由化具体表现为以下四个方面：

（1）业务自由化。指放宽对各类金融机构经营范围的限制，允许各类金融机构业务交叉，公平竞争。如金融管制一向较严的美国，1980年3月和1982年10月，先后制定了《1980年废止对存款机构管制及货币控制法》和《1982年存款机构法》，使储蓄机构与商业银行的区别趋于消亡，而《1999年金融服务法案》则使银行与其他金融服务机构的合并合法化；英国1979年通过的《银行法》，消除了商人银行和清算银行的差别，1986年通过的《金融服务法》，使银行可以直接进入证券交易所进行交易，英国金融业进入混业经营的新时代；日本1981年制定的《银行法》，商业银行、证券公司等开始了相互间的业务渗透，1997年日本金融当局又通过了以消除分业限制、取消金融服务定价管制，实行对外开放为主要内容的大爆炸式（Big Bang Plan）金融改革计划。

（2）资本流动自由化。即取消外汇管制，放宽外国资本、外国金融机构进入本国金融市场的限制。如1973年美国率先取消资本流入限制，1981年12月，又允许欧洲货币在美国境内通过国际银行设施（IBF）进行交易；英国1979年10月取消外汇管制，1986年10月的伦敦城“大爆炸”后，外国银行、证券公司、保险公司也可以申请成为伦敦证券交易所的会员，也允许外国公司收购交易所会员公司；1980 年 6 月，日本修订了《外汇与外贸管理法》，取消了外汇管制，1984 年 6 月，《金融自由化及日元国际化的现状及展望》颁布，废除了外汇不能完全自由兑换成日元的限制。

（3）价格自由化。即取消利率管制，放开汇率，取消证券交易中的固定佣金，同时放宽本国资本和金融机构进入外国市场的限制，让金融商品的价格发挥市场调节作用。如 1975 年，美国改革固定佣金制度，采取新的协议佣金制，1983 年底，美国基本实现利率自由化；日本的短期拆借市场利率、票据利率和大额存款利率分别于 1978 年及 1985 年实现了自由化，到 1987 年完全解除了利率限制；联邦德国于 1976 年 2 月通过了废除利率限制的法案，全面放松利率管制；英国于 1986 年 10 月 27 日取消了传统的股票交易所固定佣金比率规定，出现了所谓的“金融大爆炸”。

（4）市场自由化。即放松各类金融机构进入金融市场的限制，完善金融市场的融资工具和技术。一方面，持续不断的金融变革，使各国金融市场间的壁垒逐步消失，任何金融机构都可以更方便地进出各金融市场；另一方面，金融机构可以自由地推出满足人们不同需要的金融产品，极大地促进了金融市场的不断发展。

5.1.4.3 国际金融市场证券化趋势

20 世纪 80 年代中期以来，国际金融市场融资结构发生了巨大的变化，传统的银行信贷等间接融资的比重不断下降，而证券融资等直接融资方式的比重不断上升，这就是所谓的证券化趋势。

国际证券融资额占市场融资总额的比重在 20 世纪 80 年代之前，长期处于较低的水平。20 世纪 80 年代中期以后，证券融资比例开始超过银行信贷，如 1986 年达到 70%。20 世纪 90 年代后，这一趋势得以保持，如 1994 年，国际证券融资的比例达到创纪录的 78.8%。近年来这一比重虽有所下降，但仍保持在 50% 以上，表明国际融资的证券化已成主流。

融资的证券化趋势主要有以下几方面的原因：（1）20 世纪 80 年代爆发的债务危机，导致国际银团贷款的风险急剧增加，贷款成本相对上升；（2）实力雄厚的大商业银行自身经营国际证券业务，既是新证券发行的安排者和管理者，又是证券市场的发行人和主要买主，证券市场的流动性提高，筹资成本降低；（3）20 世纪 80 年代中期以后，发达国家通货膨胀率下降，国际金融市场利率降低，提高了债券发行和债券投资的积极性；（4）金融创新使人们对筹资和投资有了更多的选择。

广义的金融市场证券化有两方面的含义：其一，就是上面我们所介绍的融资证券化，即人们通过证券发行的形式筹集所需要的资金；其二，证券化的另一种形式是资产证券化，就是将已经存在的银行信贷资产重新分割为证券并出售给市场上的投资者，也即贷款债权证券化。

资产证券化20世纪70年代产生于美国，是指将缺乏流动性但能够产生可预见的稳定现金流的资产，通过一定的结构安排，对资产中风险与收益要素进行分离与重组，进而转换成为在金融市场上可以出售的流通的证券的过程。在美国资产证券化市场上占主导地位的房地产贷款支持证券（MBS），从1990年到2003年底，发行量的年平均增长率达到43.7%，MBS市场已成为仅次于联邦债券市场的第二大市场，2003年底市场规模达3.14万亿美元。在欧洲1986年、1987两年发行的资产支持证券（ABS）总量仅为17亿美元，2002年则达到792亿欧元。在亚洲地区，资产证券化于1995年兴起，之后在中国香港、日本、韩国等国家和地区迅速发展。据标准普尔估计，今后几年内该地区的市场潜力将以年均25%的速度增长。

资产证券化作为一项金融创新，改变了银行传统的“资金出借者”的角色，使银行同时具有了“资产出售者”的职能，对商业银行的竞争发展起到了非常重要的作用。资产证券化可以使贷款成为具有流动性的证券，同时，这种证券又是具有贷款信用风险的证券，从而有利于改善资产质量，扩大资金来源，分散信用风险，缓解资本充足压力，提高金融系统的安全性。在金融发达国家，资产证券化已成为金融机构尤其是商业银行一项非常重要的业务。

5.2 国际金融机构

5.2.1 国际金融机构概述

国际金融机构（International Financial Institution）又称国际金融组织，是指协调国际金融关系，从事国际融资业务，维持国际货币及信用体系正常运转的超国家机构。国际金融机构在国际货币关系和世界经济的发展过程中发挥着不可替代的重要作用，几乎所有的国家、地区都同这类金融组织建立了密切的联系。

国际金融机构按地区范围可分为全球性的国际金融机构和区域性的国际金融机构。全球性的国际金融机构的成员面向全球，其经营活动涉及的各类事务也是世界性的。全球性的国际金融机构主要有国际货币基金组织（International Monetary Fund，IMF）、世界银行集团（World Bank Group，WBG）和国际清算银行（International Bank for Settlement，IBS）。其中国际货币基金组织和世界银行集团是联合国的下属机构；国际清算银行最初是区域性的金融机构，自1930年建立以来，经过70多年的发展，已逐步转变为全球性的国际金融机构。

区域性的国际金融机构就其业务范围看，带有明显的地域性。它一般有两种类型，一种是有严格区域性限制的金融机构，通常由某一地区的国家组成并为本地区的经济发展及合作服务，如阿拉伯货币基金组织（Arab Monetary Fund，AMF）；一种是宽泛的或称为半区域性的国际金融机构，它虽然主要从事区域性金融活动，但成员可来自区域外，如亚洲开发银行（Asian Development Bank，ADB）等。

国际金融机构一般有以下特点：①国际金融机构是政府间的金融组织。通常情况下以国家为参与单位，由各国共同组成全球性或区域性的联合组织，在协调国际经济关系、加强经济合作方面发挥着重要作用；②国际金融机构通常采用股份公司式的企业组织形式。它是由成员国共同出资、共同管理，按照股份制形式经营的经济实体，在组织结构、入股方式和资金来源等方面和股份制企业非常相似；③国际金融机构的活动很多情况下有很强的政治色彩。国际金融机构是成员（政府）间进行经济合作与交流的重要渠道，但成员方在组织内的发言权是以其经济实力和影响为基础的，其领导权掌握在少数发达国家手中，发展中国家在其中没有足够的话语权。

国际金融机构建立的时间和背景虽然不同，但其主要目的都是为了加强各国的经济合作，协调处理经济、金融领域共同面对的问题，促使成员国以对话方式解决相互间的冲突和矛盾，建立相应的解决矛盾及纠纷、应对各类经济及金融危机的机制，并致力于形成一系列成员国共同遵守的惯例、规则等。从国际金融机构几十年来的运作情况看，国际金融机构的建立和存在，对加强国际经济、金融合作，推进经济一体化进程发挥了不可替代的作用；通过确立并维护国际货币金融制度，稳定汇率，促进了国际贸易的发展；通过为成员国提供各种形式的资金支持及技术援助，帮助有关国家摆脱了债务危机、金融危机的困扰，并部分解决了发展中国家经济建设中对资金的需求。本章将主要介绍全球性国际金融机构。

5.2.2 国际货币基金组织

国际货币基金组织（International Monetary Fund，IMF）和世界银行集团及关税与贸易总协定（世界贸易组织的前身）共同构成第二次世界大战后国际经济秩序的三大支柱。国际货币基金组织负责货币金融事务，世界银行集团负责财政援助与经济开发事务，关税与贸易总协定负责国际贸易事务。国际货币基金组织是根据1944年7月在美国新罕布什尔州布雷顿森林召开的国际货币金融会议上通过的《国际货币基金协定》而建立起来的。1945年12月27日正式成立，总部在美国首都华盛顿。同年11月15日成为联合国的一个专门机构，但在经营上有其独立性。国际货币基金组织是处理国际货币关系的核心机构，截至目前，成员国已达184个。

5.2.2.1 国际货币基金组织的组织结构

国际货币基金组织的最高权力机构是理事会。理事会由每个成员国按其自行决定的方法委派理事及副理事各一人组成，一般由该国财政部长及中央银行行长担任。各理事单独行使本国的投票权。理事会每年召开一次，其主要职权是批准接纳新成员、修订基金条款与份额、决定成员国的退出、讨论并决定国际货币制度的重大问题。

理事会下设执行董事会负责处理日常业务，由24名执行董事组成。其中5名董事由份额最大的5国（英国、美国、法国、德国、日本）派任，其余执行董事由成员国按地区划分为19个选区，由每个选区每2年通过选举选出1人组成，沙特阿拉伯、俄罗斯和中国组成自己的单独选区，各自单独推举一名执行董事。

总裁是执行董事会主席，是基金组织的最高行政长官，负责基金组织的日常工作。总裁由执行董事会推选，任期5年，但无投票权，只有在执行董事会进行表决、双方票数相等时，才可投决定性一票。通常，总裁由西欧国家推选。

执行董事会是一个常设机构，它和理事会之间还有两个机构：一个是“国际货币基金组织理事会关于国际货币制度的临时委员会”，简称“临时委员会”；另一个是“世界银行和国际货币基金组织理事会关于实际资源向发展中国家转移的联合部长级委员会”，简称“发展委员会”。这两个委员会都是部长级委员会，每年开会2~4次，主要讨论国际货币体系和开发援助的重大问题。由于两个委员会的成员大都来自主要国家而且政治级别较高，因此其决议往往最后就是理事会的决议。

在上述机构外，国际货币基金组织内部还有两大利益集团：代表发达国家利益的“十国集团”和代表发展中国家利益的“二十四国集团”。

5.2.2.2 国际货币基金组织的宗旨

(1) 通过设立一个就国际货币问题进行磋商和合作的常设机构，促进国际货币合作。

(2) 促进国际贸易平衡地发展，并借此提高和保持较高的就业率和实际收入水平，开发所有成员国的生产性资源，以此作为经济政策的主要目标。

(3) 促进汇率的稳定，保持成员之间有秩序的汇率安排，防止竞争性的货币贬值。

(4) 为经常性交易建立多边支付与汇兑制度，并消除妨碍国际贸易发展的外汇管制。

(5) 在临时性的基础上和有保障的条件下，向成员国提供资金，使其有信心调整国际收支不平衡，而不致采取有害于本国或国际经济繁荣的措施。

(6) 依据以上目标，缩短成员国国际收支不平衡的时间，并减轻其程度。

5.2.2.3 国际货币基金组织的份额与投票权

(1) 份额（quota）。份额制度是基金组织的主要特点之一。份额是指成员国参加基金组织时认缴的一定数额的资金。目前，份额以特别提款权（SDRs）表示。在牙买加协议之前，份额的25%以黄金缴纳，其余75%以成员国本币缴纳。牙买加协议之后，25%的黄金份额改用特别提款权或可兑换货币缴纳，其余75%不变。截至2005年8月基金组织份额共计2 130亿特别提款权（约合3 120亿美元）。

份额的大小主要取决于成员国的国民收入、黄金和外汇储备、进出口额等，各成员国份额的具体分配由理事会决定。理事会每隔五年对成员国的份额重新审定一次，并对部分成员国的份额进行调整。

基金组织主要的日常活动是向出现国际收支逆差的成员国提供贷款支持，因此它必须拥有足够的资金。成员国认缴份额是基金组织主要的资金来源，除此以外，向成员国借款、出售黄金也是基金组织资金来源的组成部分。

(2) 投票权。基金组织成员国的投票权与认缴份额成正比。成员国在基金组织认缴的份额决定了其在基金组织的地位和权力的大小。认缴份额越大，在基金组织的投票权、借款数量和分配到的特别提款权额度就越大。按基金组织规定，每个成员国有250票基本投票权，在此基础上，按其认缴份额每10万特别提款权可增加一票。按基金组织协定规定，重大问题须经全体成员国总投票权的85%通过才能生效。美国所占份额最多，投票权也最大，美国一国即拥有全部投票权的16.83%（截至2009年9月），因此美国拥有事实上的否决权。针对美国的这种否决权，西方国家以“十国集团”（除美国外）、发展中国家以“二十四国集团”与之抗衡，这两大集团的投票权均超过了15%。

5.2.2.4 国际货币基金组织的业务活动

（1）汇率监督与政策协调。为了维持国际货币体系的正常运行，保持国际金融秩序的稳定和世界经济的增长，国际货币基金组织对成员国有着严格的要求。基金组织实行汇率监督的根本目的，在于保证有秩序的汇兑安排和汇率体系的稳定。基金组织的汇率监督主要体现在三个方面：

第一，对成员国的宏观经济政策进行监督。即通过监督一国的财政、货币政策，防止成员国利用宏观经济政策、补贴或任何其他手段操纵汇率以取得对其他成员国的不公平的竞争优势。

第二，对汇率制度进行监督。基金组织原则上反对复汇率制度或任何其他形式的差别汇率政策。

第三，对货币的自由兑换进行监督。基金组织要求成员国在经常项目下实行货币的自由兑换，通过“稀缺货币条款”，对国际收支持续、大量盈余国家的货币进行兑换限制，促使盈余国采取措施减少其盈余。

基金组织对成员国提交的有关经济运行和经济政策的材料进行分析，在此基础上与成员国进行定期或不定期的磋商，对成员国的经济金融形势及有关政策进行评估，并对其提出政策建议。从多年运作的实践看，基金组织对国际金融秩序的稳定及各国政策的协调发挥着不可替代的作用。

（2）提供金融援助。基金组织通过向发生国际收支困难的成员国提供短期贷款，帮助他们弥补暂时性国际收支逆差。基金组织的贷款有如下特点：①贷款对象限于成员国政府；②贷款用途限于解决成员国暂时性国际收支逆差，贷款一般只限于短期贷款；③成员国贷款额度取决于其份额，与份额成正比；④贷款方式采取“购买”的方式，即成员国以本国货币向基金组织换购自由外汇或特别提款权，且贷款无论以何种货币提供，都以特别提款权计值，利息也以特别提款权支付。

在实践中，基金组织对贷款的发放有着严格的条件限制，以保证贷款的使用不损害基金组织资金的流动性，并有助于调整受贷国的经济状况。成员国要获得贷款必须制定符合国际货币基金组织要求的政策措施，还必须达到一定的实施标准，以确保成员国能在一定时期内取得可维持的国际收支状况和持续的经济增长，并确保对基金组织的资金使用是暂时性的。

最初，国际货币基金组织只有一种贷款即普通贷款。以后，贷款种类不断增加，现主要包括以下几种：①普通贷款；②进出口波动补偿贷款；③缓冲库存贷款；④中期贷款；⑤临时贷款。

近年来爆发的全球金融危机，各国对国际货币基金组织进行改革的要求日益高涨；同时，为应对不断变化的经济、金融形势，对基金组织进行改革也是其自身的需要。2009 年起，国际货币基金组织的改革取得重要进展，2009 年 8 月，国际货币基金组织理事会批准普遍分配相当于 2 500 亿美元的特别提款权（SDR)，通过补充基金组织成员国的外汇储备向全球经济体系提供流动性。在新配置的额度中，有约 1 100 亿美元将配置给新兴市场和发展中国家，而其中 200 亿美元将流向低收入国家。另外，根据《基金组织协定》的第 4 次修订，国际货币基金组织 9 月 9 日对成员国作出总额达 215 亿特别提款权（约 330 亿美元）的特别分配。这一分配不按份额比例发放，主要着眼于增加 1981 年后加入国际货币基金组织的 42 个国家所持有的特别提款权（SDR)，但其他成员国也将分别获得额外的 SDR。值得注意的是，这次特别提款权（SDR）增加依然是按各国在国际货币基金组织中的份额配发，比如美国配发约 427 亿美元，占总额的 17%左右，中国只有约 93 亿美元，不到 4%，因此，从这个角度来说，国际货币基金组织增发 2 500 亿美元特别提款权分配给各成员国，不会使新兴经济体在世界经济领域中的发言权发生改变。尽管如此，特别提款权分配仍然是国际货币基金组织应对危机举措的重要组成部分，从短期看，有助于成员国以较低成本补充储备资产以应对危机；从长期看，有助于成员国调整国内政策并防范危机。

5.2.3 世界银行集团

世界银行集团由五个机构组成，它们分别是国际复兴开发银行（International Bank for Reconstruction and Development，BRD)、国际开发协会（International Development Association，IDA)、国际金融公司（International Finance Corporation,

IFC）、多边投资担保机构（Multilateral Investment Guarantee Agency，MIGA）和国际投资纠纷解决中心（International Center for Settlement of Investment DisputesI，CSID）。习惯上，我们把国际复兴开发银行称之为“世界银行”。

5.2.3.1 国际复兴开发银行

国际复兴开发银行是根据1944年7月布雷顿森林会议通过的《国际复兴开发银行协议》与国际货币基金组织同时产生的两个国际性金融机构之一，成立于1945年12月31日。目前为止，国际复兴开发银行的成员国有184个，总部设在华盛顿。加入国际复兴开发银行的成员国必须是国际货币基金组织的成员国。这里，我们仍沿袭习惯称呼，把国际复兴开发银行称为世界银行。

（1）世界银行的组织机构。世界银行的组织机构包括理事会、执行董事会、行长和各业务机构组成。

理事会是世界银行的最高权力机构，各成员国都可指派一名代表参加理事会。理事一般由部长级政府官员担任，在世界银行行使最终决策权。理事会每年举行一次年会，必要时可召开临时会议。理事会的主要职责是：决定世界银行的重要政策问题，接收或中止国家成员资格，决定核定股本的变化，确定世界银行净收入的分配，批准财务报表和预算。

执行董事会由理事会授权，负责处理世界银行的日常事务。执行董事有24人，其中5个常任执行董事由持有股份最多的美、英、法、德、日指派，其余19人由其他成员国按地区推选。中国、俄罗斯和沙特阿拉伯为一独立组，各自单独推选一人。执行董事会选举产生执行董事会主席，并兼任世界银行行长，主持日常事务。行长任期5年，可连选连任，根据非正式协议，世行行长为美国人，现任行长是保罗·沃尔福威茨，为第十任行长。

申请加入世界银行的成员国必须认缴银行股份，一般情况下，认缴份额与该国在国际货币基金组织的份额相同。成员国的投票权主要根据其持有的股份来计算，与认缴的股份成正比。根据世界银行的规定，每个成员国都享有基本投票权250票，每认缴股金10万美元即可增加一票。其中美国所占投票权最多，截至2005年3月，占全部投票权的16.39%，接下来依次是日本、德国、英国和法国，中国占全部投票权的2.78%，居第六位。

（2）世界银行的资金来源。世界银行的资金主要来自成员国缴纳的股金、在国际金融市场发行债券、出让银行债权及留存的业务净收益等。

世界银行成立之初，法定资本为100亿美元，其中的20%为成员国加入时缴纳（这其中2%为黄金或美元，18%为本国货币），另外的80%为待缴股本。随着经济的发展及为了满足新的成员国认缴股份、老的成员国增加认缴股份的需要，世界银行曾多次增资，目前股本总额达到1 882.2亿美元，但实际可支配和自由应用的资金是有限的。

世界银行的实收资本有限，又无法像商业银行那样吸收存款，因此，借款就成为世界银行主要的资金来源。世界银行的借款主要通过发行中长期债券方式进行。最初，债券的发售对象为成员国政府、中央银行，后来主要通过投资银行、商业银行等包销商向养老基金、保险公司、公司、个人等私人投资者出售，期限在2~25年。由于信誉高，世界银行发行的债券都具有最高的信用等级，可以在国际金融市场上获得成本较为低廉的资金。

世界银行筹措资金的另一个管道是将其贷出款项的债权转让给私人投资者（主要是商业银行），收回资金，以加快资金周转。这种形式的资金来源近年来在世界银行业务中的比重不断上升。

此外，世界银行来自投资和贷款等业务活动的利润即业务净收益，也是其重要的资金来源。自成立以来，除第一年有亏损外，世界银行每年都有盈余且逐年增加，这成为贷款资金的稳定来源。

（3）世界银行的资金运用。世界银行旨在为减轻贫困和推动发展中国家发展目标的项目提供多种不同类型的融资。与商业金融机构不同，它的经营目的不是追求利润的最大化，而是利用其较高的信用评级，将其所支付的低利率转让给它的发展中国家客户。世界银行的借款国一般由中等收入国家组成（世界银行的标准是人均收入介于865~5 115美元），帮助借款国获得数额较大、条件较好、偿还期较长的资本。政府借款必须用于特定方案，如减轻贫困、提供社会服务、环境保护或经济增长，而且贷款一般都伴随着非贷款服务（咨询、技术援助、人员培训等），以保证最大效率地使用资金。世界银行自成立以来，截至2004年底，已累计发放贷款3 940亿美元。

世界银行提供的贷款可分为两大类：为货物、工程和服务提供的投资贷款，以支持一系列部门中的经济和社会发展项目；发展政策贷款（曾被称为调整贷款），以支持政策和制度改革。具体来说，世界银行的贷款主要有以下几种：

①项目贷款。又称特定投资贷款，用于资助成员国的某个具体的发展项目。世界银行的农村发展、教育、能源、卫生、交通等大部分的贷款都是此类贷款。项目贷款是世界银行传统的、最主要的贷款方式。

②部门贷款。具体可分为部门投资及维护贷款、部门调整贷款及中间金融机

构贷款。部门投资及维护贷款用于改革部门投资和投资重点，加强借款制定和执行投资计划能力；部门调整贷款用于为某一具体部门的体制改革提供支持；中间金融机构贷款是指世界银行贷给借款国中间金融机构，再由其转贷给各个项目。

③结构调整贷款。贷款主要用于帮助借款国进行经济政策、发展布局、结构体制方面的调整和改革，使其能够更有效地利用资金和资源，以适应不断变化的世界经济形势，维持国际收支平衡。

④联合贷款。指世界银行与借款国以外的其他贷款机构联合起来，共同为某项目融资。

⑤第三窗口贷款。该类贷款条件介于世界银行的一般性贷款与国际开发协会的优惠贷款之间，利差由发达国家和石油生产国自愿捐赠形成的“利息贴补基金”解决，贷款对象为低收入国家。

（4）世界银行贷款的特点。

①世界银行对贷款的条件要求比较严格。贷款对象只限于成员国政府及政府机构、国营和私营企业，除借款人为成员国政府本身外，其他各类公、私机构及企业借款均需世界银行认可的机构提供担保。原则上只对成员国特定建设项目提供贷款，且项目在经济和技术上是可行的，而且对该国的经济发展来说是优先发展的项目，成员国不能按合理条件从其他渠道获得资金时才能向世界银行申请贷款。

②贷款期限一般较长，平均为17年，最长可达30年，宽限期一般为5年。

③贷款的利率参照国际资本市场利率确定，一般低于市场利率，且收取的杂费较少，仅对签约后未支取的贷款额收取0.75%的承诺费。

④世界银行一般只提供项目贷款所需金额的30%～50%，配套资金由借款国自己解决，同时借款国要承担汇率变动的风险，借款要按时归还，不得拖欠。

⑤申请世界银行贷款要遵循严格的程序，并接受世界银行的审查和监督，贷款必须专款专用。

⑥贷款金额不受成员国股本限制，是发展中国家发展经济的一条重要的筹资渠道。

5.2.3.2 国际开发协会

国际开发协会是国际复兴开发银行的一个附属机构，1960年9月24日在华盛顿成立，目前有165个成员国。

国际开发协会的成立，是因为世界银行无法满足发展中国家特别是欠发达的低收入国家对廉价资金的大量需求，以摆脱贫困和发展经济。虽然世界银行的贷款较商业贷款优惠，但其相对严格的贷款条件及利息和本金的偿还，对经济基础薄弱、贫困人口众多的低收入国家来说，仍然是沉重的负担。在美国的提议下，世界银行决定建立一个专门向低收入国家提供优惠贷款的机构，即国际开发协会，促进低收入国家的经济发展和消除贫困。

国际开发协会成立的宗旨，是专门向低收入国家提供比世界银行贷款条件更为优惠的长期贷款（通常这类贷款是无息的），以促进其经济发展和居民生活水平的提高，作为世界银行贷款的补充，推动世界银行目标的实现。

国际开发协会成立以来，截至2004年已累计发放了1 510亿美元的贷款。目前，国际开发协会对最贫穷的81个国家每年提供60亿~90亿美元的无息贷款，这些贷款是十分关键的，因为这些国家几乎没有能力或没有能力按市场条件借到资金，其中大多数国家的人均每天生活费不足2美元。另外，国际开发协会向贫穷国家提供的资金中，还有一部分是捐赠，目前这一比例被确定为国际开发协会提供资金总额的18%~21%。

（1）国际开发协会的组织机构。国际开发协会的组织结构同世界银行相似，最高权力机构是理事会，其下设的执行董事会负责日常工作。国际开发协会名义上是一个独立的机构，有自己的资金来源和独立的法人地位，实际上与世界银行是“一套人马，两块牌子”，其正、副理事，正、副执行董事，经理、内部机构人员，均由世界银行相应部门的人员兼任。

国际开发协会的成员国必须是世界银行的成员，成员国按人均收入指标分为两类：作为富裕国家的协会资金提供国（被称做一类国家）和作为低收入国家的协会资金接受国（被称做二类国家），但两类国家均需向协会认缴股份，投票权与认缴股份相联系。

（2）国际开发协会的资金来源。

①成员国认缴的股本。作为高收入国家的资金提供国，股金以黄金或可自由兑换货币认缴；资金接受国认缴的股金则由10%的黄金或可自由兑换货币及90%的本国货币构成。

②成员国和其他捐助国提供的补充资金和特别捐赠。由于认缴的股金有限，必须依靠成员国和其他捐助国定期提供一定的补充资金维持不断增长的资金需求。约有40个富裕国家每四年以捐款的形式为协会提供资金。最近一次增资是在2002年，其中捐款国提供了近90亿美元。除此以外，美、英、法、德、意、日六国在必要时还向协会提供特别基金捐助。

③世界银行的拨款（捐赠）。指世界银行从净收入中拨付给协会的款项。一般也是每四年为一周期，2002 年开始的周期，世界银行提供了 66 亿美元。

④协会本身业务经营的净收入。这部分资金数量较少。

从上面可以看出，国际开发协会的资金主要来自富裕国家和世界银行的捐赠。

（3）国际开发协会的资金运用。国际开发协会的主要业务活动是向贫穷的低收入国家提供长期的优惠贷款。1999 年确定的低收入的标准是年人均国民收入在 925 美元以下。

国际开发协会的贷款对象，实际上是成员国政府，贷款的特点是条件非常优惠，被称为开发贷款，又称软贷款，以别于世界银行的硬贷款。贷款具有明显的援助性质，主要投向农业、能源、交通运输、环境保护、教育及艾滋病的防治等领域，期限长达 30～40 年，并有 10 年的宽限期，且不收利息，每年仅收 0.75% 的手续费。近年来，国际开发协会加大了向低收入国家无偿捐赠的力度，以配合联合国新千年发展目标的实现。

5.2.3.3 国际金融公司

根据《国际复兴开发银行协议》，世界银行的贷款以成员国政府为对象，如果向企业等部门贷款，须有政府担保，而且世界银行只能经营贷款业务，不能参与股权投资或为成员国的私人企业提供其他种类的风险投资，这在一定程度上限制了世界银行业务的发展。为了促进对成员国私人企业的国际贷款，在美国国际开发咨询局的提议下，经世界银行成员国协商，于 1956 年正式成立了国际金融公司。国际金融公司是世界银行的附属机构，目前有 176 个成员国。截至 2004 年底，贷款、投资组合达到 235 亿美元。

国际金融公司的宗旨是通过推动成员国私人部门的发展来促进欠发达国家的经济增长。

（1）国际金融公司的组织机构。国际金融公司的组织机构与世界银行一样，最高决策机构是理事会，并设有管理日常业务的执行董事会。公司的经理由世界银行行长兼任，内部机构及人员也由世界银行的相应机构和人员兼管、兼任。只有世界银行的成员国才能成为公司的成员。

（2）国际金融公司的资金来源。

①成员国认缴的股本。公司法定资本最初为 1 亿美元，经过几次增资，目前认缴股本已达 22.3 亿美元。

②借款。这是公司主要的资金来源，目前这类资金占到公司所有资金来源的80%以上。借款主要来自债券发行、国际信贷及世界银行和成员国政府的贷款。

③公司的投资收益和转让股权所获资金。

(3) 国际金融公司的业务活动。国际金融公司的业务活动，是为成员国的私人企业提供资本，主要采取两种方式：

①直接向私人企业提供贷款，且不需要成员国政府提供担保。

②对私人企业直接投资，并参与其收益的分配。

国际金融公司的业务主要面向生产性私人企业，这类企业规模较小，贷款额度一般在200万~400万美元之间，最高不超过3 000万美元；公司提供资金时往往采取贷款与资本投资相结合的方式，但不参与投资企业的经营管理；通常与私人投资者共同投资，促进发达国家对发展中国家私人企业的投资。

国际金融公司的贷款和投资对象主要集中在制造业、加工业、采掘业、公用事业及旅游等领域，贷款期限一般为7~15年，利率高于世界银行利率。公司投资的同时，还向项目主办企业提供咨询服务，以协助创造良好的投资环境，促进私人投资。

5.2.3.4 多边投资担保机构和国际投资纠纷解决中心

多边投资担保机构成立于1988年，是世界银行集团的最新成员机构，目前有164个成员国。

多边投资担保机构的宗旨，是通过向外国投资者提供担保，使其免受因非商业性风险（征收、货币不可兑换、转移限制以及战争和内乱）造成的损失，以此鼓励对发展中国家的外国投资。此外，机构还为成员国提供中介和咨询服务，帮助发展中国家吸引和保留投资。

多边投资担保机构提供的投资担保，期限一般为15年，保额为投资额的90%，目前的最高限额为5 000万美元。截至2003年6月，多边投资担保机构与私人投资者签订的担保合同有650个，涉及85个国家，金额达500亿美元。

国际投资纠纷解决中心成立于1966年，现有140个成员国。中心的成立，是为了解决国家与外国投资者之间的纠纷，它通过调停或仲裁的方式，协助解决外国投资者和东道国之间的投资纠纷，以鼓励、促进国际间的资本流动，特别是向发展中国家的流动。此外，许多国际投资协议都援引中心的仲裁条款。

国际投资纠纷解决中心自成立以来，截至2005年3月，已解决投资纠纷89起，另外还有86起在调解中。中心的成立，对鼓励外国投资，增进各国与外国投资者之间的相互信任发挥了重要的作用。

5.2.4 国际清算银行

国际清算银行是根据1930年1月20日签订的海牙国际协定，由英国、法国、意大利、德国、比利时和日本的中央银行及美国的三家商业银行组成的银行集团于同年5月17日在瑞士的巴塞尔联合成立，它是世界上第一家国际金融机构。国际清算银行成立的最初目的是为了方便第一次世界大战期间形成的国际债务的支付和转移。随着战争债务问题的解决，国际清算银行的职能逐步转变为促进各国中央银行的合作，为国际金融活动提供更多便利。世界多数国家的中央银行都是其客户，被人们称为“中央银行的银行”。

5.2.4.1 国际清算银行的组织机构

国际清算银行是股份制性质的企业性金融机构，最高权力机构是股东大会。股东大会每年举行一次，由作为该行股东的各国中央银行代表参加。股东大会的投票权根据认购股份数额按比例分配。目前，共有49个国家的中央银行拥有投票权。

股东大会下设的董事会负责处理日常工作，董事会由21名成员组成，其中英国、法国、比利时、意大利、德国和美国的中央银行行长是董事会的固定成员，他们可各自选择一名本国工商金融界人士出任另一董事。此外，加拿大、日本、荷兰、瑞典、瑞士的中央银行行长也是固定董事。董事会成员选举董事会主席并任命总裁，通常情况下总裁由董事会主席兼任。

国际清算银行成立之初，其股本构成中既有中央银行为代表的官方资本，又有美国银行集团持有的私人资本，2001年1月董事会决定，国际清算银行的股份仅限中央银行持有，私人持有的股份将通过补偿支付收回。

5.2.4.2 国际清算银行的主要职能

国际清算银行的主要任务是促进各国中央银行间的合作，维护金融市场的稳定，为国际金融业务的顺利发展创造条件。

每年召开的年会、中央银行行长例会和全球经济会议是国际清算银行的最高级别活动。各国中央银行行长利用这些会议，讨论全球经济及金融发展的最新形势和其他各方关注的问题，探讨如何协调宏观政策，彼此交换看法。

此外，国际清算银行董事会定期召开董事会，主要发达国家的中央银行频繁接触，彼此交流各自观点，对协调它们之间的货币政策起到重要作用。国际清算银行每两个月还召集“十国集团”召开一次会议，及时商讨世界经济、金融领域遇到的新情况、新问题，协调相互间的立场，探讨共同的对策。另外，国际清算银行还定期举办高级别的专门委员会会议，如巴塞尔银行监管委员会、支付和清算系统委员会、欧洲货币常设委员会等，协调、解决相关领域所面临的问题。

国际清算银行的另一职能是为各国中央银行提供服务。它为成员国中央银行管理储备资产，开办各种金融服务。目前，约有120个国家的中央银行和国际金融机构在国际清算银行开立了账户，总资产超过1 000亿美元。它既为中央银行间资金划拨提供结算服务，又在国际金融市场上代理中央银行买卖黄金和外汇。近年来，国际清算银行还向成员国的中央银行提供投资、信贷、风险控制等方面的服务，以提高中央银行持有外汇储备资产的收益，使其对储备流动性的管理更为有效。

国际清算银行在国际金融形势研判、收集并处理各类信息方面有很高的权威性。它专门设立的各个委员会所提出的建议、有关分析报告，对人们准确把握世界经济、金融发展趋势，制定相应对策，提供了有益的帮助。国际清算银行主持的巴塞尔委员会，针对国际银行间的平等竞争和安全性问题所确定的《巴塞尔协议》，为国际银行业的统一监管提供了一个划时代的重要文件，经多次修改已成为真正的国际银行公约。

5.3 中国与国际金融市场

改革开放以来，中国同国际金融市场的联系是从境外融资开始的。从最初的政府贷款、国际金融机构贷款，到资本市场上债券的发行、国际租赁、项目融资，再到境外股权融资，中国同国际金融市场的联系从深度到广度都有了巨大的发展，可以说中国经济的发展已离不开国际金融市场。随着中国综合国力的不断提高及加入世界贸易组织后金融领域对外开放的不断深入，中国开始逐步开放国内资本市场，同时也对直接进入国际金融市场进行各类投资活动进行了有益的尝试。在金融全球化、一体化的大背景下，中国同国际金融市场的联系将会更加密切。下面，我们从融资的角度介绍一下中国同国际金融市场的关系。

5.3.1 国际间接贷款

国际间接贷款包括外国政府贷款、国际金融机构贷款和国际商业银行贷款，是一种传统的国际融资方式，在我国开展得比较早，涉及的范围也比较广泛。

5.3.1.1 外国政府贷款

指外国政府和政府机构提供的具有援助性质的优惠贷款。政府贷款的期限较长，一般是10~30年，分无息贷款和计息贷款两种。无息贷款免付利息但要收取一定的手续费；计息贷款的赠与成分一般高于25%。政府贷款虽为优惠性质，但贷款提供国往往附有一定的附加条件或指定其用途。

我国的外国政府贷款窗口和管理职能最初由原外经贸部负责，1998年10月划转财政部。截至2005年10月底，我国利用外国政府贷款协议金额达495亿美元，其中生效金额455亿美元，贷款项目总数2 239个，向我国提供政府贷款的机构达到27个。

外国政府贷款在提高我国的改革开放水平，促进经济发展方面发挥了重要作用。近年来，为配合国家宏观经济政策，外国政府贷款逐步调整了资金投向，从过去主要支持交通、能源、通信等领域，转向环境保护、医疗卫生、文化教育、“三农”领域及向西部地区倾斜。特别是目前在中西部地区广泛实施的开发扶贫、节水灌溉、治沙造林和农业综合开发等项目，改善了当地生态环境，提高了农业生产技术水平，推动了农村经济发展，带动了大批贫困人口走向脱贫致富的道路。

改革开放30多年来，中国经济得到了快速发展，但生产力还不发达，粗放型经济增长方式没有根本转变，自主创新能力不强，经济结构不够合理，城乡区域发展不平衡，解决“三农”问题的任务相当艰巨，经济社会发展与资源环境的矛盾日益突出，当前存在的诸多不和谐因素仍制约着我国社会和经济的健康发展。积极有效地利用外国政府贷款，有助于推动解决上述矛盾和发展中的问题。

5.3.1.2 国际金融机构贷款

主要包括国际货币基金组织、世界银行集团及亚洲开发银行等全球性或区域性金融机构提供的贷款。贷款主要用于成员国开发资源、发展经济和平衡国际收支。国际金融组织贷款的特点是：①贷款条件优惠。国际金融机构的贷款一般利率较低（低于市场利率，且固定不变，收取的杂费很少），期限较长，如国际开发协会的贷款，最长期限可达50年，不收利息，只收0.75%的手续费。②贷款申请手续烦琐，项目审查严格。从项目申请到获得贷款，往往需要很长的时间。③使用贷款采购设备、物资等多采用国际招标方式。

中国的国际金融机构贷款由国家统一对外举借，国家发展计划委员会会同财政部等有关部门制定贷款备选项目规划，财政部根据规划组织对外谈判、磋商、签订借款协议，贷款一般通过有关金融机构转贷，重点用于基础性和公益性建设项目，并向中西部地区倾斜。国际金融机构贷款条件优惠，带有援助性质，是我国利用外资的一种重要方式。截至2004年底，我国国际金融机构贷款余额为251亿美元。

5.3.1.3 国际商业贷款

国际商业贷款又称国际商业银行贷款，指从国际商业银行获得的贷款，其特点是灵活多样，自主性强，期限和贷款的用途都不受限制，既有期限在1年以下的短期贷款，也有1年以上的中长期贷款。一般金额在1亿美元以下的贷款采用双边贷款方式，1亿美元以上的贷款多采用银团贷款（又称辛迪加贷款）方式。国际商业贷款的利率完全按市场利率，一般是以伦敦银行同业拆放利率为基准，加上一个附加利率（又称加息率），因此贷款成本较政府贷款为高，存在一定的利率风险。

为提高国际商业贷款的使用效益，防止外债失控，避免发生外债危机，我国对国际商业贷款实行较为严格的管理。短期商业银行贷款采用余额管理的办法，即由国家主管部门向经批准的金融机构下达短期国际商业银行贷款的年度余额，由金融机构据此调整本单位的债务水平和资金运用；对中长期国际商业贷款的管理，采取指标控制的办法，从规模、项目审批、贷款的“窗口管理”、统计监督制度等方面都有严格的指标体系和相应的程序。

目前，国内的国际商业贷款主要通过四家国有商业银行和交通银行、中信银行及经国家批准的省市级国际信托投资公司等银行、非银行金融机构对外办理，不允许地方政府、企业自行对外借款。

截至2005年6月，我国的国际商业贷款余额达到1 327.38亿美元，主要用于国家重点项目和部分地方项目，如长江三峡水利枢纽工程、广东大亚湾、岭澳核电站等。使用国际商业贷款，一定程度上弥补了国内建设资金的不足，引进了国外先进技术和设备，提高了我国工业装备水平，增强了我国企业和产品的国际竞争力。

5.3.2 国际直接融资

国际直接融资又称国际证券融资，主要包括国际股权融资和国际债券融资。在金融证券化的大背景下，国际资本市场上的直接融资方式已成为国际间融资的主要方式。从我国对外融资的情况看，虽然间接融资仍然居主导地位，但近年来其比重不断下降，相反直接融资的发展势头却非常迅猛，极大地拓展了我国的对外融资空间，成为我国利用外资的主要方式之一。另外，国际直接融资的不断发展，也说明国内外金融市场的联系更加密切，对推动金融领域的对外开放有着重要的意义。

5.3.2.1 国际股权融资

我国的股权融资始于1992年人民币特种股票即B股的发行，它是以人民币标示面值供境外投资者用外汇买卖的股票。B股的发行是严格的外汇管理体制及封闭的国内资本市场的产物，目前境内上市B股已达109家，筹资额达49.59亿美元，折合人民币超过300亿元。同时，中国企业也开始走出国门，在国际股票市场上筹集企业发展所需的资金，截至2005年11月30日，中国企业境外上市筹资总额达547.51亿美元。特别是近年来国内企业海外资本市场融资步伐明显加快，仅2005年前11个月的融资额就达到198.54亿美元，占了13年来筹资总额的36%。

国际股票融资一方面解决了企业高速发展带来的资金需求，另一方面使企业在经营管理上接受来自海外投资者更严格的监督，对国内企业建立现代企业制度、健康成长有着重要的意义。

国内企业现有的境外股权融资主要有以下几种方式：

(1) 公开发行普通股并上市。指国内注册的企业直接以自己的名义在境外发行股票并在境外交易所挂牌上市交易。国内企业在香港发行上市的股票多属这种方式。由于交易规则和法律上的原因，其他海外资本市场一般不允许外国企业直接以发行普通股的方式融资，如美国、新加坡等地的股票市场要求只有在本国注册的公司才能直接发行普通股股票，所以国内企业多选择香港市场直接上市。

(2) 买壳上市和造壳上市。买壳上市指企业以现金或交换股票的方式收购另一家在境外证券市场挂牌上市公司的大部分或全部股权，然后以现成的境外上市公司作为外壳，向其注入母公司的资产，实现中资企业境外间接上市的目的。买壳上市可以避开烦琐的上市审批程序，手续简便，成本较低，较短时间内即可取得间接上市地位，成为国内企业境外上市的捷径。如国内的首钢集团、中粮集团等均通过此方式在香港成功上市。

造壳上市是国内企业在境外（主要是海外免税区，如百慕大、开曼、英属维尔京群岛等地）注册成立一家控股公司，控股公司对国内欲到境外上市企业进行控股，国内企业以控股公司的名义在境外公开发行股票并申请上市，从而达到国内企业境外间接上市融资的目的。这是介于公开发行普通股上市和买壳上市之间的一种上市方式。造壳上市的操作时间短，手续简便，从程序上来说相对容易些，而且公司在境外的外汇和资金安排也较国内宽松。如华晨中国、神州数码、中国移动香港（BVI）等都是国内企业通过造壳方式成功实现了在香港的上市。

（3）境外存托凭证融资。存托凭证的含义前面已详细介绍，在此不再赘述。事实上，除香港外，国内企业的境外直接上市都是通过存托凭证这一特殊的方式进行的。从早期的青岛啤酒、上海石化、马鞍山钢铁，到近期的中国石油、建设银行等，它们的主挂牌在香港，同时通过全球存托凭证（GDR）和美国存托凭证（ADR）分别在全球各地和美国上市，目前在美国纳斯达克上市的中国企业则普遍采取美国存托凭证（ADR）方式实现境外上市。

（4）境外投资基金融资。金融市场的不断发展给人们提供了更多的投资机会和投资选择，同时也带来了更多的潜在风险。投资基金以其专家理财、分散投资等特点，成为吸引投资者广泛参与的重要工具。近几十年来，投资基金在国外的发展非常迅猛，已成为左右市场的一股重要力量。

投资基金进入中国始于20世纪90年代。经济持续高速增长，而国内企业融资渠道相对匮乏，境外投资基金借机进入中国。投资基金主要投资于国内未上市企业，最终通过转让或上市进行套现。由于当时资本市场发展不完善，对中国国情不了解，大多投资均以失败告终。近年来进行的宏观调控，银行对房地产开发的贷款受到控制，境外投资基金又开始活跃于房地产领域。它们或是买下楼盘转租以收取租金，或是直接投资进行开发，对我国房地产业的健康发展有一定积极意义。

进入中国的投资基金多属国家基金，即以特定国家、特定产业或项目为目标组建的基金。其投资虽属股权投资，但并不参与企业的经营管理，这在一定程度上避免了融资方的资产流失及控股权的丧失。

进入中国的境外投资基金大多是由境外机构设立的，其投资活动以利润最大化为目标。鉴于此，为促进我国的产业结构调整，引导外资的投向，我国也开始了国内机构组建境外投资基金的试点工作。境内非银行金融机构、非金融机构以及中资控股的境外机构均可作为发起人，在中国境外注册、募集资金，投资于中国境内产业。但总的看来仍处试点阶段，发展缓慢。

5.3.2.2 国际债券融资

20世纪80年代，中国开始进入国际债券市场。1982年1月，中国国际信托投资公司在日本发行了100亿日元的私募债券，拉开了我国国际债券融资的序幕。1993年，中国首次在国际债券市场上发行了主权债券，包括在日本发行的300亿日元的武士债券和在美国发行的3亿美元的扬基债券，其后财政部每年都要进行主权债券的发行。2005年，财政部又成功发行了10亿欧元和3亿美元的欧洲债券，创下我国欧洲债券发行的纪录。截至2004年末，我国未清偿的国际债券余额为133.3亿美元。

我国对国际债券的发行管理非常严格。财政部代表国家在境外发行主权债券，由财政部报国务院审批，并纳入国家借用外债计划。其他任何境内机构在境外发行中长期债券均由国家发展计划委员会会同国家外汇管理局审核后报国务院审批；在境外发行短期债券由国家外汇管理局审批，其中设定滚动发行的，由国家外汇管理局会同国家发展计划委员会审批。

为加强对国际债券发行的管理，我国建立了债券发行的“窗口管理”制度，即企业、境内金融机构等发行非主权债券必须通过中国银行、中国国际信托投资公司等10家金融机构进行；财政部主权债券的发行，一般由国际上大的投资银行承销。由于我国经济的高速发展、外汇储备的快速增长及合理的外债结构，主权债券的信用评级也相应提升。

5.3.2.3 中国资本市场的对外开放

转轨时期的中国经济，市场体系、市场机制还不健全，抵御各类市场风险、金融风险的能力还不强。因此，现阶段我国对与资本项目相关的交易和汇兑需相关部门批准才可以进行，而且对交易主体有一定的资格、条件限制。比如境内机构境外发行股票、债券，银行和非银行金融机构买卖境外债券、货币市场工具及各类投资证券，国内企业、银行以避险为目的的衍生金融工具交易，H股公司流通股的回购，等等，都必须经相关部门批准或核准后方可进行。

我国对境外投资者投资境内证券市场实行严格的管理。2002 年前，境外投资者只能投资于中国的 B 股市场，2003 年开始，中国推出了合格境外机构投资者制度（QFII），投资品种包括股票、债券和基金等多种以人民币标价的金融工具。QFII 制度实施以来，迄今已有 39 家知名投资机构获得 63.2 亿美元的投资额度。QFII 制度的引入，对于引导国内证券市场理性投资理念，促进中国证券市场的规范化、国际化，增强国内证券公司的整体竞争力等方面发挥了积极作用。

债券市场作为证券市场的重要组成部分，我国债券市场的对外开放目前正处于试验阶段，已经进行了一系列有益的探索。2003 年和 2004 年，国家开发银行成功发行两次总额 10 亿美元的境内美元债券开创了我国境内外币债券市场的先河。由于人民币尚未实现自由兑换，境内外币供给有限，投资者数量并不多，市场流动性较差，这个市场还只是处于尝试和起步阶段。2005 年 10 月，国际金融公司和亚洲开发银行在银行间债券市场分别发行了 11.3 亿元、10 亿元共计 21.3 亿元的十年期债券，标志着酝酿了 3 年多的熊猫债券正式发行成功。吸引有影响力的国际金融机构在国内发行人民币债券，不仅可以提高其他国外发行人未来在国内发行债券的兴趣，而且有助于中国在未来亚洲市场建设和金融合作的进程中发挥更大作用，推动国内债券市场的创新发展，推动资金更有效的运用，在进行资本项目管制放开尝试的同时，也会提升人民币的国际地位。

5.3.3 国际贸易融资

国际贸易融资是指国际贸易各环节中对进出口商提供的资金融通和信用支持。国际贸易融资是一种开展较早的一种国际融资业务，我国也不例外。改革开放以来，我国的对外贸易之所以能够快速发展，各种形式的贸易融资发挥了巨大的作用。

从资金流动的角度看，既有国内金融机构向国内外进出口商提供的融资，也有境外金融机构向国内外进出口商提供的融资。国内金融机构提供的融资服务主要面向国内企业，对境外提供的贸易融资金额、范围相当有限，主要限于发展中国家；境外金融机构向国内进出口商提供的贸易融资，是我国利用外资的一种重要形式，构成我国对外短期外债的主体。2004 年末贸易信贷余额为 654 亿美元，占外债余额比重为 26.4%，到了 2005 年 6 月末，贸易信贷余额和占外债余额比重分别上升至 755 亿美元和 28.4%。上述数据表明对外贸易融资在我国外资利用中的地位，也表明了和我国对外贸易高速增长之间的直接联系。

目前，我国国际贸易融资的具体方式主要有出口信贷、补偿贸易、福费廷业务、保付代理业务等，下面做一简要介绍。

5.3.3.1 出口信贷

出口信贷是指本国金融机构为鼓励和扩大本国大型设备等产品的出口而向本国出口商或外国进口商提供的贷款。这里，“本国金融机构”通常是官方或受到官方资助的出口信贷机构。出口信贷机构可以得到政府的利息补贴或信用担保，所以这类贷款利率一般低于市场利率，但是出口信贷仅限于进口贷款国的商品。出口信贷有两种具体形式：

（1）买方信贷，指出口方银行直接向进口商或进口方银行提供的信贷。对我国来说，买方信贷可以直接贷给我国的进口企业，也可以贷给我国银行，再由银行转贷。

（2）卖方信贷，指出口方银行贷款给本国出口商，使出口商能够以赊销或延期付款的方式向国外进口商供货。

出口信贷是我国广泛利用的一种贸易融资方式。改革开放以来，我国许多大型成套设备的进口都充分利用了国外提供的信贷支持。中国进出口银行是我国专门办理出口信贷业务的政策性银行，在推动我国产品的出口，提高我国产品的国际竞争力方面发挥了巨大的作用。自 1994 年成立以来，截至 2005 年 7 月末，中国进出口银行累计提供出口信贷，包括买方、卖方信贷总计 3 856 亿元人民币，支持的产品出口总额达到 1 897 亿美元，有力地推动了船舶、通讯设备、计算机、新材料等技术含量和附加值较高产品出口的快速增长。

5.3.3.2 福费廷

福费廷（Forfeiting）是国际贸易领域一种流行的融资方式，它以无追索权的形式为出口商贴现已经承兑的、通常由进口商方面的银行提供担保的远期票据，从而为出口商提供中长期贸易融资。由于这种业务是由提供融资的机构（通常是银行或大的金融机构）无追索权地买断远期票据，因此，在国内通常也将这种方式称为包买票据或买断业务。

对出口商来说，通过福费廷业务融资的最大好处是可以转嫁风险。出口商出售远期票据后，即可获得现汇收入，避免了汇率风险；其无追索权的特点，避免了信用风险。但这种融资方式相对来说费用较高。

我国开展福费廷业务相对较晚，2001 年才由中国银行正式推出，其后，国内主要商业银行也相继开展了此项业务。但总的说来，福费廷业务还不普及，比如国内福费廷业务量最大的中国银行2004年一年的福费廷业务也仅6.5亿美元，这同我国的贸易大国地位是不相称的，因此，我们应采取有力措施，大力推广、普及这一新兴的贸易融资方式。

5.3.3.3 保付代理业务

保付代理（Factoring）又称出口保理、保理融资，是指出口商利用商业信用（如托收方式）出卖商品，在货物装船后，将发票、汇票、提单等有关单据无追索权的卖断给保理商，立即或远期收进全部或部分货款，从而取得资金融通的一种方式。保理商一般均具有独立法人资格，为商业银行出资或由商业银行建立。

通过保付代理，出口商可获得保理商提供的有关进口商资信的信息和数据；装运货物后，可立即获得现金，加速资本周转；可将信用风险和汇价风险转嫁给保理公司。

保付代理非常适用于国际贸易中的非信用证结算方式，它较好地解决了非信用证结算方式给出口商带来的风险。目前世界上有四十多个国家和地区开展了这项业务，国际保理商联合会（FCI）是世界上最大的保理商组织，现有107家成员，机构遍布世界各地。1992年，中国银行正式推出保付代理业务，并于1993年加入FCI。2001年以后，国内其他银行也相继推出了这项业务。总的说来保付代理业务仍处于发展的初期阶段，业务量并不大。

5.3.4 国际租赁

国际租赁即跨国租赁，指处于不同国家或地区的出租人与承租人间的租赁交易。具体地讲，国际租赁指境外出租人将机器设备等提供给境内承租人使用，承租人按约定按期交纳租金。租赁期满，承租人可以将租用的设备退回出租人，但通常的做法是支付设备的残值获得其所有权。国际租赁可以使境内企业减少一次性支付全部货款带来的压力，是一种常见的利用外资的方式。

国际租赁一般有四种形式：

5.3.4.1 融资租赁

融资租赁指承租人首先选定所需设备，出租人购买后出租给承租人使用，租金包含了设备价款、利息、手续费等。租赁期满，设备的所有权转移给承租人。

融资租赁具有筹资和租赁的双重职能。

5.3.4.2 经营租赁

经营租赁指承租人向出租人租用设备，按约定支付租金，期满后设备退回出租人。经营租赁主要满足经营上的临时或季节性需要。

5.3.4.3 衡平租赁

衡平租赁指出租人购买设备的租金一部分自身提供，一部分通过银行贷款获得，购买设备后出租给承租人。这种租赁方式可享有税收上的优惠，租金也可相应降低。

5.3.4.4 综合租赁

综合租赁指与其他贸易方式相结合的租赁。如租赁与补偿贸易、来料加工等贸易方式相结合，可扩大出租人与承租人之间的贸易往来，还可以实物产品的形式支付租金。

国际租赁这种融资方式，对解决设备进口中进口商所面临的资金不足是一种比较好的选择。我国开展这项业务始于1981年，其后发展十分迅速，但与发达国家相比还有很大差距，成长的空间很大。

5.3.5 国际项目融资

项目融资（Project Financing）是为某特定项目发放的贷款。借款人以该项目所产生的现金流和收益作为偿还贷款的资金来源，并将该项目或经营该项目的经济单位的资产作为贷款的担保。项目融资是20世纪70年代兴起的一种新型的国际信贷方式，用于耗资巨大、建设周期长、风险难于把握的项目建设。

我国是发展中国家，国家财力有限。一些基础设施和公用设施的建设由于耗资大，完全靠国家或地方政府投资是不现实的。国际项目融资作为新型的利用外资方式，不失为解决建设资金不足的一种有效途径。

项目融资多采用银团贷款方式，是一种“无追索权或有限追索权”的融资，风险大、利率偏高。国际上流行的项目融资方式有三种：

5.3.5.1 BOT项目融资

简称BOT，是英文Build-Operate-Transfer的缩写，即建设—经营—移交，政府就某个基础设施项目与非政府部门的项目公司签订特许权协议，授予签约方的项目公司来承担该项目的投资、融资、建设、经营和维护，在协议规定的特许期限内，这个项目公司向设施使用者收取适当的费用，由此来回收项目投入融资、建造、经营和维护的成本，并获取合理回报；政府部门则拥有对这一基础设施项目的监督权、调控权；特许期满，签约方的项目公司将该基础设施无偿移交给政府部门。BOT 主要适用于私营部门（多为国际私人财团）对能源、交通、通讯和环保等基础设施项目进行投资。1984 年香港台和实业公司和中国发展投资公司等作为承包商和广东省政府合作在深圳投资建设了沙角 B 电厂项目，是我国首家 BOT 基础项目。早期的 BOT 项目都是地方政府批准的。从国家角度来看，我国政府直到 1995 年才开始组织 BOT 方式的试点工作，这一年广西来宾电厂二期工程是我国引进 BOT 方式的一个里程碑，为我国利用 BOT 方式提供了宝贵的经验。到目前为止，各地政府已经成功运作了一些比较典型的 BOT 项目。

5.3.5.2 TOT 项目融资

简称 TOT，是英文 Transfer-Operate-Transfer 的缩写，即移交—经营—移交，就是指东道国把已经投产运行的项目移交给外商特许经营，并以项目特许经营期内的现金流量为标的，一次性地从外商那里融得一笔资金，用于建设新的项目；外商特许经营期满后，把原来项目无偿移交回东道国。通过这种方式引进了外资，使新项目及时启动，但又将外商与新建项目割裂开来。在我国，TOT 多用于桥梁、公路、水厂、电厂等基础设施项目。例如，上海将南浦大桥、杨浦大桥及过江隧道的专营权以一定比例的股份转让给香港公司中信泰富，青岛市自来水集团将白沙河水厂和仙家寨新水厂两个水厂 25 年的经营权转让给中法水务等，都是 TOT 这一融资方式的具体运用。

5.3.5.3 ABS 项目融资

简称 ABS，是英文 Asset-Backed Securitization 的缩写，即资产证券化，是指以目标项目所拥有的资产为基础，以该项目资产的未来收益为保证，通过在境内外资本市场发行债券来筹集资金的一种项目融资方式。ABS 是国际资本市场上流行的一种项目融资方式，已在许多国家的大型项目中采用。由于政策上的限制，ABS 在我国并不常见。1996 年 8 月，珠海市以交通工具注册费和高速公路过路费为支持在美国发行两批共 2 亿美元的债券，以及 1998 年 4 月重庆市以获得国际融资为目的的 ABS 证券化融资方案，是我国在 ABS 领域的成功尝试。

5.4 中国与国际金融机构

5.4.1 中国与国际货币基金组织的关系

国际货币基金组织成立于1945年12月27日，中国是29个创始国之一，由于历史原因，中国的席位长期被台湾当局非法占据。1980年4月17日我国在国际货币基金组织的合法席位得以恢复。同时在基金组织内获得了单独选区的地位，从而有权选举自己的执行董事。

基金组织成立之初，中国在其中的份额是5.5亿美元，仅次于美国和英国，名列第三位。1980年我国的合法席位恢复后，在基金组织的份额是12亿特别提款权，排名第八位。后来，由于沙特阿拉伯特别增资和独联体国家加入基金组织，中国在基金组织的份额逐渐退居第十一位，这与中国的经济实力极不相称。2001年2月，经过特别增资，将中国在基金组织中的份额由原来的46.872亿特别提款权提高到63.692亿特别提款权（占总额的2.98%），与加拿大的份额居同一水平，并列第八位。2007年9月，在国际货币基金组织新加坡年会上，中国的投票权由2.98%提高到了3.72%，居世界第六位。2008年4月，国际货币基金组织理事会投票批准了关于份额和投票权改革的方案，根据这一方案，中国在国际货币基金组织的份额增加到3.997%，投票权增加至3.807%。为应对金融危机，国际货币基金组织于2009年8月28日向成员国最新分配的相当于2 500亿美元的特别提款权正式生效，中国获得等值于约93亿美元的特别提款权；9月9日，国际货币基金组织对成员国作出总额达215亿特别提款权（约330亿美元）的特别分配，中国获得了等值于约11.71亿美元的特别提款权。

在过去的20多年里，中国同基金组织一直保持着良好的合作关系。中国曾于20世纪80年代分两次从基金组织贷款13.85亿特别提款权，约合16.5亿美元，用于弥补国际收支逆差，20世纪90年代已全部偿清。随着经济实力的不断提高，我国也为基金组织的发展做出了巨大的贡献。1994年、1999年两次向基金组织提供了1亿特别提款权、1 313万特别提款权的贷款，以帮助重债国的债务调整；1997年亚洲金融危机爆发后，我国应基金组织和当事国的请求，参与了基金组织发起的援助计划，向泰国提供了10亿美元的贷款。另外，还向基金组织业务预算提供了超过20亿美元的资金，支持其贷款活动。更为重要的是，我国在亚洲金融危机爆发后，坚持人民币不贬值，有效遏制了危机的蔓延，为维护亚太地区形势的稳定做出了重大贡献。

2009年9月，国际货币基金组织同意由中国人民银行购买不超过500亿美元的国际货币基金组织债券。这是国际货币基金组织第一次发行债券，中国也是第一个签署债券认购协议的国际货币基金组织成员国。此次发行的国际货币基金组织债券为5年期，将通过特别提款权的方式进行发放，利息将分季度发放。这笔投资对协议双方都堪称有利。对于国际货币基金组织来说，能得到一大笔急需资金，有助于拓宽其市场化融资渠道；对中国来说，官方储备资产结构因此而得到一定程度的优化。使用人民币作为此次国际货币基金组织债券购买协议的支付货币，也有利于协议双方。对国际货币基金组织来说，接受人民币作为支付货币，有助于增强其作为国际货币管理机构的代表性。对中国来说，国际货币基金组织从中国获得人民币补充其资金库后，在向成员国提供贷款时，可能需要以人民币兑换中国拥有的外汇如美元，也可能会向需要接受援助的国家直接提供人民币。

1996年12月1日，中国宣布接受《国际货币基金协定》第8条，实现了经常项目下的人民币自由兑换。这是中国认真履行基金组织成员国义务的重要举措。

《国际货币基金协定》第4条规定，成员国应当避免操纵汇率和国际货币制度来妨碍国际收支的有效调整或取得对其他成员国的“不公平”竞争优势。为此，基金组织每年都对成员国进行审查监督，称为“第四条款磋商”。近年来，美国等西方国家不断指责我国操纵人民币汇率，故意低估人民币币值。在每年的第四条款磋商中，基金组织从未对我国汇率制度安排提出异议，证明了目前人民币汇率制度是符合基金组织协定的。

中国与基金组织每年举行的第四条款磋商，除涉及汇率安排外，还涉及中国经济发展和宏观政策问题。通过磋商，基金组织可以了解我国的经济发展情况及维持经济持续发展的宏观政策，并对包括金融部门、对外经济交往部门和国有企业的结构改革等方面发表自己的观点和建议。

近年来，中国与基金组织间的技术援助与合作也有了较大发展。自1990年以来，基金组织以代表团访问、研讨班、专家访问的形式对中国提供技术援助。技术援助侧重的宏观经济领域包括：财政政策和税收征管；商业银行和中央银行立法；货币工具和同业市场的建立；对外经常项目可兑换和统一的外汇市场；以及经济和金融统计等。此外，基金组织还就金融分析与规划、国际收支、公共财政、政府财政、货币与银行、对外资本项目可兑换以及金融统计的编制方法等为中国官员提供培训。

5.4.2 中国与世界银行集团的关系

中国是国际复兴开发银行的创始成员国，1980 年 4 月，中国在国际复兴开发银行、国际开发协会和国际金融公司中的合法席位得以恢复。目前，中国在国际复兴开发银行的股份为 44.799 亿特别提款权，占该行法定股本总额的 2.87%。我国在该行的投票权占总投票数的 2.81%，居第六位。中国自 1980 年恢复在国际复兴开发银行的席位后，单独组成一个选区，并自行委任一名执行董事。习惯上，世界银行包括国际复兴开发银行和国际开发协会。

1981 年，世界银行向我国提供了第一笔总额为 2 亿美元的贷款（国际复兴开发银行 1 亿美元的硬贷款和国际开发协会 1 亿美元的软贷款）。从此，我国与世界银行的关系不断加强，日趋密切，世界银行对我国的改革开放和经济建设提供了有力地资金支持。截至 2006 年 4 月，世界银行共向我国提供贷款约 399 亿美元，用于约 274 个项目，我国是迄今为止世行贷款项目及金额最多的国家。世行贷款项目涉及国民经济的各个部门，遍及中国的大多数省、市、自治区，主要集中在交通、城市发展及农村发展、能源和人力开发等方面。

世界银行驻中国代表处负责管理世行的中国业务。财政部是世界银行集团在中国开展业务活动的主要对口部门，国家发展和改革委员会对合作计划的制定也起着重要的作用。世界银行和中国政府每年就双方的三年滚动贷款计划进行磋商，双方都可以提出项目建议，所有贷款项目都须经过充分的技术、经济、财务、环境和社会评估之后再提交贷方和借方的决策机构做最后审批，双方对每个贷款项目的实施进展情况进行定期监督检查。

除了贷款等金融服务外，世界银行还以分析报告、政策咨询、研讨会和培训等方式向我国提供帮助。这些帮助主要体现在：通过对如何保持有效的宏观经济管理、减少金融系统的系统性风险、改善私营部门的经营发展环境等的分析调研，世界银行向中国的宏观经济管理部门提供相应的分析报告；协助有关部门就投资环境、财政转移制度、社会服务提供、社会保障制度、城市化等领域制约西部和东北部地区经济增长的因素进行评估；对进一步提高自然资源利用的效率和可持续性提供分析和政策咨询；与中国政府一起，寻找帮助未能从经济发展中受益的贫困人口的方式。

经过改革开放后20多年经济的高速发展，中国经济实力和综合国力显著增强。鉴于此，国际开发协会自1997年7月1日起，不再向中国提供其发放的软贷款（无息贷款）。此前，它向我国提供的贷款总额超过99亿美元，有力地支持了我国能源、交通、教育及农村扶贫项目的发展。

中国是国际金融公司投资增长最快的国家之一。自1985年批准第一个项目——广州标致汽车项目起，至2005年6月30日止，国际金融公司在中国共投资了92个项目，并为这些项目提供了22亿美元的资金，其中，16亿美元为自有资金，5.67亿美元来自银团中的其他银行。国际金融公司在中国投资的重点主要集中在五个方面：①通过有限追索权项目融资的方式，帮助项目融通资金；②鼓励包括中小企业在内的中国本土私营部门的发展；③投资金融行业，发展具有竞争力的金融机构，使其能达到国际通行的公司治理机制和运营的标准；④支持中国西部和内陆省份的发展；⑤促进基础设施、社会服务和环境产业的私人投资。

2002年，澳大利亚、瑞士、英国三国政府和国际金融公司共同出资创立了国际金融公司中国项目开发中心。其宗旨是扶持中国内陆地区民营经济的发展，初期的工作重点在四川，主要从事促进中小企业融资、推动企业社会责任、改善中小企业发展环境及促进中介服务机构发展等方面的工作。

中国是多边投资担保机构的创始国，截至2005年底，该机构共为在华的外国投资签发了11份担保合约，担保金额达7.95亿美元。

5.4.3 中国与国际清算银行

1984年12月，经国务院批准，中国人民银行与国际清算银行正式建立了业务关系。1996年9月9日，中国人民银行正式成为国际清算银行成员，并于1996年11月认购了3 000股的股本，实缴金额为3 879万美元。香港金融管理局与中国人民银行同时加入国际清算银行，回归之后在国际清算银行的地位保持不变，继续享有其独立的股份与投票权。

中国人民银行在国际清算银行开设了黄金和外汇账户，存有一部分黄金与外汇，成为该行的客户。

国际清算银行定期向中国人民银行提供各种资料和研究报告，另外，该行还向我国发送每星期国际金融市场上黄金和各种货币的汇率、利率及其变化情况，并对下一周的形势作出预测。这些材料为我国国际金融研究工作提供了有利的条件，使我们能及时掌握国际金融市场上的变化情况和动向，从而有利于我们的金融宏观决策。2004 年，中国人民银行正式加入国际清算银行数据库，利用清算银行的研究资源，可以为中国人民银行的政策制定和研究工作提供帮助。

中国人民银行一直是国际清算银行各项活动的积极参与者。作为其成员，中国人民银行定期参加其例会、年会。另外还积极参与国际清算银行金融市场委员会、十国集团市场委员会和全球金融系统委员会等重要会议的讨论，并在其中发挥了积极的作用。

习题思考

1. 离岸金融市场与在岸金融市场有何区别？
2. 如何理解国际金融市场的证券化趋势？
3. BOT 和 TOT 方式有什么不同？
4. 国际货币基金组织是如何进行汇率监督的？

第 6 章　金融衍生品交易市场

学习目标

◇ 掌握远期外汇交易的概念、类型及实际应用。

◇ 掌握外汇期货交易的概念、特点及实际应用。

◇ 掌握外汇期权交易的概念、特点、类型，了解影响外汇期权价格的因素。

基本理论与基本原理

6.1　远期外汇交易

6.1.1　远期外汇交易市场概述

6.1.1.1　远期外汇交易的概念

世界大多数国家外汇交易的不同参与者在外汇市场上利用不同的货币买进或卖出外汇。外汇既可以以即期价格买卖，也可以进行远期交易，即外汇的交割在未来某日。

远期外汇交易（Forward Transaction），又称期汇交易，是指外汇买卖成交后并不立即办理交割，而是根据合同的规定，在约定的日期按约定的汇率办理交割的外汇交易。最常见的远期外汇交易交割期限一般有 1 个月、2 个月、3 个月、6 个月，长的可达 12 个月，如果期限再长，则称为超远期交易。

远期外汇交易与即期外汇交易的主要区别在于交割日的不同。凡交割日在两个营业日以后的外汇交易均属期汇交易。确定期汇交易的交割日或有效起息日

(Value Date) 的惯例是:

(1) 远期交割日是以即期交割日加上月数或星期数。若远期合约是以天数计算的,其天数以即期交割日后的日历日的天数为基准,而非营业日。例如,星期三做的远期合约,合约天数为3天,则即期交割日为星期五,远期交割日是星期一。

(2) 远期交割日若不是营业日,则顺延至下一个营业日。若顺延之后,跨月到了下一个月份,则必须提前至当月的最后一个营业日为交割日。

(3) 远期交割日的"双底"惯例,即假定即期交割日为当月的最后一个营业日,则所有的远期交割日是相应各月的最后一个营业日。

6.1.1.2 远期外汇交易的基本动机

(1) 避险保值。在国际商品交易中,进出口商为清偿或了结之间的债权债务关系,预计在未来的某一个特定日期中,需要支付或收入一定金额的外汇。为了避免这一过程中因汇率波动而带来的损失或不确定性,进出口商需要进行远期外汇交易,以实现避险保值。

在预计本国货币贬值时,对于未来支付外国货币的进口商而言,因为本币的贬值使得其必须用较多的本国货币才能换得固定数量的外国货币以便支付,这样就会增加进口商的进口成本。然而,预先购买外币的远期外汇则可以使进口商在现在即可决定未来所欲购买外国货币的汇率。不论未来汇率如何波动,进口商均可根据远期外汇交易所确定的汇率、金额进行交割。例如,某日本商人从美国进口一批货物,价值1亿美元,该批货物按合同签署时的汇价(1美元兑100日元)折合100亿日元,该批货物合同交货期为合同签署后3个月。那么3个月后日本商人最后要付多少钱呢?这取决于3个月后的汇率:如果3个月后汇率为1美元兑110日元,那么日本商人即需支付110亿日元;如果汇率变成1美元等于98日元,则日本商人只需支付98亿日元。该日本商人为了确定自己的进口成本,避免汇率风险,他可在与美国出口商签订进口合同的同时,预测市场汇率的变动趋势,向银行按该约定的远期汇率买进3个月美元期汇,以确定其进口成本。这种远期外汇的买卖叫抵消(Cover)或抵补保值(Hedging),其目的是为了防范和化解汇率风险或不确定性。

同样,对于未来将收入外国货币的出口商而言,在预计本国货币升值时,最好也预先做卖出外国货币的远期交易,因为本币相对于外币升值使得其只能以收到的固定数量的外币换得较少的本币,这样实际上就会减少出口商的出口收益。

然而，预先卖出外币的远期外汇则可以使出口商在现在即决定未来所欲卖出的外国货币的汇率。不论未来汇率如何波动，出口商均可根据远期外汇交易所确定的汇率、金额进行交割。

此外，对于跨国企业而言，由于其母公司与遍布世界其他国家的子公司的资产负债以不同的货币计价折算，当分公司与子公司所在国货币发生汇率波动时，就可能出现其账面上的损失。如以母公司的角度来看，当外国货币的汇率波动不定时，其国外分公司的资产与负债也因外国货币价值的变动而增加或减少，在国外分公司在当地的资产多于负债，而其所在国的货币发生贬值时，母公司所持有的总资产价值就会因国外分公司资产的贬值而发生账面上的损失。为了避险保值，跨国企业一般都遵循两条原则操作：一是对于有升值趋势的货币，增加其资产数额的比例或减少其负债数额的比例；二是对于有贬值趋势的货币，增加其负债数额的比例或减少其资产数额的比例。按照这两条原则，跨国企业可通过货币市场或外汇市场操作来很好地规避汇率风险。

（2）投机获利。在外汇市场上，投机者根据自己的专业知识和各方面的信息判断，若预计某种货币的汇率将要下降，则预先卖出该种货币，称为抛出或做空头，待将来价格下降，再行买入以抵补空头。反之，如果预计某种货币汇率将上升，则预先买进该种货币，称做购进或做多头，待将来价格上升再行卖出。如此贱买贵卖，投机者从中便可能赢得利润。投机交易与保值交易的区别在于：第一，投机交易没有实际的商业或金融业务为基础，其交易的目的只是为了盈利；第二，投机交易在买进卖出时，往往并非发生实际真实资金流转；第三，投机交易在远期外汇市场上起着一种平衡的作用，这种作用对外汇市场而言意义很微妙，这一点在后面远期汇率形成机制内容中还将提到。

6.1.1.3 远期外汇交易的分类

根据交割日的不同，远期外汇交易可分为固定交割日的远期外汇交易和选择交割日的远期外汇交易。

（1）固定交割日的远期外汇交易。固定交割日的远期外汇交易（Fixed Forward Transaction）是指交易的交割日期是确定的，交易双方必须在约定的交割日期办理外汇的实际交割，此交割日既不能提前也不能推后。在国际贸易交往中，进出口商为了防范从贸易合同签署日到货款实际收付日的外汇风险，通常都会进行外汇的套期保值活动。这种套期保值一般都是固定交割日的远期外汇买卖。如上例中日本商人从美国进口一批货物，价值1亿美元，3个月后付款。如果3个月后汇率由1美元兑100日元变为1美元兑110日元，那么日本商人就需多支付10亿日元，即损失10亿日元。如果他在成交的同时与银行按约定汇率签订一份购入3个月美元期汇的合约，那么他就可以规避美元汇价上涨带来的损失。

（2）选择交割日的远期外汇交易。选择交割日的远期外汇交易（Optional Forward Transaction），又称择期交易，是指交易没有固定的交割日，交易一方可在约定期限内的任何一个营业日要求交易对方按约定的远期汇率进行交割的远期外汇交易。这类交易在交割日期上具有较大的灵活性，通常适应于难以确定收付款日期的对外贸易。在择期交易中，询价方有权选择交割日，由于报价银行必须承担汇率波动风险和资金调度的成本，因此报价银行必须报出对自己有利的价格。当然，询价方也可以根据对市场的预测，选择对自身最有利的择期日期，如六个月的择期，就意味着该客户在该笔远期外汇交易中可能选择的最早交割日是第六个月的第一天，最迟是第六个月的最后一天。

6.1.2 远期外汇交易的报价

在实际的外汇交易中，银行对于远期汇率也采用双向报价法。根据国际惯例，通常有两种远期汇率报价方法：完整汇率报价法和远期差价报价法。

6.1.2.1 完整汇率报价法

完整汇率（Outright Rate）报价方法又称直接报价方法，是直接将各种不同交割期限的远期买入价、卖出价完整地表示出来，此种报价方法与即期汇率报价方法相同。如某日伦敦外汇市场英镑兑美元的汇率为：

即期汇率	1个月远期汇率	3个月远期汇率	6个月远期汇率
1.6205/15	1.6235/50	1.6275/95	1.6345/70

这种方法通常用于银行对客户的报价。在银行同业交易中，瑞士、日本等国也采用这种方法。该种方法一目了然，但也有其缺陷，如改动比较费事。因此在银行同业间往往采用另一种方法，即远期差价报价法。

6.1.2.2 远期差价报价法

远期差价报价方法，又称掉期率（Swap Rate）或点数汇率（Points Rate）报价方法，是指不直接公布远期汇率，而只报出即期汇率和各期的远期差价，然后再根据即期汇率和远期差价来计算远期汇率。某一时点上远期汇率与即期汇率的汇率差称为掉期率或远期价差。这种远期价差又可分为升水和贴水两种，升水（Premium）表示远期汇率比即期汇率高，或期汇比现汇贵；贴水（Discount）表示远期汇率比即期汇率低，或期汇比现汇贱；还有一种情况叫平价（At Par），表示远期汇率与即期汇率相同。升贴水的幅度一般用点数来表示，通常万分之一为1点。汇率标价方法不同会导致计算远期汇率方法的不同。在直接标价法下，存在升水的外汇的远期汇率等于即期汇率加上升水额，存在贴水的外汇的远期汇率等于即期汇率减去贴水额。在间接标价法下，计算方法则相反。

在以升贴水的方法报出远期汇率时，如果还要区分买入价与卖出价，则情况会更加复杂。此时一般不标出升水额或贴水额。例如美元与瑞士法郎汇率报价为：1.2704/1.2709，一个月的掉期率为13/6。这时的计算方法是比较掉期率中竖号左右数字的大小，如果左低右高，则将即期汇率的竖号左右的数字分别加上掉期率中相应的竖号左右的数字；如果左高右低，则将即期汇率的竖号左右的数字分别减去掉期率中相应的竖号左右的数字。这可记忆为："左高右低往下减，左低右高往上加"。上例中，左高右低，因此要用即期汇率减去这一掉期率，即可得一个月的远期汇率为1.2691/1.2703。

6.1.3 远期外汇交易的实际应用

6.1.3.1 进出口商和资金借贷者应用远期外汇交易规避外汇风险

汇率的变动是经常的，而在国际贸易中进出口商从签订贸易合同到执行合同、收付货款通常需要经过一段相当长的时间，在此期间进出口商可能因汇率的变动遭受损失。同样，资金借贷者持有净外汇债权或债务时，汇率的不利变动也会引起以本币计值的收入减少和成本增加。因此，进出口商和资金借贷者为避免汇率波动所带来的风险，就通过远期外汇交易在收取或支付款项时按成交时的汇率办理交割。

[**例6-1**] 1998年10月末外汇市场行情为：

即期汇率　　USD/DEM = 1.6510/20

3个月掉期率　　16/12

假定一美国进口商从德国进口价值10万马克的机器设备，可在3个月后支付马克。若美国进口商预测3个月后USD/DEM变为USD/DEM = 1.6420/30（即

马克升值)。请判断:

(1) 美国进口商不采取保值措施,延后3个月支付马克比现在支付马克预计将多支付多少美元?美国进口商如何利用远期外汇市场进行保值?

(2) 美国进口商若不采取保值措施,现在支付10万马克需要10万÷1.6510=6.0569(万美元)。3个月后所需美元数量10万÷1.6420=6.0901(万美元)。因此需多支付332美元。

利用远期外汇市场避险的具体操作是:

10月末美国进口商与德国出口商签订进货合同的同时,与银行签订远期交易合同,按外汇市场USD/DEM3个月远期汇率1.6494(1.6510-0.0016)买入10万马克。这个合同保证美国进口商在3个月后只需6.0628万(10万÷1.6494)美元就可满足需要,这实际上是将以美元计算的成本"锁定"。

6.1.3.2 外汇银行为平衡其外汇头寸而进行远期外汇交易

进出口商进行远期外汇交易避免或转嫁风险的同时,就是银行承担风险的开始。外汇银行之所以有风险,是因为它在与客户进行交易后,会产生外汇"综合持有额"或总头寸,这期间难免会出现期汇和现汇的超买或超卖,因此,外汇银行就处于汇率变动的风险之中。为避免外汇风险,对不同期限、不同货币头寸的盈缺要进行抛补,以求外汇头寸平衡。

[**例6-2**] 假设我国某外汇指定银行于1998年10月30日开盘时卖给某企业100万美元的远期外汇,买进相应的德国马克。

即期汇率　　　　　USD/DEM=1.6310

3个月远期汇率　　USD/DEM=1.6710

如果这家银行的美元头寸不足,那么在卖出3个月远期的100万美元后,应该补回100万美元的远期外汇,以平衡美元的头寸。否则,如果该银行没有立即补回,而是延至当日收盘时才成交。若此时美元兑马克的即期汇率变为USD/DEM=1.6510,3个月远期汇率为USD/DEM=1.6910,这样该银行就要损失(1.6910-1.6710)×100万=2(万马克)。

在实际业务处理过程中,银行在卖出远期外汇的同时,往往要买进相同数额相同币种的即期外汇。即在出现期汇头寸不平衡时,应该先买入或卖出相同数额相同币种的现汇来掩护期汇头寸平衡前的外汇风险,然后再抛补这笔期汇。如上例中银行先以USD/DEM=1.6310的即期汇率买进100万的即期美元,到收市时可按USD/DEM=1.6510的即期汇率卖出100万的即期美元。所以尽管补进卖出的3个月远期美元要损失2万德国马克，但即期交易中获得的2万德国马克的利润也可以抵消远期外汇交易上的损失。

6.1.3.3 投机者利用远期外汇市场进行外汇投机

外汇投机既可以在现汇市场上进行，也可以在期汇市场上进行。二者的区别在于：在现汇市场上进行投机时，由于现汇交易要求立即进行交割，投机者手中必须持有足额的现金或外汇。现金或外汇既可以是自有的，也可以是借来的。若是借的就要支付利息，若是自有的就要付出机会成本（将现金或外汇用于投机而不存入银行所损失的利息）。在远期外汇市场上进行交易，不涉及实物（现金或外汇）的收付，因而在该市场上投机不必持有足额的现金或外汇，只需支付少量的保证金。

[**例6－3**] 一美国投机商预期英镑有可能大幅度下跌。假定当时英镑3个月远期汇率为GBP/USD＝1.6780，该投机商卖出100万远期英镑，成交时他只需付少量保证金，无须实际支付英镑。如果在交割日之前英镑果然贬值，设远期英镑汇率跌为GBP/USD＝1.4780，则该投机商再次进入远期市场，买入100万远期英镑，交割日和卖出远期英镑的交割日相同。这一买一卖使他获得了20万（1.6780×100万－1.4780×100万）美元的投机利润。

在上面例子中，投机者先卖后买，并且在他抛售外汇时，实际上手中并无外汇，所以这种投机活动被称为“卖空”（Sell Short），若该投机者预期英镑将升值，他可以采取先买后卖的手法以期获利，这叫做“买空”（Buy Long）。

6.2 外汇期货交易

外汇期货（Foreign Currency Futures）也称货币期货，是买卖双方通过期货交易所按约定的价格，在约定的未来时间买卖某种外汇合约的交易方式。外汇期货是产生最早且最重要的一种金融期货。1972年5月美国芝加哥交易所成立“国际货币市场”（International Money Market，IMM）首次开办了外汇期货交易业务，其主要目的是运用商品期货交易技巧，为外汇市场参与者提供一种套期保值或转移风险的工具。由此，世界上许多金融交易中心相继开设了此类交易。1982年9月，英国伦敦国际金融期货交易所（London International Financial Future Exchange，LIFFE）成立并正式营业，开办了英镑、德国马克、瑞士法郎、日元等主要国际货币期货。目前，IMM外汇期货的成交量占全球成交量的99%以上。绝大多数外汇期货交易的目的不是为了货币在未来某日的实际交割，而是为了对汇率变动作类似于远期外汇交易所能提供的套期保值和投机获利。

6.2.1 外汇期货交易概述

6.2.1.1 外汇期货的特点

外汇期货是在有组织的交易所市场上，采用公开叫价方式，竞争性地进行交易；交易者并不直接买卖外汇，而是买卖外汇期货合约。外汇期货交易和远期外汇交易具有许多相同或相似之处：交易客体相同，都是外汇；交易原理相同；交易的目的都是为了防范风险或转移风险，实现套期保值和投机获利的目的；交易的经济功能相似，都有利于国际贸易的发展，为客户提供风险转移或价格发现机制。但是，外汇期货与远期外汇交易亦存在多个方面的不同。

(1) 交易的标的物不同。外汇期货交易的是标准化的合约，这种合约除价格外，在交易币种、交易时间、交易结算日期等方面都有明确、具体的规定。交易数量用合约表示，买卖的最小单位是一份合约，每份合约的金额交易所都有规定。芝加哥“国际货币市场”上，主要西方货币期货合约的标准买卖单位为6.25万英镑、10万加元、12.5万德国马克、1 250万日元、25万法国法郎，交易的金额是标准化合约额的整数倍。而远期外汇交易的金额没有严格的规定，由交易者之间根据需要而定。

(2) 交易方式不同。外汇期货交易是由场内经纪人或场内交易商在交易所内，并按规定的时间以公开叫价方式进行的；这种场内交易只限于交易所会员之间，且交易双方不直接接触，买卖的具体执行都由经纪商代理。而远期外汇交易则通常是场外交易，没有固定的交易场所，交易时间也没有限制；交易者通过电报、电传、电话等电讯网络进行；尽管远期外汇交易有银行之间和银行与客户之间的交易两种，有时也可能出现中介，但通常仍由买卖双方直接联系，进行交易。

(3) 保证金和手续费制度不同。外汇期货合约的买卖双方需交纳一定金额的保证金，而且需向中介机构交纳一定手续费；远期外汇交易一般是交易双方凭信用交易，不需存入保证金和交纳手续费。

(4) 交易清算方式不同。外汇期货与一般商品期货一样，实行每日清算，获利的部分（即超过预交保证金部分）可提取，亏损时从保证金中扣除，并要及时追加保证金，在当日营业终结时以现金结算；远期外汇交易的盈亏由双方在约定的结算日结算。

（5）交割方式不同。外汇期货合约一般有两种交割方式：一是在到期日交割；二是不实行实际交割。通过随时续做一笔方向相反但合约数和交割期相同的期货交易实行“对冲”。外汇期货交易实际交割率很低（一般只有2%～3%），绝大多数合约通过对冲方式予以了结；而远期外汇合约一般要按双方约定的汇率实行实际交割。

6.2.1.2 外汇期货交易的基本程序

外汇期货交易都是在专营或兼营外汇期货的交易所进行，任何企业和个人都可通过外汇期货经纪人或交易商买卖外汇期货。

客户欲进行外汇期货交易，首先，必须选定代理自己交易的经纪公司，开设账户存入保证金。然后，客户即可委托经纪公司办理外汇期货合约的买卖。在每一笔交易之前客户要向经纪公司发出委托指令，说明他愿意买入或卖出外汇期货合约的种类、成交的价格和数量等，指令是以订单的形式发出的。经纪公司接到客户订单后，便将此指令用电话或其他通讯设备通知交易厅内的经纪人，由他执行订单。成交后，交易厅内经纪人一方面把交易结果通知经纪公司和客户，另一方面将成交的订单交给交易所，进行记录并最后结算。每个交易日末，清算所计算出每一个清算会员的外汇头寸。

外汇期货的交易程序（以芝加哥为例）如图6－1所示。

6.2.1.3 外汇期货交易的目的

金融期货最原始的目的是为了金融证券的持有者或使用者提供转移价格变动风险的工具。现货市场价格与期货市场价格受相同因素的影响，其价格变动呈同一趋势，即现货市场价格上涨或下跌，期货市场价格也升高或降低。这一套期保值的基本原理使得参与外汇期货市场交易的基本目的，即一为套期保值，二为投机。就套期保值而言，参与者不是为了赚取利润，而是希望规避汇率风险，通过外汇期货市场，用最小的成本将此风险转移出去。就投机者而言，他们愿意且有能力承担风险，他们参与交易是希望以较小金额的保证金，从事数倍或数十倍于保证金金额的交易以赚取利润。

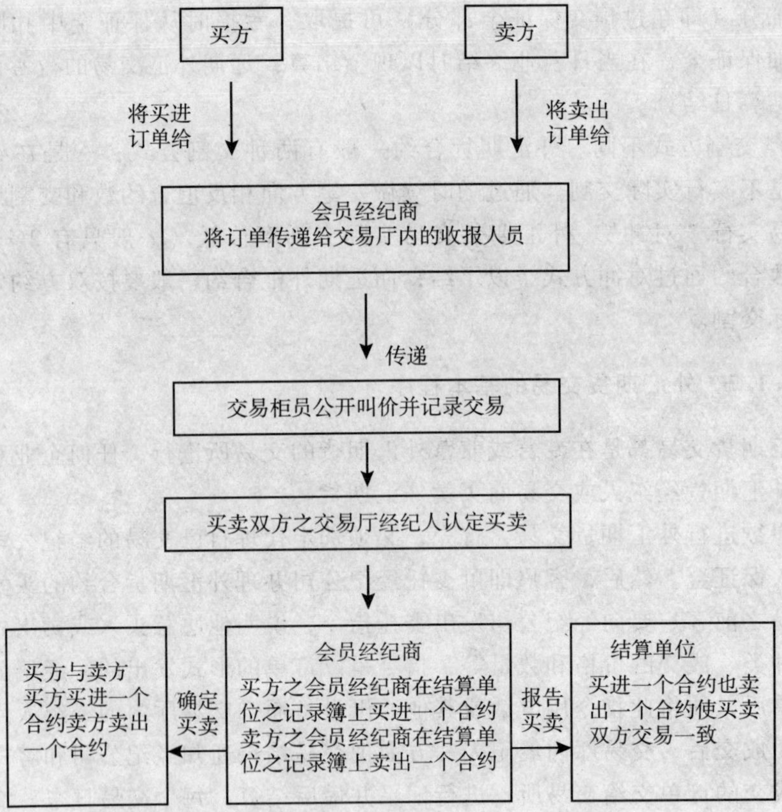

图 6－1　外汇期货交易程序

6.2.2　外汇期货交易的实际应用

6.2.2.1　买入外汇期货套期保值

买入外汇期货套期保值（Long Hedge）也称多头套期保值，指通过买进外汇期货，然后对冲平仓来避免因汇率上升增加将来购买外汇、支付本币的风险。

（1）进口商买入外汇期货套期保值。进口商若担心货到结算时，进口货款的外汇汇率上升，在签订贸易合同后，按等量相对的原则，买入相应数额的外汇期货合约，便可以避免现汇市场外汇汇率上升导致成本增加的风险。到期进行国际结算时，进口商需要购买即期外汇支付货款，如果外汇汇率上升，该进口商要遭受一定的损失。但是由于期货汇率和现汇汇率存在价格平行变动，当进口商卖出外汇期货合约对冲时，由于外汇汇率上升，期货市场上盈利了，弥补了现汇交易的损失。该进口商的本币进口成本便大体上由签约日的外汇期货价格固定下来。

（2）借款者买入外汇期货套期保值。借款者借入外币时，如果借款期间外汇汇率上升，借款的本币成本便会增加，借款者可以买入外汇期货来保值。在借入外币时，卖出即期外汇，买入相应金额的外汇期货合约，到期偿还借款时，外汇汇率上升了，买入即期外汇还款，卖出外汇期货合约对冲。借款者以更高的期货价格卖出外汇期货，以此盈利来弥补买入现汇还款时的损失。进行外汇期货交易，可使借款者的本币成本由借款时的外汇期货价格固定下来。

[例 6-4] 设英国某公司在美国的分公司急需一笔美元，母公司将 10 万英镑转到分公司使用半年后归还。美国分公司在 3 月 1 日将从母公司借进的 10 万英镑按 GBP 1 = USD 1.5000 的汇率出售，取得 15 万美元，使用期限 6 个月。该分公司担心 6 个月后英镑汇率上升，买英镑的成本加大，于是买进英镑期货保值。为简明起见，交易中发生的费用以及盈亏拨付时所发生的成本收益均不计算在内，如表 6-1 所示。

表 6-1　外汇期货套期保值

	现货市场	期货市场
3月1日	卖出 10 万英镑，即期汇率 GBP 1 = USD 1.5020，得到现汇头寸 150 200 美元	买进 4 份 9 月份英镑合约，每份 25 000 英镑，成交价为 GBP 1 = USD 1.5000，合约价值 150 000 美元
9月1日	买进 10 万英镑，即期汇率 GBP 1 = USD 1.5820，支出现汇头寸 158 200 美元	卖出 4 份英镑合约，每份 25 000 英镑，成交价为 GBP 1 = USD 1.5810，合约价值 158 100 美元
盈亏	损失 8 000 美元	盈利 8 100 美元

美国分公司若不做保值，将损失 8 000 美元，做了保值以后，转嫁了汇率风险，并且还略有盈余。如果美国分公司预计不准，英镑汇率不升反跌，期货市场会亏损，现汇市场将会盈利，两者一买一卖，方向相反，盈亏相互牵制，该公司没有汇率风险。

6.2.2.2　卖出外汇期货保值

卖出外汇期货套期保值（Short Hedge）又称空头套期保值，是指持有外币资产者，通过在期货市场卖出外汇期货，避免外汇汇率下降的风险。

（1）出口商卖出外汇期货套期保值。出口商预计将来有一笔货款收入，若担心收到货款时外汇汇率下跌，该出口商可以预先卖出相应的外汇期货合约，避免外汇汇率下跌造成损失。收到货款时，若外汇汇率下跌，出口的货款在即期市场上卖出，出口商会遭受一定的损失。但当买入期货合约对冲时，价格较低，可以盈利，其盈利可以大体上弥补即期市场上的损失。出口商的本币收入基本上由签约的外汇期货价格固定下来，从而避免了外汇汇率下跌的损失。

[**例 6－5**] 美国 IBM 公司出口一批电脑给日本某公司，价值 10 亿日元，1 月份签订贸易合同时，市场上即期汇率 USD 1 = JPY 104，货款价值 96.15 万美元。该出口商为了避免日元贬值的风险，在签订贸易合同时，就在 IMM 卖出 40 份 7 月份的日元期货合约，每份 12 500 000 日元，7 月份交货结算时，市场上汇率 USD 1 = JPY 124，货款折合美元 80.65 万美元，由于日元贬值，IBM 损失 15.5 万美元。但买入 40 份日元期货对冲时，由于日元下跌而盈利不少，其盈利基本上弥补了现汇市场的损失。因为两个市场汇率的变动具有平行性和趋同性。

（2）投资者卖出外汇期货套期保值。当投资者利用外币进行投资时，为了避免投资期间外汇汇率下跌而可能蒙受的损失，在买入即期外汇投资时，卖出等量外汇期货合约；在收回投资时卖出即期外汇，再买入外汇期货合约对冲。一旦即期汇率下跌，投资者在收回投资时，可能在现汇市场上蒙受损失，但可以用较便宜的期货价格买入对冲，其盈利弥补了现汇市场上的损失。进行投资时的外汇期货价格可以大体上使他在收回投资时的本币收入固定下来，避免外汇汇率下跌的损失。

通过以上分析，可以看出外汇期货套期保值的重要作用。凡是从事国际贸易、对外经济往来而拥有外汇资产的进出口商、投资者、有外汇头寸者，都可以利用外汇期货保值。通过保值，虽不能完全消除贸易和金融交易中的全部风险，但能减少大部分的风险，增加金融交易的稳定性。

6.2.2.3　外汇期货的投机（投资）

投机者进行期货交易，并不掌握现汇头寸，主要根据自己对价格变动趋势的预测，目的是想从期货价格的波动中获取利润，并承担风险。由于外汇期货交易的实质是一种保证金的交易，只要投入小额的保证金，就可以控制大额的外汇期货合约，用小额的投资获取高额收益的可能性很大。所以，利用外汇期货投机是一种“以小搏大”的杠杆功能，高风险、高收益。比如：保证金比率 10%，就可以控制相当于保证金金额 10 倍的交易量；保证金比率 5%，可以控制相当于保证金金额 20 倍的交易量；保证金比率 2%，可以控制相当于保证金金额 50 倍的交易量。投机是促成期货市场流动的基本组成部分，给期货市场提供了流动性。

在西方，“投机”不是贬义词，它能使金融市场活跃。投机者的贡献在于承受了套期保值交易中买卖双方的风险。可以设想，在一个没有投机者作为风险承受者的市场中，套期保值者是很难就某一价格达成协议的，因为卖方，即空头保值者，希望得到尽可能高的价格；而买方，即多头保值者，则总希望抓住尽可能低的价格，所以，如果没有投机者去弥补这一差距，套期保值者要想对冲手中的期货合约是颇费周折的。正是由于投机者的介入，期货市场更加顺畅活跃，保值者也不会因找不到交易对手而难以退出市场了。因为保值者是尽量回避汇率风险的，而投机者则愿意承担风险，从中谋利。除了承受风险，促进市场流动性和提供交易资金外，投机者还有助于确保市场的稳定性，有利于缓和价格的波动幅度。对投机人士来说，其结果不外乎大赚大输，然而从整个市场的角度而言，正是有了这些甘冒风险的人，才使市场有生气，更加活跃。芝加哥国际货币市场之所以大获成功，就在于其具有足够的流动性，有不少有钱人士在此充当投机者。流动性是一个期货市场成功与否的关键。但是，当投机者数量过多时，特别是大投机者介入期货市场时，期货价格可能被扭曲，并使正常的市场经济秩序受到破坏。

6.3 外汇期权交易

6.3.1 外汇期权交易概述

6.3.1.1 外汇期权的含义

外汇期权（Forward Currency Option），亦称货币期权，是指期权合约买方在有效期内能按约定汇率买入或卖出一定数额外汇的不包括相应义务在内的单纯权利，没有必须买入或卖出外汇的义务。外汇期权交易以外汇期权合约为交易对象，合约买方拥有权利，他视汇率变动来决定是否行使权利，而合约卖方仅有义务。

在商品交易中，期权交易方式有较长的历史，早在古希腊与罗马时期，就有隐含期权概念的使用权的运用。18～19世纪，欧美相继出现比较有组织的期权交易，交易标的物以农产品为主。1973年4月，芝加哥期货交易所成立了世界上第一个期权交易所（Chicago Board of Options Exchange，CBOE）。CBOE在成立初期，仅进行股票期权的交易。自1973年以来，期权以相当快的速度增长，不但各主要工业国纷纷建立期权市场，而且各期货交易所陆续推出了各种交易标的物的期权交易，其中包括外汇期权交易。1982年12月，美国费城股票交易所率先推出了标准化的货币期权交易合同，随后芝加哥等交易所立即效仿，不久标准化的交易方式又传到其他西方国家。标准化货币期权交易的发展使外汇交易空前活跃。

6.3.1.2 外汇期权的特点

外汇期权的基本功能在于套期保值，与具有相同功能的远期外汇交易相比，外汇期权交易有其独特之处。

（1）外汇期权有更大的灵活性。外汇期权合约的买方购买的是一种权利即选择权。在合约的有效期内，或约定的到期日，如果汇率对合约买方有利，他即可行使期权。因此，外汇期权弥补了远期外汇交易的某些弱点，更具有灵活性。

（2）期权费不能收回，且费率不固定。期权费亦称保险费，即外汇期权的价格。期权交易的买方获取期权，意味着卖方出售了这种权利，所以卖方要收取一定金额作为补偿。期权费在期权交易成交时由合约买方支付给合约卖方，无论买方在有效期内是否行使期权，期权费均不能收回。

（3）外汇期权交易的对象是标准化合约。通常，期权交易中期权合约的内容已实现标准化，如货币数量、到期日等。在费城股票交易所，每个期权合约的金额分别为62 500瑞士法郎、50 000加元、31 250英镑、50 000澳元、62 500德国马克、6 250 000日元。期权合约的到期日分别为每年的3、6、9、12月份。

6.3.1.3 外汇期权的类型

（1）按履约方式划分为：①美式期权，自期权合约成立之日算起，到到期日的截止时间之前，买方可以在此期间内的任一时点，随时要求卖方依合约的内容，买入或卖出约定数量的某种货币。②欧式期权，期权买方于到期日之前，不得要求期权卖方履行合约，仅能于到期日的截止时间，要求期权卖方履行合约。美式期权的买方可于有效期内选择有利的时点履行合约，比欧式期权更具有灵活性，对于卖方而言，所承担的汇率风险更大（期权也可以理解为买方支付一定期权费将汇率风险转嫁给卖方)。所以美式期权的期权费比欧式期权高。

(2) 按双方权利的内容分为：①看涨期权，也称择购期权、买权 (Call Option)，是指期权合约的买方有权在有效期内或到期日之截止时间按约定汇率从期权合约卖方处购进特定数量的货币。这种期权之所以称为看涨期权，一般是进口商或投资者预测某种货币有上涨趋势，购买期权是为避免汇率风险。②看跌期权，也称择售期权、卖权 (Put Option)，是指期权买方有权在合约有效期内或到期日之截止时间按约定汇率卖给期权卖方特定数量的货币。这类期权之所以称为看跌期权，一般是出口商或有外汇收入的投资者在预测某种货币有下跌趋势时，为避免收入减少，按约定汇率卖出外汇以规避风险。

(3) 按交易方式划分，可以分为在有组织的交易所交易的期权和场外交易的期权。通常情况下，期权交易是在交易所内进行的，交易的期权都是合约化的。到期日、名义本金、交割地点、交割代理人、协定价格、保证金制度、合约各方、头寸限制、交易时间以及行使规定都是由交易所事先确定的，参与者需要做的只是同意交易中合约的价格和数量。在交易所交易的期权由于已经标准化，因而可以进入二级市场买卖，具有流动性。在场外交易市场（也可以称为柜台交易）交易的期权主要是适合个别客户的需要，其合约不像交易所那样标准化，通常通过协商达成，且根据客户的需要可以进行特制。目前场外交易市场的期权合同也在向标准化方向发展，其目的是为了提高效率，节约时间。

6.3.1.4 期权费及其决定因素

作为一种选择权，外汇期权对合约买方而言是非常灵活的。如果汇率对其有利，他即可行使期权，按约定汇率买进或卖出外汇；如果汇率对其不利，他可放弃期权。期权合约这种对买方的选择权对合约卖方而言则不然，只要合约买方需要实现他的权利，合约卖方都必须按合约约定价格和数量出售或购买外汇。也就是说，期权合约买卖双方的权利与义务是不对等的。正是这种不对等使得期权合约卖方在卖出期权合约时要向期权合约买方收取获得选择权的费用，即期权费。

对外汇期权的购买者来说，外汇期权既具有远期外汇交易和外汇期货的一般保值和避险功能，又具有更大的灵活性。其期权费的确定比较复杂，国际金融界一直在寻求一种合理的期权定价模型。尽管期权定价模型的提出者默顿与斯科尔斯也因此获得 1977 年诺贝尔经济学奖，但远不能说已经完善。

期权费在期权交易中扮演着重要角色。期权费的制定主要依据以下几个因素。

（1）期权合约的到期时间。合约时间越长，期权费越多，这是因为时间越长，汇率波动的可能性就越大，期权卖方遭受损失的可能性也就越大。

（2）协议日与到期日的差价。对于看涨期权而言，较低的协议价可能要收取较高的期权费，因为期权本身是合约买方看涨的，并且在合约到期时买方有权执行也有权不执行。如果执行，卖方的损失可能会超过他转卖所得利润；而如果买方不执行，卖方就必须承担汇率风险。当然，较高的协议价格对于看涨期权而言其期权费可能就会少些。对于美式期权，由于买方选择执行合约的日期更灵活自由，合约买方也就需要支付相对更多的期权费。

（3）货币汇率的波动性。通常来说，汇率较为稳定的货币收取的期权费比汇率波动大的货币低，这是因为前者的风险性相对后者较小。

（4）期权供求状况。一般而言，外汇期权市场上的供求关系对期权费也有直接影响。期权买方多卖方少，期权费自然收得高些；期权卖方多买方少，期权费就会便宜一些。

6.3.2 外汇期权交易的实际应用

外汇期权的基本交易是指持有单一的外汇看涨期权或看跌期权。这里主要通过实例来分析其实际应用。

6.3.2.1 买入看涨期权的应用举例

[例6－6] 某美国公司从德国进口一批货物，两个月后支付一笔德国马克，为了防止德国马克在两个月后大幅度升值该公司进入期权市场买入看涨期权。执行价格 DEM 1 = USD 0.63，期权价格为 USD 0.02/DEM。至到期日，该公司将视到期时的即期汇率与期权执行价格的关系来决定期权执行与否。当执行价格小于即期汇率时，执行看涨期权；反之不执行。不论是否执行期权，该公司都将损失期权费。具体损益情况如表6－2所示。

表6－2　　买入看涨期权的收益与损失

DEM 即期汇率	0.62	0.62	0.63	0.64	0.65	0.66
期权执行情况	不执行	不执行	不执行	执行	执行	执行
单位美元的收益	－0.02	－0.02	－0.02	－0.01	0	0.01

由［例6－6］可知，买入期权购买者所承担的风险或亏损是有限的，而收益却是无限的，这样就为进口商锁定了汇率风险。当即期汇率上升至0.65＝(0.63＋0.02）时，买方从执行期权中获利0.02，抵消了期权费损失。在这一点买卖双方均获取零收益、零损失，该点被称为盈亏平衡点。

6.3.2.2 买入看跌期权的应用举例

［**例6－7**］某日本出口商3个月后将收到一笔美元货款。他预期美元对日元汇率将下跌，因此买入一项美元看跌期权，金额为1 000万美元，执行价格为USD 1＝JPY 110.00，有效期为1个月，期权价格为1.7%。下面简单分析一下该交易。

（1）关于盈亏平衡点的计算：期权费支出：USD 1 000万×0.017＝USD 17万。设盈亏平衡点的汇率水平为X，则在X点执行期权所产生的收益应同期权费支出正好相抵，即（110.00－X）×1000/X＝17。则X＝108.16

（2）期权最大亏损：期权费支出＝17万美元。

（3）期权最大收益：无限。

（4）到期日盈亏分析：

①当美元市场汇率高于协议价格110.00时，该出口商不会执行该期权，因此其亏损就是购买期权时支出的期权费17万美元。

②当美元市场汇率高于108.16，低于协定价格110.00时，出口商将执行该项期权。但由于是在盈亏平衡点以上，其收入仍不足以弥补期权费支出，仍有部分亏损。例如：市场汇率是USD 1＝JPY 109.00，交易员行使期权获得收益：

1 000×(110.00－109.00)＝1 000（万日元）

按即期汇率折合9.1743万美元，其整个交易过程亏损为：

17－9.1743＝7.8257（万美元）

③当市场汇率低于108.16时，出口商将执行期权。由于汇率水平是在盈亏平衡点以下，所以其交易收入扣除期权费支出后仍有盈余。例如市场汇率为USD 1＝JPY 107.00。出口商行使期权获得收益为：

1 000×(110.00－107.00)＝3 000（万日元）

按即期汇率折合28.0373万美元，整个交易过程收益为：

28.0373－17＝11.0373（万美元）

专题研讨

专题6.1 利率期货

利率期货是对未来发生的一笔期限固定的名义存款交易事先确定在未来存款期内适用的固定利率和成交条件，买入一份利率期货合约，等同于进行存款；卖出一份期货合约，等同于提取存款或借款。基础资产证券的期限不超过1年的利率期货合约，称为短期债券期货合约，常见的有：短期国库券期货合约、欧洲美元期货合约、定期存单期货合约等。基础证券期限在1~10年间的利率期货合约，称为中期债券期货合约，如5年期美国国库券期货合约。长期债券期货合约则是指基础证券期限在10年以上的利率期货合约，如长期国库券期货合约以及政府国民抵押协会证券期货合约等。其中，短期债券期货称为利率期货，其余的两种称为债券期货。

6.1.1 利率期货的产生与发展

美国很早以前就存在各种各样的机构投资者，1933年通过的《格拉斯—斯蒂格尔法》在商业银行和投资银行间竖起一堵墙，使具有储蓄功能的商业银行不能将资本投向股票等风险较大的证券，所以这些机构投资者主要投资方向是有确定利息收入、风险较小的证券，特别是政府公债及中短期国家债券。

20世纪70年代，美国利率变化十分频繁且变动幅度较大。例如，1974年美国的优惠利率达12%，1976年下降到6%，1979年又回到15.75%。1980年4月和12月再度上升到20%和21.5%，利率的反复变动，给银行、公司以及投资者带来了与利率相关的金融风险，投资者为了保证营运资本不受利率影响，保值的需求成为必然，利率期货便应运而生。1975年9月芝加哥商业交易所首次开办了国民抵押协会债券期货交易，于1976年1月推出90天短期美国政府国库券期货，1977年8月开始推出美国政府长期公债期货，随后其他的交易所也相继推出各种利率期货合约。80年代初美国利率变动更为剧烈，对付利率波动的最可靠办法就是利用期货市场的利率期货套期保值。于是利率期货的交易规模呈几何级数上升，1982年各种利率期货交易达3 000万张。1982年9月30日伦敦国际金融期货交易所在伦敦国际金融中心正式开始利率期货交易。上市的利率期货有3个月期欧洲美元，3个月期英镑和20年期英国政府金边债券。1985年10月19日，日本东京证券交易所也开办了政府公债期货，香港期货交易所也于1990年2月7日推出港元利率期货。1992年12月，上海证券交易所推出了国债期货交易，后因故停止。

6.1.2 几种主要的利率期货合约

6.1.2.1 短期国库券（国债）期货合约

短期国库券期货合约是指期限在1年以内的美国政府债券，是美国货币市场的主要工具，也是美联储进行公开市场业务操作的工具。1年以内的国库券期限有91天、182天和364天三种。国库券出售时一般是按折扣出售的，期满时仍按票面价值全部偿清，所以国库券的收益是根据出售时的折扣数额大小、期满时间长短来计算的。

在芝加哥国际货币市场上交易的是90天美国国库券期货合约，面值为100万美元，最小变动价位是1点，每份合约的最小变动值为25美元（100万美元 × 0.0001 × 90/360），每日交易限价为0.60美元，即每张合约1 500美元，合约的交割月份是3月、6月、9月、12月，交割日是交割月份中1年期国库券还余13周期限的第一天，交易时间是芝加哥时间上午8：00至下午2：00，最后交易日是交割日的前一个营业日。

国库券期货合约的价格是以指数为基础进行报价的，指数等于100减去年利率。例如，利率为3%的3个月国库券期货，年利率为12%，其指数标价是88（100 - 12）。可见，以指数报价时，指数越大，表示合约的价值越大，也即市场利率越小，债券价值越大。因此，预期利率上升意味着指数下降，交易者将卖出国库券期货，而预期利率下跌的交易者将买入国库券期货。这一标价仅用于确定期货交易的损益，并不代表期货合约的货币支付；但可用于计算期货合约的实际价格。如指数为92.00，则期货价格为98万美元（100万美元 - 100万美元 × 8% × 90/360）。

6.1.2.2 欧洲美元期货合约

在芝加哥国际货币市场上交易的欧洲美元期货合约面值为100万美元，最小变动价位是1点，每份合约的最小变动值为25美元，每日交易没有限价，合约的交割月份是3月、6月、9月、12月，交割日是最后交易日，交易时间是芝加哥时间上午7：20至下午2：00，最后交易日是交割月份第三个周三往回数第二个伦敦银行营业日。

欧洲美元期货合约在结构上与短期国债期货合约一致。但是，短期国债期货合约与欧洲美元期货合约存在着一些重要差别。短期国债期货合约的价格在到期日收敛于90天期面值为100万美元的短期国债的价格，并且如果持有合约到期，就会进行交割。而欧洲美元期货合约是在到期日的第三个星期三之前的第二个伦敦营业日用现金来结算的。欧洲美元利率的报价是按季度计复利的90天欧洲美元存款的实际利率，它不是贴现利率。因此欧洲美元期货合约是基于利率的期货合约，而短期国债期货合约是基于短期国债价格的期货合约。

6.1.3 利率期货交易的应用

利率期货交易的应用和外汇期货交易的应用一样，也是套期保值和投机两类。

6.1.3.1 利率期货的套期保值交易

利率期货套期保值的原理和外汇期货的套期保值原理是一致的，都是通过在期货市场和现货市场的反向操作来用收益抵补损失，具体有：多头套期保值、空头套期保值和交叉套期保值三种，下面以多头套期保值为例来说明。

[例6-8] 多头套期保值。

某投资者6个月后有100万美元的收入可用于短期投资。据预测：银行存款利率短期内将下跌，联邦公债期货价格将上升，投资者做多头套期保值如表6-3所示。

表6-3　　利率期货套期保值

	现货市场	期货市场
当初交易	6个月期银行存款利率2.5%	买进10份公债期货合约，价格USD 92.00
6个月后	将100万美元存入银行，利率2%	卖出10份公债期货合约，价格USD 94.50
损益	100万×(2%-2.5%)×90/360=-USD 1 250	(94.50-92.00)×10万×10×90/360=USD 6 250
合计	盈利USD 6 250-USD 1 250=USD 5 000	

6.1.3.2 利率期货的投机交易

利率期货的投机交易和套利交易与外汇期货的同类交易类似。投机交易有两种：空头投机和多头投机，前者是通过“先高价卖出，后低价买进”来获利；后者则是通过“先低价买进，后高价卖出”来获利。

利率期货的套利一般有三种形式，即跨月份套利、跨品种套利和跨市场套利。

跨月份套利是指在同一交易所进行同一利率期货，但不同交割月份的套利活动。该形式又分为两种。一是牛市套利，在交易中，交易者买空近期期货，并卖空远期期货，希望在看涨的市场中，近期期货合约价格上涨幅度将会大于远期期货合约的上涨幅度。反之，若市场看跌，则希望近期期货合约价格下跌幅度小于远期期货合约价格跌幅。二是熊市套利，其做法与前者相反，交易者卖空近期期货，同时买空远期期货，希望在看涨的市场中，远期期货合约价格的上涨幅度会大于近期期货合约的上涨幅度；如果市场看跌，则希望远期期货合约价格下跌幅度小于近期期货合约价格下跌幅度。

跨品种投机套利是指同时买进某种利率期货合约和卖出另一种不同种类但相互关联的利率期货。如利用市政债券指数期货合约与长期政府公债券期货合约之间的价差获利。当交易者预计市政债券期货价格上涨幅度将大于长期政府公债券时，就买进市政债券期货，卖出长期政府公债券期货；反之，则卖出市政债券期货，买进长期政府公债券期货。

跨市场投机套利是指同时在两个不同的交易所进行两种类似利率期货，交易方向相反的期货交易，如买进（或者卖出）芝加哥期货交易所的美国长期政府公债券期货，同时卖出（或者买进）伦敦金融期货交易所的美国长期政府公债券期货。

专题6.2　利率互换

互换（Swap）是指当事双方同意在预先约定的时间内，双方直接或通过一个中间机构来交换一连串付款义务的金融交易。互换市场是一个飞速发展的市场。它的产生是由于利率、汇率波动的风险和资本市场的无效率现象。

利率互换是交易双方在相同期限内，交换币种一致、名义本金相同，但付息方式不同的一系列现金流的金融交易。它可以是固定利率对浮动利率的互换，也可以是一种计息方式的浮动利率对另一种计息方式的浮动利率互换，但计息的名义本金的币种必须是一致的。因此利率互换不涉及本金的互换而只是利息的交换。

资本市场上最著名的首次利率互换发生在1982年8月。当时德意志银行（DEUT-SCHEBANK）发行了3亿美元的7年期固定利率欧洲债券，并安排与三家银行进行互换，换成以伦敦银行同业拆放利率（London Interbank Offer Rate,

LIBOR）为基准的浮动利率。在该项互换中，德意志银行实际按低于 LIBOR 的利率支付浮动利率，得到了优惠。而其他的三家银行则通过德意志银行的高资信级别换到了优惠的固定利率美元债券。由于通过利率互换，双方能够互相利用各自在金融市场上的有利条件获得利益。这次利率互换交易的成功，推动了利率互换市场的发展。

专题6.3 货币互换

货币互换是指两个独立的借取不同货币的借款人，同意在未来的时间内，按约定的规则，互相负责对方到期应付的借款本金和利息。货币互换与利率互换的不同点在于，在货币互换中本金为不同币种，但经汇率折算后金额大致相等，通过货币互换，互换的双方可以有效地规避汇率风险。

货币互换分三个步骤进行：初期本金互换、利息的定期支付和到期本金的再次互换。

例如，当汇率为 1 澳元 =0.65 美元时，A 公司借入固定利率为 14% 且每年支付利息的 5 年期贷款 1 亿澳元；B 公司借入浮动利率为 6 月期 LIBOR + 0.5% 的 5 年期贷款 6 500 万美元。

现在 A 公司与 B 公司达成货币互换协议，由 A 公司向 B 公司支付 6 月期 LIBOR +0.5% 的美元利率及美元本金，由 B 公司向 A 公司支付 14% 的澳元年利率及澳元本金。

互换一开始，A 公司会将其发行债券所筹澳元资金出售给 B 公司，并得到 B 公司出售债券所筹美元资金，初始互换中使用的汇率是当时的即期汇率。同时，彼此承诺在互换协议期限内偿还对方的利息债务，即 A 公司替 B 公司支付利息，而 B 公司也将向 A 公司支付贷款利息。到期时，双方只是将原来换来的货币再（按原先即期汇率）出售给对方，即 A 公司向 B 公司出售 6 500 万美元，并得到对方出售的 1 亿澳元。

对于互换双方而言，互换与实际借款行为是相互独立的行为，即融资的来源、形成及时间选择上都与互换行为无直接联系，任何一个贷款者都不是互换对手，每一个借款者始终有义务对各自的贷款方偿还本金和利息。所以，贷款者不必关心借款者之间的互换事宜，同时互换协议中的每一方都承担了对方不如期支付利息的风险。如上例中，即使 A 公司不向 B 公司支付 6 月期

LIBOR +0.5%利息，B公司仍须向自己的贷款方支付6月期LIBOR +0.5%的利息。

在前面讨论的基本结构中，两个借款者直接就其各自贷款的本金和利息支付进行互换，每一方都承担了另一方不履行互换支付的风险。然而，在当今的互换市场实际操作中，大多数互换并非由双方直接进行。一般而言，如果有一方或双方不愿承担对方的不支付风险，那么银行或其他金融机构可充当两个借款者的互换中介，创造一个中介互换（Intermediated Swap）。每一个借款者可单独与互换中介银行签订互换协议。在这一种中介互换形式下，两个借款者只要各自与互换中介认识即可，它们彼此不必认识。

互换中介的参与，将两个借款者隔离开来并赚取了互换中介费，保证了每一位借款者到期能够收到对方的互换支付。互换中介承担的风险随交易不同而不同。目前，就一般而言互换中介的保证只限于互换中利息的支付。如果互换中有一方违约，不如期向中介支付，则中介将不能使自己在互换中的收支平衡。结果，中介承担的一方的违约风险只局限于它需向另一方支付的金额与未收入的违约金额之间的差额。互换中介的存在使互换双方不必使其头寸完全对应，因为互换中介单独与两个互换对手签订互换协议，并且使互换各方的不同需要得到满足。

案例分析

案例6.1 利率互换的比较收益分析

通过利率互换可以使双方都获得利益的原理是由于比较收益的存在。为了说明这一点，我们举例如下：

假定，有A、B两家公司，都想借入1 000万美元，期限都是5年。其中B想借固定利率，而A想借浮动利率。由于A、B的信用等级不同，在固定、浮动利率市场面临的风险溢价也不同。假设他们面临的借款利率如表6－4所示。

表6－4 借款利率

	固定利率	浮动利率
A公司	10%	6个月LIBOR +0.3%
B公司	11.2%	6个月LIBOR +1%
差值	1.2%	0.7%

从表 6 -4 中可以看出：B 的信用等级低于 A，因为 B 无论在固定利率市场和浮动利率市场支付的利率都高于 A。但这里的关键是：两个固定利率的差值大于两个浮动利率的差值。在固定利率市场 B 公司比 A 公司多付 1. 2%，但在浮动利率市场只比 A 公司多付 0. 7%。这样 A 公司在固定利率市场有比较优势而 B 公司在浮动利率市场有比较优势。这种比较优势的存在导致了互换。A 公司将以 10% 年息借入固定利率资金，B 公司将以 LIBOR +1% 年息借入浮动利率资金。然后他们签订一份协议，以保证最后 A 公司得到浮动利率资金而 B 公司得到固定利率资金。

作为简单的模型我们先假设没有中介机构而由 A 和 B 直接进行互换。图 6 -2 提供了一种可能的结果。

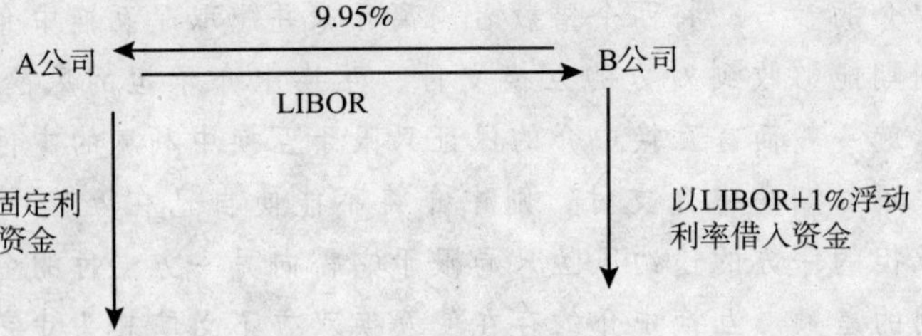

图 6 -2　现金流量

A 公司同意向 B 公司支付本金为 1 000 万美元的，以 9. 95% 年息的固定利率计算的利息。

互换后，A 公司的现金流如下：

（1）支付给外部贷款人 10% 年息的利息。

（2）从 B 得到 9. 95% 年息的利息。

（3）向 B 支付 LIBOR 的利息。

这三种现金流的净效果是 A 支付了 LIBOR +0. 05% 年息的利息。这比它直接在浮动利率市场上借款的利率 LIBOR +0. 3% 年息降低了 0. 25%。

B 公司也有三种现金流：

（1）支付给外部贷款人 LIBOR +1% 年息的利息。

（2）从 A 得到 LIBOR 的利息。

（3）向 A 支付 9. 95% 年息的利息。

这三种现金流的净效果是 B 支付了 10. 95% 年息的利息，这比它直接在固定利率市场上借款的利率 11. 2% 年息降低了 0. 25%。

考虑到外部借款后的利息支付情况，如图 6 -3 所示。

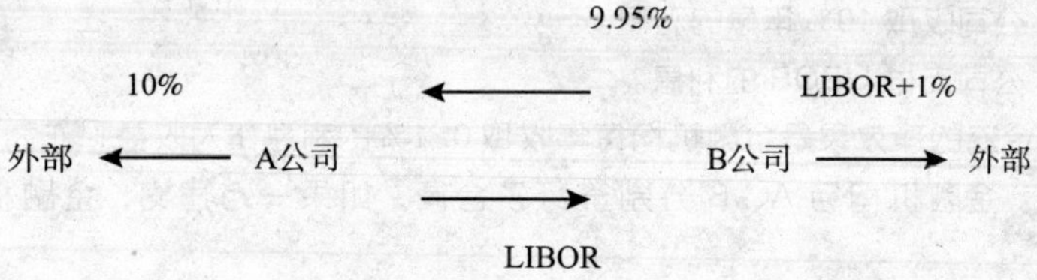

图 6-3　现金流量

互换的结果是总的成本节省0.5%，A和B都节省了0.25%的成本，可以看出，本例中的互换收益是在A、B之间平均分配的，而实际中并不总是如此。

通常两家公司在安排互换时并不直接接触，而分别同诸如银行这样的金融中介联系，如果金融机构作为交易方而不是经纪人参与进来，就意味着总收益在A、B和金融机构之间分配。图6-4提供了一种可能的结果。

在新的情况下，A公司仍然有三种现金流：

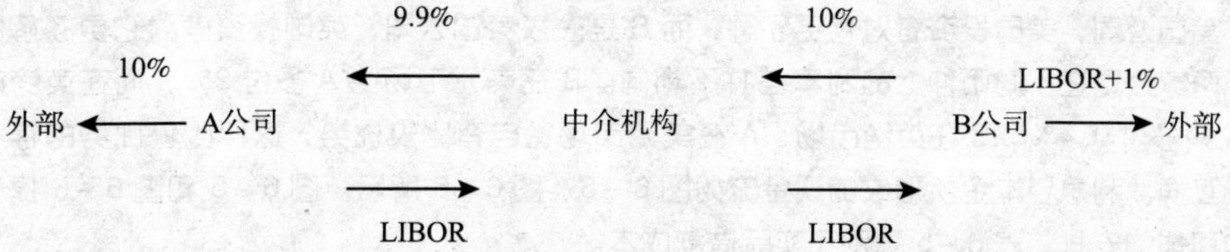

图 6-4　现金流量

（1）支付给外部贷款人10%年息的利息。

（2）从金融机构处得到9.9%年息的利息。

（3）向金融机构支付LIBOR的利息。

这三项现金流的净效果为A公司支付LIBOR+0.1%年息的利息，比直接借入浮动利率资金节省了0.2%。

B公司也有三项现金流：

（1）支付给外部贷款人LIBOR+1%年息的利息。

（2）从金融机构处得到LIBOR的利息。

（3）向金融机构支付10%年息的利息。

这三项现金流的净效果为B公司支付11%年息的利息，比它直接在固定利率市场借款节省了0.2%的成本。

金融机构有四项现金流：

（1）从A公司收取LIBOR的利息。

（2）向A公司支付9.9%年息的利息。

（3）从 B 公司收取 10% 年息的利息。

（4）向 B 公司支付 LIBOR 的利息。

这四项现金流的净效果是金融机构每年收取 0.1% 的利息作为收益，作为它参加交易承担风险的报酬。金融机构与 A、B 分别签订了合同，如果一方违约，金融机构仍需履行合同。

案例 6.2　货币互换的比较收益分析

通过货币互换可以使双方既避免汇率风险，又获得利益的原理是由于比较收益的存在。举例说明如下：

假设 A、B 两家公司分别面临下面的美元、英镑借款利息率：

	美元	英镑
A	6.00%	9.60%
B	8.00%	10.00%

A 公司在两种货币市场都有较低的利率水平，说明它的信用好于 B 公司。然而由于 A 是一家美国公司，美国投资者对它更了解，而 B 是一家英国公司，英国投资者对它更了解的原因，两家公司在不同币种上的利率差并不相同。B 在美元市场比 A 多付 2%，而在英镑市场比 A 只多付 0.4%，B 在英镑市场、A 在美元市场各自有比较优势，这种比较优势的存在导致了互换。利息与本金所形成的现金流如图 6－5、图 6－6 所示。图 6－5 和图 6－6 提供了一种可能的安排，表 6－5 列示了实际借款成本。

货币互换协议要求指明用两种货币形式表示的本金。本金的选择方法是：按互换开始时的汇率折算的本金价值基本相等。本例中美元本金 1 500 万，英镑 1 000 万。在互换结束时必须进行本金的交换。而在开始时，可以交换也可以不交换。考虑一下：在互换开始时，双方各自在即期外汇市场上卖出所借货币、买入所需货币，与在期初直接交换本金的效果是一样的。货币互换中双方用不同币种支付利息其不匹配部分面临着汇率风险。在本例的互换方案中，互换风险完全由银行承担。每年银行收入净额 21 万美元（1 500 万美元 ×1.4%），支出净额 10 万英镑（1 000 万英镑 ×1%）。金融机构可以用买卖远期外汇的方式锁定收益。

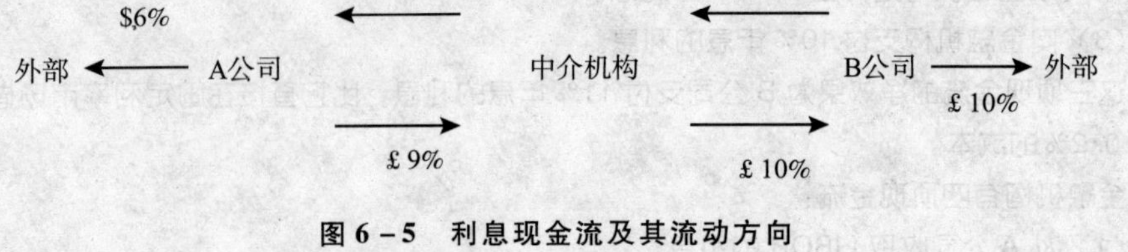

图 6－5　利息现金流及其流动方向

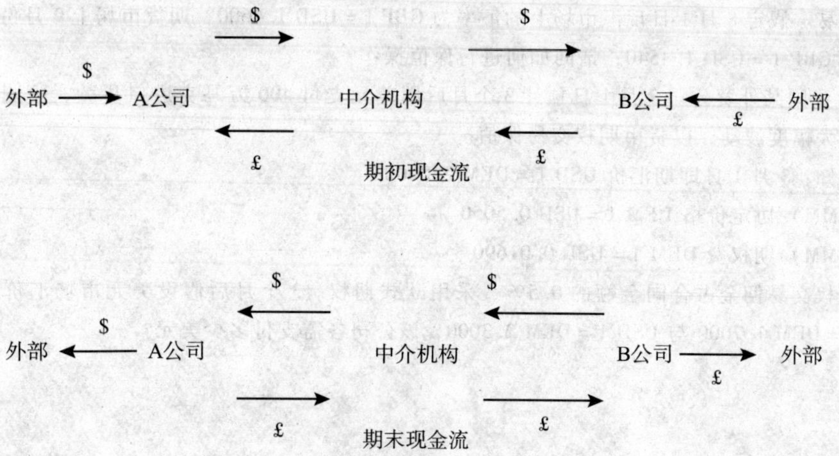

图 6-6　本金流动方向

表 6-5　A、B 两公司的实际借款成本

A 公司	中介机构	B 公司
£9%	$7.4%	$7.4%
+ $6%	- $6%	+£10%
- $6%	+£9%	-£10%
	-£10%	
=£9%	= $1.4% -£1%	= $7.4%
直接借款成本£9.6%		直接借款成本 $8%
节约成本£0.6%	近似获利 0.4%	节约成本 $0.6%

习题思考

1. 什么是远期外汇交易？远期外汇交易的基本动机是什么？

2. 比较远期外汇交易与外汇期货的异同。

3. 外汇期权的类型主要有哪些？

4. 简述影响外汇期权中期权费的因素。

5. 举例说明利率互换的比较收益原理。

6. 举例说明货币互换的比较收益原理。

7. 我国某出口公司 7 月 3 日装船发货，收到 8 月 1 日到期的 100 万英镑远期汇票，7 月 3 日现汇市场上的汇率为 GBP 1 = USD 1.4900，期货市场上 9 月份交割的汇率为 GBP 1 = USD 1.4840。该公司担心英镑到期时贬值，引发外汇风险，于 7 月 3 日在外汇市场上进行了保值交易。假定8月1日现汇市场上的汇率为GBP 1 = USD 1.4600，期货市场上9月份交割的汇率为GBP 1 = USD 1.4540，请问如何进行保值操作？

8. 我国某外贸公司3月1日预计3个月后用美元支付400万马克进口货款，预测马克汇价会有大幅度波动，以货币期权交易保值。

已知：3月1日即期汇价 USD 1 = DEM 2.0000

(IMM) 协定价格 DEM 1 = USD 0.5050

(IMM) 期权费 DEM 1 = USD 0.01690

期权交易佣金占合同金额的0.5%，采用欧式期权。3个月后假设美元市场汇价分别为USD 1 = DEM 1.7000与USD 1 = DEM 2.3000，该公司各需支付多少美元？

第7章 开放经济下的财政、货币政策

学习目标

◇ 理解开放经济条件下的政策目标，以及内部均衡和外部均衡的相互关系；

◇ 掌握米德冲突、丁伯根法则与蒙代尔有效市场分类原则的基本思想。

◇ 熟练掌握蒙代尔—弗莱明模型，并能用该模型分析财政、货币政策的效力。

◇ 了解在 AD - AS 分析框架下中长期财政、货币政策的效力。

基本理论与基本原理

7.1 开放经济下的政策搭配原理

7.1.1 政策目标

20 世纪 30 年代的世界经济大萧条使得以国家干预为主要标志的凯恩斯主义宏观经济理论应运而生，并逐渐取代传统古典经济学的自由放任经济思想而居于主导地位。自此，政府对经济制定宏观经济目标并运用各种政策工具加以实现，已成为各国调节宏观经济的普遍模式。一般而言，一国的宏观经济目标包括内部均衡和外部均衡两个方面。

7.1.1.1 内部均衡目标

一国经济的内部均衡目标主要包括：经济增长、充分就业，以及价格稳定。

（1）经济增长。经济增长是指在一定时期内国内生产总值的增长率。通常采用一国或地区国内生产总值（GDP）的年增长率作为衡量指标。

（2）充分就业。广义的充分就业是指一切生产要素（包含劳动）都有机会以自己愿意的报酬参加生产的状态。但是，由于在实际中测量各种经济资源的就业程度非常困难，因此各国大都以失业率高低作为衡量就业状态的指标。失业率是指失业者人数对劳动力人数的比率。劳动力是指一定年龄范围内具有劳动能力且愿意工作的人。失业者是指那些想工作但尚未找到工作的人。狭义的充分就业是这样一种经济状态，即经济中的“非自愿失业”完全消失，失业仅限于摩擦失业和自愿失业。所谓摩擦失业是指生产过程中由于难以避免的摩擦所造成的短期性和局部性失业，如劳动力流动性不足、工种转换困难所引致的失业。自愿失业是指个人不愿接受现行工资水平而形成的失业。根据奥肯定律，GDP 增长比潜在 GDP 增长每快 2%，失业率下降 1 个百分点。经济增长和失业二者之间具有强相关关系，失业的成本是巨大的。因此，降低失业率，实现充分就业就常常成为各国宏观经济政策的首要目标。

（3）价格稳定。价格稳定是一个宏观的概念，指价格总水平的稳定。由于在经济生活中各种商品价格变化的情况复杂造成统计上的困难，一般用价格指数来表达一般价格水平的变化。价格指数是表示若干种商品价格水平的指数，目前使用较多的为消费物价指数（CPI）、批发物价指数（PPI）和国内生产总值缩减指数（GDP deflator）三种。价格稳定之所以成为内部平衡目标，主要在于无论是通货膨胀还是通货紧缩都对经济具有破坏作用。

以上三个内部平衡目标之间是存在着冲突的。一般来说，经济增长往往伴随通货膨胀，而低通货膨胀或通货紧缩又常常会导致高失业现象。在封闭经济条件下，政府宏观调节的主要任务就是协调这三者之间的冲突，确定并实现这三者的合理组合。

7.1.1.2 外部均衡目标

经济开放对一国经济有着重大的影响。它仅为本国经济提供了许多封闭经济条件下不具备的有利条件，同时也对本国经济的稳定与发展产生了很大的冲击。衡量经济开放性的主要工具是国际收支，因此，经济开放性的这种影响就会反映在国际收支与经济增长、充分就业、价格稳定等内部宏观经济目标之间存在的复杂关系上。

当一国国际收支处于逆差时，首先会引起本国汇率下浮。若该国政府不愿接受本币汇率下降的后果，则必须动用外汇储备，对外汇市场的供求现状进行干预，即抛售外汇买进本国货币。这既会耗费外汇储备，又会引起货币供应的缩减，从而导致本国利率水平上升，国内消费和投资减少，经济增长速度减缓且失业率上升。如果该国的逆差是因出口不足以弥补进口而出现的长期性赤字，则意味本国对国外商品存在净需求，这使得国内生产下降，失业增加。若逆差的原因是因为资本的净流出，则国内资金供给减少，利率上升，结果必然影响国内商品市场的需求。

当一国国际收支长期出现顺差，也会给国内经济带来不良影响。首先，持续累积的外汇储备会造成货币供应增加，引起物价上涨。其次，一国的国际收支盈余会给本币带来升值的压力。最后，一国的盈余意味着他国的赤字，长此以往，必然影响他国的经济运行状况，引起国际摩擦，结果也会对本国经济产生不利影响。

可见，将国际收支平衡纳入经济的政策目标是非常必要的。一般来说，国际收支越是不平衡，其不利影响也越大。但相比之下，逆差所造成的影响更为严重。因此，各国政府对国际收支逆差时的调节措施都尤为重视。

7.1.1.3 内部均衡与外部均衡的均衡分析

一国在封闭条件下的经济均衡一般用 IS-LM 模型来说明，而在开放经济条件下，则通过 IS-LM-BP 模型来加以说明。开放经济条件下宏观政策的总目标是实现内外均衡。因此，一国经济的理想状态是：国内实现了充分就业的均衡，同时国际收支也处于均衡状态。图 7－1 说明了这种理想状态。

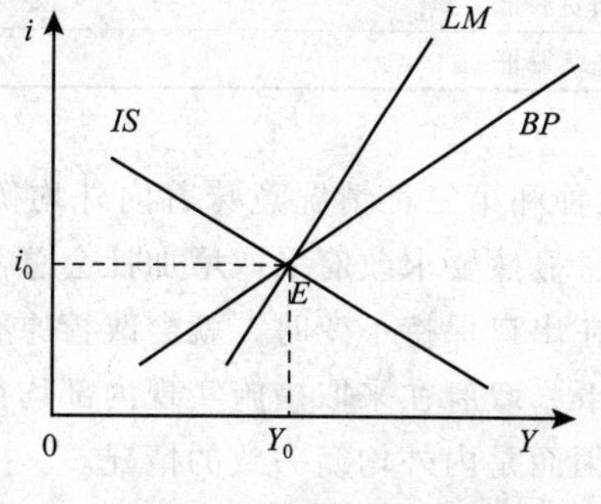

图 7－1　开放经济条件下的宏观经济均衡

图中的 Y_0 为充分就业的产出水平，i_0 为均衡的利率水平。E 点为 IS 线与 LM 线的交点，表示实现了充分就业的国内均衡。E 点同时又位于 BP 线上，说明在该点国际收支也处于平衡状态。但在现实经济生活中这种理想状态很少实现，开放经济条件下宏观经济往往处于非均衡状态。为此就需要政府采取相应的政策措施加以调控。政府通常可采取的调节政策主要包括财政政策、货币政策和汇率政策，以及融资政策等。

7.1.2 米德冲突和丁伯根法则

7.1.2.1 米德冲突

英国经济学家詹姆斯·米德（J. Meade）于 1951 年在其名著《国际收支》中首次提出了固定汇率制度下内外均衡冲突问题。他指出，由于在汇率固定不变时，政府只能运用影响社会总需求的政策来调节内外均衡，这样，在开放经济运行的特定区间便会出现内外均衡难以兼顾的情形。例如，在开放经济条件下，经济可能面临着如表 7－1 所示的内外经济状态的组合（假定失业和通货膨胀相互独立、外部均衡不包括资本账户而仅指经常账户平衡）。

表 7－1 固定汇率制度下内部均衡与外部均衡的矛盾

	内部经济状态	外部经济状态
1	经济衰退/失业增加	国际收支逆差
2	经济衰退/失业增加	国际收支顺差
3	通货膨胀	国际收支逆差
4	通货膨胀	国际收支顺差

在表 7－1 中，第二种和第三种情况意味着内外均衡的一致。如在第二种情况下，为实现内部均衡，显然要求政府采取增加社会总需求的措施进行调整，这会导致进口相应增加，在出口保持不变时，就会改善原有的顺差状态使国际收支趋于平衡。在这种情形下，政府在采取措施实现内部均衡的同时也对外部均衡的实现发挥了积极影响，因而是内外均衡一致的情况。

而第一和第四种情况则意味着内外均衡的冲突，即米德冲突。因为政府在通过调节社会总需求实现内部均衡时，会引起外部经济状况距离均衡目标更远。可见，米德冲突，即指在固定汇率制度下，失业增加与经常账户逆差或者通货膨胀与经常账户盈余这两种特定的经济状态组合，如表7－2所示。

表7－2　　　　　　　　　　　　　米德冲突

	失　业	通货膨胀
国际收支逆差	解决失业问题必须施以扩张政策，而经常账户逆差要以紧缩政策加以治理，扩张政策与紧缩政策之间存在着冲突。	
国际收支顺差		解决通胀问题必须施以紧缩政策，而经常账户盈余要以扩张政策加以治理，紧缩政策与扩张政策之间存在着冲突。

米德分析的不足在于主要是针对固定汇率制度的情况，而且也没有考虑资金流动对内外均衡问题的影响。实际上，在浮动汇率制下，政府同样面临着内外均衡冲突问题。由于在浮动汇率制度下，政府完全利用外汇市场自发调节国际收支是不可能的。在汇率变动受到政府一定管理的条件下，通过国内总需求的变动来调节内外均衡仍是相当常见的做法，因此浮动汇率制下也会出现许多与固定汇率制下相类似的内外均衡冲突现象。并且，在汇率变动程度与固定汇率制下相比非常剧烈的条件下，外部均衡与内部均衡之间的相互影响或干扰更加复杂，内外均衡冲突问题甚至可能更加深刻。例如，通过调节国内需求来实现内部均衡目标时，国内需求的变动同时会通过多种途径造成汇率的变化，汇率又会通过一系列机制影响到内部均衡。更为严重的是，活跃在国际金融市场上的巨额资金不仅导致各国汇率的动荡不定，而且直接影响到各国的宏观经济，使各国的国内经济政策受到了更多的制约，一国同时实现内外均衡目标会变得更加困难。

7.1.2.2　丁伯根法则

荷兰经济学家丁伯根（J. Tinbergen）是第一个诺贝尔经济学奖得主（1969年）。为解决米德冲突，他提出了将政策目标和政策工具联系在一起的正式模型，指出要实现若干个独立的政策目标，至少需要相互独立的若干个有效的政策工具。

我们用一个简单的线性框架分析丁伯根法则。假定只存在两个目标 T_1、T_2 与两种工具 I_1、I_2，政策调控追求的 T_1 和 T_2 的最佳水平为 T_1^* 和 T_2^*。令目标是工具的线性函数，即：

$$T_1 = a_1 I_1 + a_2 I_2$$
$$T_2 = b_1 I_1 + b_2 I_2$$

在这一情况下，只要决策者能够控制两种工具，每种工具对目标的影响是独立的，决策者就能通过政策工具的配合达到理想的目标水平。

从数学上看，只要 $a_1/b_1 \neq a_2/b_2$（即两个政策工具线性无关），就可以求解出达到最佳的目标水平 $T_1{}^*$ 和 $T_2{}^*$ 时所需要的 I_1 和 I_2。的水平，即：

$$I_1 = (b_2 T_1^* - a_2 T_2^*)/(a_1 b_2 - b_1 a_2)$$
$$I_2 = (a_1 T_2^* - b_1 T_1^*)/(a_1 b_2 - b_1 a_2)$$

当 $a_1/b_1 = a_2/b_2$ 时，这意味着两种工具对这两个政策目标有着相同的影响，也就是说，决策者只有一个独立的工具而试图实现两个目标，这是不可能成功的。

这一结论可以进行推广。如果一个经济具有线性结构，决策者有 N 个目标，只要有至少 N 个线性无关的政策工具，就可以实现这 N 个目标。对于开放经济而言，这一结论具有鲜明的政策含义：只运用支出增减政策（我们假定财政政策、货币政策影响产出的效果一致）通过调节支出总量的途径同时实现内外均衡两个目标是不够的，必须寻找新的政策工具并进行合理配合。

丁伯根法则指出了应运用 N 种独立的工具进行配合来实现 N 个独立的政策目标，这一结论对于经济政策理论具有深远意义。但是，丁伯根法则对目标的实现过程具有如下特点：一是假定各种政策工具可以供决策当局集中控制，从而通过各种工具的紧密配合实现政策目标；二是没有明确指出每种工具有无必要在调控中侧重于某一目标的实现。这两个特点是不尽与实际情况符合的或者不能满足实际调控的需要。罗伯特·蒙代尔（R. Mundell）于 20 世纪 60 年代提出的关于政策指派的"有效市场分类原则"弥补了这一缺陷。

7.1.3 政策搭配运用：蒙代尔政策指派原则

丁伯根法则指出同时实现两个政策目标，必须采用两个政策工具。但他并没有说明用哪一个工具来实现某一个目标效果更好。蒙代尔（Mundell）于 20 世纪 60 年代提出的"有效市场分类原则"弥补了这一缺陷。这一原则的含义是：每一目标应指派给对这一目标有相对最大的影响力、因而在影响政策目标上有相对优势的工具。如果在指派问题上出现错误，则经济会产生不稳定性而距均衡点越来越远。根据这一原则，蒙代尔区分了财政政策、货币政策影响内外均衡上的不同效果，提出了以货币政策实现外部均衡目标、财政政策实现内部均衡目标的指派方案。

蒙代尔的政策分派模型如图7－2所示，图中纵轴表示货币政策，N_m为政策中性，向下为货币紧缩，向上为货币扩张。横轴表示财政政策，N_f为政策中性，向右为财政扩张，向左为财政紧缩。*IB*曲线（内部均衡线）表示能够维持充分就业的财政政策和货币政策的组合，曲线为负斜率，即在充分就业条件下，如果实行紧缩性货币政策，就必须相应采取扩张性的财政政策才能保持国内充分就业的均衡。*IB*曲线右边的货币政策和财政政策搭配会产生通货膨胀，曲线左边的政策搭配则不足以形成充分就业。*EB*曲线（外部均衡线）表示能够维持国际收支平衡的财政政策和货币政策的组合，曲线的斜率可以是正也可以是负，因为财政政策对国际收支的影响有两方面，财政扩张可导致收入提高从而恶化经常账户，但同时又因提高利率水平可以吸引外部资金流入而改善资本账户。图7－2中的*EB*曲线为负斜率是假定扩张性的财政政策对国际收支总体的净影响是负的，即经常账户的恶化程度超过资本账户的改善程度。于是扩张性的财政政策恶化了国际收支，则货币政策就必须紧缩，提高利率以吸引资金流入来保持国际收支平衡。

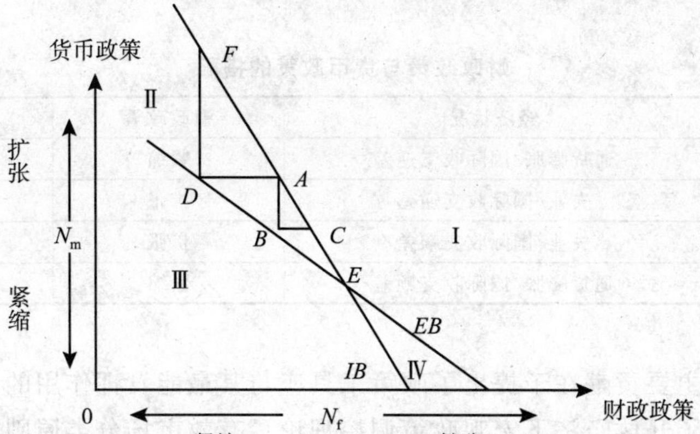

图7－2　政策分配原理

*IB*曲线比*EB*曲线更陡，是因为财政政策扩张导致收入提高一定比例对国际收支的恶化作用，要比货币政策扩张形成同样比例收入提高所导致的国际收支恶

化作用弱。因为财政政策扩张会导致利率水平提高，由此引致的资本流入会部分弥补国际收支逆差，而货币政策的扩张导致利率水平下降，只会加重收入提高导致的国际收支恶化。所以货币政策对保持外部平衡更有效，而财政政策对保持内部平衡更有效。*IB* 和 *EB* 曲线将图形划分为四个区域，Ⅰ区为通货膨胀、逆差，Ⅱ区为失业、逆差，Ⅲ区为失业、顺差，Ⅳ区为通货膨胀、顺差。

蒙代尔认为在固定汇率条件下，应该运用货币政策解决外部均衡，运用财政政策解决内部均衡。根据蒙代尔的分析，如果起点为 *A* 点，对内是充分就业均衡，但存在国际收支逆差。需对应以紧缩性货币政策使经济状态运动到 *B* 点，于是外部取得平衡，但又出现了失业。再对应以扩张性的财政政策，使之达到 *C* 点。这消除了失业，但又出现了国际收支逆差。然后再紧缩货币克服逆差，调节的幅度会越来越小，最后收缩到实现内外均衡的 *E* 点。如果政策当局将政策工具错误分派，使用财政政策应对国际收支失衡，使用货币政策解决失业。于是紧缩性的财政政策使经济状态从 *A* 点运动到 *D* 点，外部均衡得以解决，但是其代价是更为严重的经济萧条和失业。如果决策者继续使用扩张性的货币政策来对应萧条和失业，经济状态则从 *D* 点运动到 *F* 点。显然，经济状态距离稳定的均衡点 *E* 越来越远，可见错误的政策分派是相当危险的。

上述政策搭配的原理可同样推广到其他区间。由此，我们得到如表 7－3 所示的几种搭配。

表 7－3　　财政政策与货币政策的搭配

区间	经济状况	财政政策	货币政策
Ⅰ	通货膨胀/国际收支逆差	紧缩	紧缩
Ⅱ	失业/国际收支逆差	扩张	紧缩
Ⅲ	失业/国际收支顺差	扩张	扩张
Ⅳ	通货膨胀/国际收支顺差	紧缩	扩张

蒙代尔的主要贡献在于提出了政策工具应与其最能发挥作用的目标相匹配的新思想，丰富了开放经济下宏观政策调控理论。有效市场分类原则与丁伯根原则一起确定了开放经济条件下政策调控的基本原理，即针对内外均衡目标，确定不同政策工具的指派对象，并尽可能地进行协调以达到内部平衡与外部平衡的一致。

7.2 开放经济下短期财政、货币政策效力

7.2.1 蒙代尔—弗莱明模型简介

在西方的文献中，蒙代尔—弗莱明模型被称为开放经济下进行宏观分析的工作母机（Workhorse），对国际金融学的发展有重大影响。因此，我们必须很好地掌握这个分析方法。蒙代尔—弗莱明模型的分析对象是一个开放的小型国家，对国际资金流动采取了流量分析。它的分析前提有：

第一，总供给曲线是水平的。这意味着产出完全由总需求水平确定。另外，名义汇率与实际汇率之间不存在区别。

第二，即使在长期，购买力平价也不存在。因此，浮动汇率制下汇率完全依据国际收支状况进行调整。

第三，不存在汇率将发生变动的预期，投资者风险中立。

我们分析的框架是 IS - LM - BP 模型，在由国民收入与利率构成的坐标空间中展开分析。其中，反映商品市场平衡的是 IS 曲线，这一曲线斜率为负，政府支出增加及汇率贬值都会使之右移。反映货币市场平衡的是 LM 曲线，这一曲线斜率为正，货币供应量增加会使之右移。反映外汇市场平衡的是 BP 曲线。为了使问题得到简化，我们仅分析资金完全流动的情况。

当资金完全流动时，资金流动情况决定了国际收支平衡与否。由于假定风险中立以及对汇率的静态预期，因此当该小国利率水平完全与世界利率水平一致时，该国国际收支处于平衡状态，资金的流动将弥补任何形式的经常账户收支不平衡。此时，*BP* 曲线是一条水平线，汇率的贬值对之无影响。

另外，为便于读者进行对比，我们先简单介绍封闭条件下的货币、财政政策效应。如图 7 - 3 所示，货币扩张会使 *LM* 曲线右移，这带来利率的下降、国民收入的提高。财政扩张会使 *IS* 曲线右移，这带来利率的上升、国民收入的提高。

7.2.2 固定汇率制下的财政、货币政策分析

在固定汇率制下，政府有义务在固定的汇率水平上按市场要求被动地买进、

卖出外汇，因此外汇储备量完全受国际收支状况的影响，这使得政府不能控制货币供应量。由国际收支因素导致的货币供应量的波动，是固定汇率制下经济调整的一般机制，也是我们理解这一制度下财政、货币政策效力的关键。

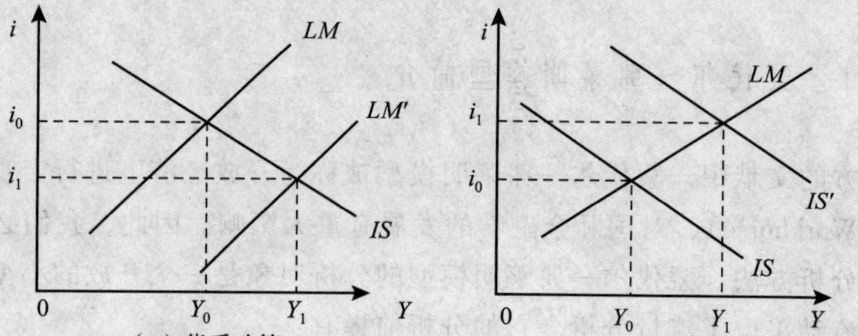

（a）货币政策　　（b）财政政策

图 7－3　封闭条件下财政政策、货币政策分析

当资金完全流动时，开放经济的平衡状态如图 7－4 所示。

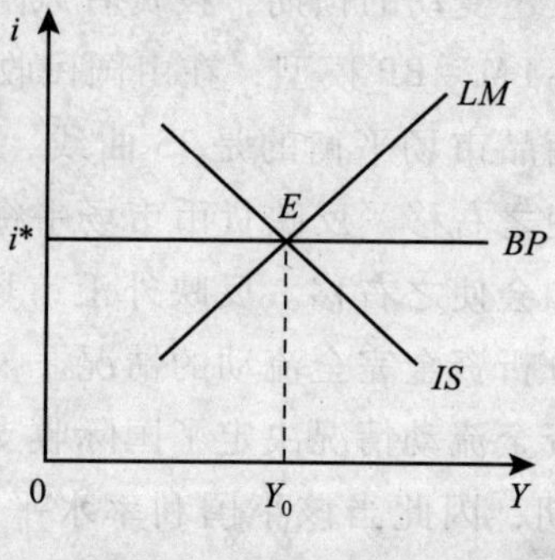

图 7－4　固定汇率制下，资金完全流动时的经济平衡状态

7.2.2.1　货币政策分析

如图 7－5 所示，扩张性的货币政策将会引起利率的下降，但在资金完全流动的情况下，本国利率的微小的、不引人注意的下降都会导致资金的迅速流出，立即降低了外汇储备，抵消了扩张性货币政策的影响。也就是说，此时的货币政策甚至在短期也难以发挥效应，政府完全无法控制货币供应量。

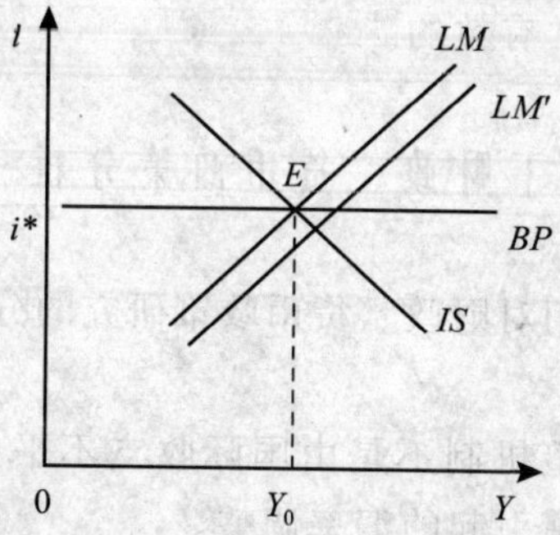

图 7－5　固定汇率制下，资金完全流动时的货币政策分析

我们可小结为：在固定汇率制下，当资金完全流动时，货币扩张在短期内也无法对经济产生影响。也就是说，此时的货币政策是无效的。

7.2.2.2　财政政策分析

如图 7－6 所示，扩张性财政政策将会引起利率的上升，而利率的微小的上升都会增加货币供应量，使 *LM* 曲线右移直至利率恢复期初水平。也就是说，在 *IS* 右移过程中，始终伴随着 *LM* 曲线的右移，以维持利率水平不变。在财政扩张结束后，货币供给相应地扩张了，经济同时处于长期平衡状态。此时，利率不变，收入不仅高于期初水平，而且比较封闭条件下的财政扩张后的收入水平（Y'）也增加了。

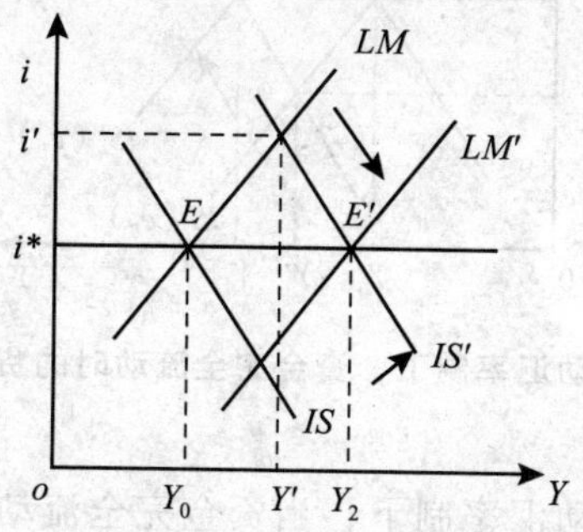

图 7－6　固定汇率制下，资金完全流动时的财政政策分析

我们可以小结如下：在固定汇率制下，当资金可完全流动时，财政扩张不能影响利率，但会带来国民收入较大幅度（与封闭条件下相比）的提高。也就是说，此时的财政政策是非常有效的。

7.2.3 浮动汇率制下财政、货币政策分析

在浮动汇率制下，我们对财政、货币政策研究的分析方法同固定汇率制下相比有很大不同，这体现在：

第一，经济的主要调整机制不是由国际收支不平衡引起的货币供应量的调整，而是由国际收支不平衡引起的汇率调整。

第二，我们假定本国货币贬值能改善经常账户收支，增加外国对本国商品的需求。这就是说，本国货币贬值能使 BP 曲线与 IS 曲线右移。

7.2.3.1 货币政策分析

货币扩张造成的本国利率下降，会立刻通过资金流出造成本币贬值，这推动着 *IS* 曲线右移，直至与 *LM* 曲线相交确定的利率水平与世界利率水平相等为止，如图 7－7 所示。此时，收入不仅高于期初水平，而且也高于封闭条件下的货币扩张后的情况，即本币贬值。

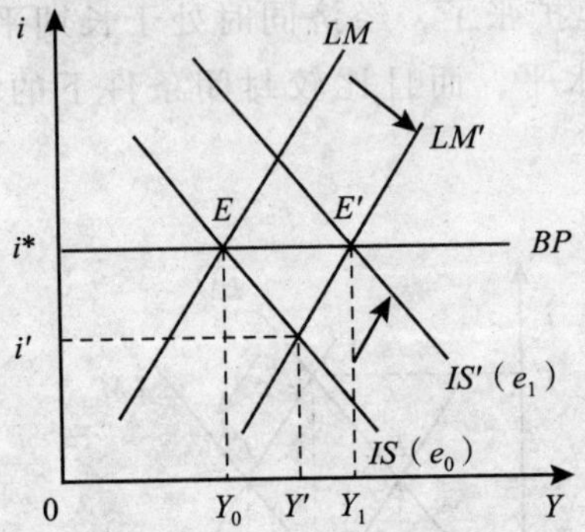

图 7－7 浮动汇率制下，资金完全流动时的货币政策分析

我们小结如下：在浮动汇率制下，当资金完全流动时，货币扩张会使收入上升，本币贬值，对利率无影响。可见，此时的货币政策是非常有效的。

7.2.3.2 财政政策分析

财政扩张造成的本国利率上升，会立刻通过资金的流入而造成本币升值，这

将会推动 IS' 曲线左移，直至返回原有位置，利率水平重新与世界利率水平相等为止。此时与期初相比，利率不变，本币升值，收入不变。需要指出的是，此时收入的内部结构发生变化，财政政策通过本币升值对出口产生了完全挤出效应，即财政支出造成了等量的出口下降，如图 7－8 所示。

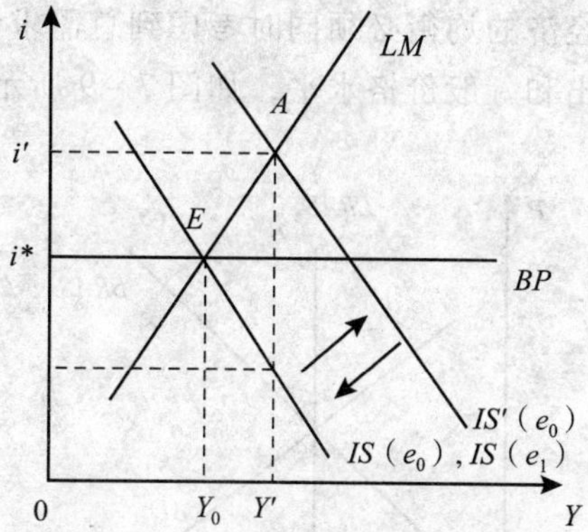

图 7－8　浮动汇率制下，资金完全流动时的财政政策分析

我们可以小结如下：在浮动汇率制下，当资金完全流动时，扩张性财政政策会造成本币升值，对收入、利率均不能产生影响。可见，此时的财政政策是完全无效的。

以上我们对不同汇率制度下、资金完全流动情况下的财政货币政策效力作了具体分析。我们可以用表 7－4 对以上的分析做一个总结。

表 7－4　　蒙代尔—弗莱明模型中的财政政策、货币政策的效应比较

项　目	固定汇率制	浮动汇率制
货币政策	无效	有效
财政政策	有效	无效

7.3　开放经济下中长期财政、货币政策效力

我们前面的分析，都可以视为短期内的情况，因为我们并没有涉及价格调整问题。而在长期中，需求的变化会带来价格的调整，这就使得我们的分析结论会

发生很大的变化。在本节中，首先介绍中长期时对宏观经济进行分析的基本框架，然后分别对固定汇率制和浮动汇率制下的财政、货币政策的效力进行分析。

7.3.1 开放经济下的宏观分析框架

在中长期时，一国经济的均衡必须同时考虑到总需求和总供给两部分，它们同时决定了一国的总产出和一般价格水平，如图 7－9 所示。

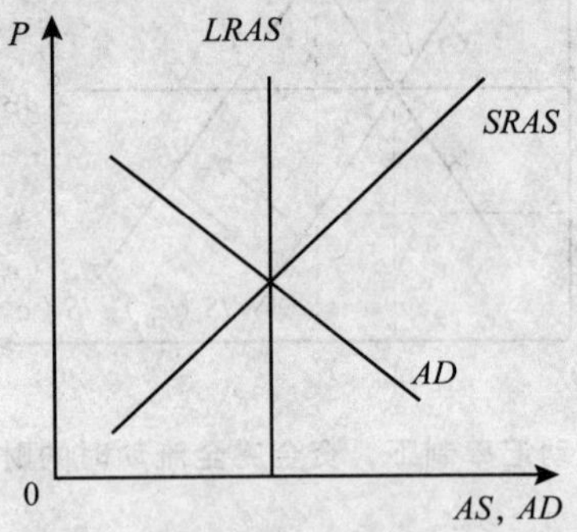

图 7－9　开放条件下的经济总供给与总需求

从短期来看，总需求曲线 AD 和短期总供给曲线 SRAS 的交点决定了经济的均衡点。如果总需求曲线 AD 发生了未预期到的移动，比如是浮动汇率制下的货币扩张的结果，那么价格水平的上涨将超过原先的预期，并且总产出也将高于正常水平。经济将沿着短期总供给曲线 SRAS 移动，短期总产出较均衡水平为高。然而，随着时间的推移，价格水平也会随之上升。工人会要求提高名义工资以保证实际收入水平不变，这样就会增加企业的生产成本，结果造成 SRAS 曲线的左移。

从长期来看，工人和企业对价格的预期同实际价格水平是一致的。因此，最终的均衡是处于 AD、SRAS 和长期总供给曲线 LRAS 三者的交点上。值得注意的是，尽管短期总需求的变动会暂时带来经济活动的增加，但经济的总产出最终会恢复到最初的正常水平，而一般价格水平则比原来要高。

在开放经济条件下，长期均衡首先需要内部总供给与总需求达到平衡，即满足等式：

$$AD = SRAS = LRAS \tag{7-1}$$

同时还需要达到来自外部的国际收支的平衡。不过，国际收支的平衡与否不能在图形中反映出来，我们将通过分析总供给与总需求的调整来考虑这一因素。

7.3.2 固定汇率制度下的财政、货币政策分析

我们现在将上一节分析采用的 IS－LM－BP 模型对不同汇率制度下的财政、货币政策的效力问题统一到基本的 AD－AS 框架之下来研究。之前的分析只考虑了经济中的总需求问题，我们实际上是假设企业的产出对于给定的价格水平具有完全弹性。换句话说，先前的蒙代尔—弗莱明分析可看做是一个特例，其 *SRAS* 曲线在任何既定的价格水平下都是一条水平线，这往往也被称做凯恩斯式的总供给曲线。

现在的目标是，考虑在价格—总产出空间中，分析蒙代尔—弗莱明模型的财政、货币政策的经济效力同先前有何不同。为此，我们首先就必须对应于不同的汇率制度，来研究财政、货币政策对 AD 曲线的最初影响。

在 IS－LM－BP 框架下，固定汇率制度下，财政政策有效而货币政策无效；浮动汇率制度下，货币政策有效而财政政策无效。在 AD－SRAS－LRAS 框架下，上述结论意味着，任何先前使 *IS* 或 *LM* 曲线移动的宏观经济政策也同样会使得 *AD* 曲线沿着同一方向移动。

7.3.2.1 固定汇率制下的货币政策分析

固定汇率制度下，货币政策扩张的情形如图 7－10 所示，*LM* 曲线的右移，带来的结果是 *AD* 曲线从 AD_0 移至 AD_1。

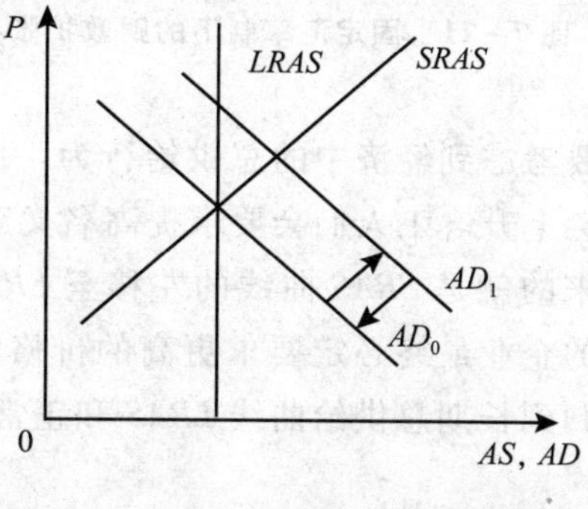

图 7－10 固定汇率制下的货币扩张

但正如之前所讨论的，由于扩张性的货币政策引起本国利率的下降，导致国际金融资金迅速地流出本国。此时，为保持汇率的稳定，中央银行必须干预外汇市场，即售出外币而购进本币，造成的结果是本国货币供给的减少。从图形来看，就是 *LM* 曲线以及 *AD* 曲线的回移（从 AD_1 到 AD_0）。在这种情况下，不会对价格及总产出水平造成持久的影响。

7.3.2.2 固定汇率制下的财政政策分析

如图 7－11 所示，假设一国经济最初处于均衡状态，在固定汇率制度下由于某种原因造成了财政扩张，结果是 *IS* 曲线右移，*AD* 曲线从 AD_0 移至 AD_1。

为保持固定的汇率水平，中央银行必须干预外汇市场（面对资本流入而买进外汇），因而国内的货币供给增加，导致 *LM* 曲线右移，总需求曲线亦会进一步右移，从 AD_1 移至 AD_2。原先的 IS－LM－BP 模型对短期总支出效应的分析就到此为止。

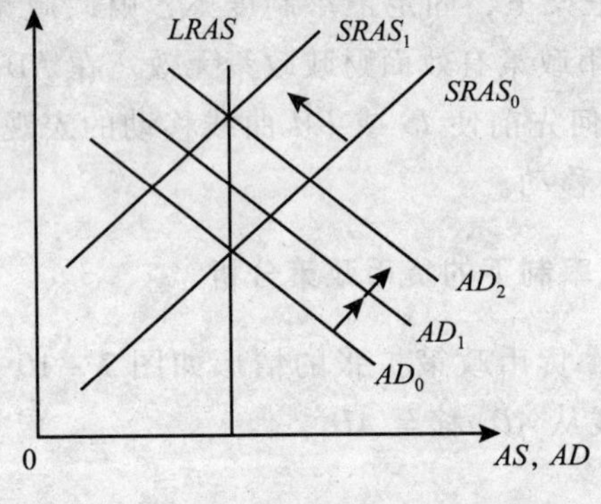

图 7－11 固定汇率制下的财政扩张

但是，我们现在还要考虑到经济中的总供给行为。由于经济中 *AD* 曲线的移动，预期的价格水平也会上升。工人们会要求提高名义工资以维持收入所得的购买力不会降低。随之而来的就是 *SRAS* 曲线的左移至 $SRAS_1$，因为经济中更高的工资支出就意味着所有的企业最终必定要求更高的价格水平来保证产出不减少。从长期来看，经济会回归到长期总供给曲线 *LRAS* 和正常的总产出水平。

7.3.3 浮动汇率制度下的财政、货币政策分析

7.3.3.1 浮动汇率制度下的货币政策分析

如图 7－12 所示，*LM* 曲线最初向右移动，本币贬值，本国商品的竞争力提高，*AD* 曲线右移，从 AD_0 移至 AD_1，而竞争力的提高同样会带来净出口的增长，因而 *IS* 曲线也会右移，这就使得 *AD* 曲线再次右移（从 AD_1 到 AD_2）。这样，由于名义工资会再次提高，经过一段时期之后，*SRAS* 曲线将会左移。最终的结果是，经济会回到正常的总产出水平上，但是价格水平会比初始水平高。

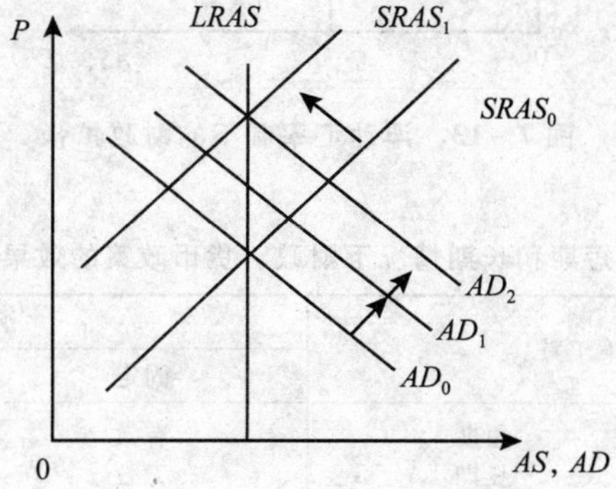

图 7－12 浮动汇率制下的货币扩张

7.3.3.2 浮动汇率制度下的财政政策分析

图 7－13 反映的是浮动汇率制度下财政扩张的经济效应，同固定汇率制下货币扩张结果很类似。在 IS－LM－BP 框架下，*IS* 曲线最初会外移，但是由于国内更高的利率水平，导致短期国际资金的大量涌入，使得本币升值，本国商品在国际市场上的竞争力降低。带来的后果是，对本国的净出口产生挤出效应，*IS* 曲线回移。因而在 AD－SRAS－LRAS 框架下，*AD* 曲线只是暂时地从 AD_0 移至 AD_1，最终还是会回归至初始位置，对于一般价格水平以及总产出水平不会造成持久的影响。

7.3.4 小结

我们把以上模型所分析的宏观经济政策的结果做一个简要的小结，如表

7-5所示。通过比较短期和长期效果的不同，对于蒙代尔—弗莱明模型的分析也进一步深化。要再一次强调的是，这里所说的有效或是无效是指宏观经济政策是否能对均衡的国民收入（总产出）造成持久的影响。

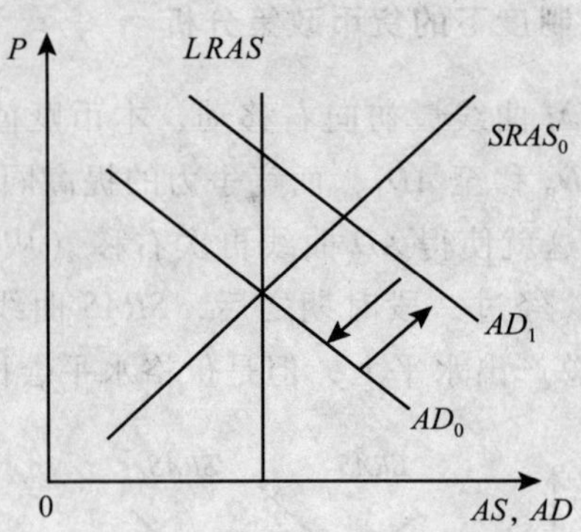

图7-13　浮动汇率制下的财政扩张

表7-5　　短期和长期情况下财政、货币政策的效果

宏观经济政策工具		汇率制度：固定	汇率制度：浮动
财政政策	短期	有效	无效
	长期	无效	无效
货币政策	短期	无效	有效
	长期	无效	无效

习题思考

1. 开放经济下的宏观调控目标是什么？
2. 简要说明内部均衡与外部均衡的基本内容及关系。
3. 简要说明蒙代尔有效市场分类原则的基本内容及重要意义。
4. 什么是蒙代尔—弗莱明模型？如何理解它在国际金融学中的地位？
5. 试利用蒙代尔—弗莱明模型分析短期内不同汇率制度下的财政、货币政策效力。
6. 试分析中长期财政、货币政策在不同汇率制度下的效力。
7. 试分析近年来开放度的不断提高对我国货币政策的效力所带来的影响。

第8章 开放经济下的汇率管理与外汇管制政策

学习目标

◇ 掌握政府对外汇市场进行干预的目的和类型。

◇ 掌握外汇管制的概念和外汇管制的经济效应分析。

◇ 了解外汇管制的历史、主要内容与措施。

◇ 了解我国外汇管理政策。

基本理论与基本原理

8.1 政府对外汇市场的干预

8.1.1 政府干预外汇市场的目标

8.1.1.1 短期目标

短期目标主要包括：

(1) 防止汇率在短期内过分波动。汇率是以一种货币表示的另一种货币的相对价格，这种价格的过分波动，通过打乱人们的预期而对经济体与经济体之间的正常贸易与投资增加风险，从而对各个经济体与经济单位产生负面影响。在国际资金流动量十分巨大的今天，汇率在短期内的过分波动（Excess Volatility）常常发生。现代外汇市场上，各种与市场基本面因素无关的投机行为非常盛行，少数有实力的机构投资者凭借各种金融衍生工具在市场上兴风作浪，汇率中的泡沫成分非常高，投机因素已成为汇率短期内大幅度波动的主要原因。

（2）向市场传达政府当局的意图。政府可以公开宣布它将通过货币政策或财政政策改变汇率，或明确表达对汇率趋势的看法，同时也可进行冲销式干预，让市场参与者进一步据以确定宏观经济政策的走向。它给予了这样一个信号，即中央银行期望汇率朝哪个方向变动，这一信号能够改变市场对未来汇率的预期，甚至会立即引起市场汇率的变动，这种效应称做干预的信号效应。外汇干预规模与整个外汇市场的规模相比是很小的，其作用就在于当汇率前景不明朗时，通过干预与市场参与者进行心理较量，引导市场走向，从而对汇率的变化产生重大影响。

8.1.1.2 中期目标

中期目标主要包括：

（1）缓和短期内汇率的大幅度波动，或持续性的较大幅度的日常性波动。这种波动往往是由市场投机造成大规模资产转换等因素造成的，严重时会酿成货币金融危机。因此必须通过干预，纠正错误的汇率预期，平抑市场风波。

（2）缓和单一方向的汇率波动。当经济受到某种突发性因素的冲击，而使汇率预期较为一致时，往往出现汇率直线上升或下跌的情况，这时政府就需要介入，虽然不能扭转市场预期，但也能起到一定的缓冲作用，以防止波动过度，危及到汇率制度本身。

（3）为修正经济政策争取时间。政府在利用市场机制进行大的经济政策调整时，其政策效应的产生往往需要一定时间，这一期间内汇率仍可能有较大波动，或较大幅度偏离政策目标，则政府有必要进行干预。

8.1.1.3 长期目标

长期目标主要包括：

（1）避免汇率水平在长期内失调。从中长期来看，汇率的平均水平与趋势如果较为明显地处于定值不合理，或高估或低估时，我们就可称之为汇率失调（Misalignment）。确定汇率水平是否失调，一般是依据对均衡汇率的估算得出。国际上计算均衡汇率的方法最主要有两种。一是购买力平价法。由于多种因素都会导致汇率偏离购买力平价，所以一般认为在汇率与购买力平价的偏离超过20%时，央行有必要干预。计算均衡汇率的另一种方法是威廉姆森提出的基本均衡汇率（Fundamental Equilibrium Exchange Rate，FEER），这是他设计的汇率目标区方案中确定中心汇率的理论基础。威廉姆森认为购买力平价作为政府制定汇率政策的指导是非常不合理的，因为它最大的问题在于没有考虑到各国实际的宏观经济运行状况。从宏观调控的角度，威廉姆森认为政府应追求的汇率水平是在中期内（一般指5年）实现经济内外均衡的汇率，此即所谓的基本均衡汇率。

（2）进行政策搭配的需要。中央银行在外汇市场上的干预是一国货币政策的重要组成部分，因为中央银行在市场上买入外汇，意味着它的基础货币投放增加了，具有同国债市场上的公开业务操作相类似的效果。央行在外汇市场与国债市场上的相等数量与方向的操作，对利率与汇率相对影响的强弱常常是存在差异的，这就提供了货币政策内部的不同工具搭配的可能性。同时，在外汇市场的干预还可与财政政策以及其他政策进行多种形式的搭配。

8.1.1.4 其他目标

政府对外汇市场的干预可能还出于其他目标。例如，政府为维持低汇率刺激本国出口，可能进入外汇市场人为地造成本币低估。再如，对于存在长期性外汇短缺问题的国家，政府可能入市小批量地持续买进外汇，以增加其所持有的外汇储备。而且，政府可能在外汇市场上买进卖出不同品种的外汇，以调整其持有的外汇储备的结构。

以上的分析证明，政府有充足的理由对外汇市场进行干预。在实行浮动汇率的初期，许多倡导自由市场经济的经济学家还曾反对过政府对外汇市场的干预，但自20世纪80年代以来，这一问题已不再成立，受到普遍关注的是政府如何进行干预、干预是否有效的问题。

8.1.2 政府对外汇市场干预的类型

根据不同的角度，政府对外汇市场的干预可分为如下几种。

8.1.2.1 按干预的手段划分，可分为直接干预与间接干预两种类型

（1）直接干预是指政府直接入市买卖外汇，改变原有的外汇供求关系以引起汇率变化的干预。

（2）间接干预则是指政府不直接进入外汇市场而进行的干预，其做法有两种：一是通过改变利率等国内金融变量的方法，使不同货币资产的收益率发生变

化，从而达到改变外汇市场供求关系乃至汇率的目的；二是通过公开宣告的方法影响外汇市场参与者的预期，进而影响汇率。政府可以通过新闻媒介表达对汇率走势的看法，或者发表有利于中央银行政策意图的经济指标，这些做法都可以达到影响市场参与者心理预期的目的。

8.1.2.2 按是否引起货币供应量的变化分，可分为冲销式干预与非冲销式干预两种类型

（1）冲销式干预（Sterilized Intervention）是指政府在外汇市场上进行交易的同时，通过其他货币政策工具（主要是在国债市场上的公开市场业务）来抵消前者对货币供应量的影响。

（2）非冲销式干预（Unsterilized Intervention）则是指不存在相应冲销措施的外汇市场干预，它引起了一国货币供应量的变动。这两种类型的干预方式是政府对外汇市场进行干预的最重要的分类，它们各自的效力成为外汇市场干预讨论中最受关注的问题。

8.1.2.3 按干预策略分，可分为熨平每日波动型干预、砥柱中流型干预和非官方钉住型干预三种类型

（1）熨平每日波动型（Smoothing Out Daily Fluctuation）干预，它是指政府在汇率日常变动时在高价位卖出，低价位买进，以使汇率变动的波幅缩小的干预形式。

（2）砥柱中流型或逆向型（leaning against the wind）干预，它是指政府在面临突发因素造成的汇率单方向大幅度波动时，采取反向交易的形式以维护外汇市场稳定的干预形式。

（3）非官方钉住型（Unofficial Pegging）干预，它是指政府单方向非公开地确定所要实现的汇率水平及变动范围，在市场汇率变动与之不符时就入市干预的干预形式。政府在外汇市场干预中常常交替使用以上三种干预策略。

8.1.2.4 按参与干预的国家分，可分为单边干预与联合干预两种类型

（1）单边干预是指一国对本国货币与某外国货币之间的汇率变动，在没有相关的其他国家的配合下，独自进行的干预。单边干预主要出现在小国对其与大国货币之间的汇率进行调节的情形下，缺乏国际协调时的各国对外汇市场的干预也多采取单边干预的形式。

（2）联合干预是指两国乃至于多国联合协调行动，对汇率进行的干预。由于外汇市场上投机性资金的实力非常强大，同时国际间政策协调已大大加强，现代各国对外汇市场的比较有影响的干预基本上采取的都是联合干预。

8.1.3 政府对外汇市场进行干预的实践

20世纪70年代以来，布雷顿森林体系逐步瓦解，浮动汇率制逐渐取代固定汇率制，外汇市场干预由被动转向主动。浮动汇率制实行以来，西方各国政府对外汇市场的干预始终是国际金融领域内非常重要的事情，这一实践具有非常丰富的现实内容，积累了大量的经验教训，对我们理解汇率政策乃至于开放经济的内外均衡实现问题具有非常高的参考价值。我们就其中最具代表性的两个实例介绍如下：

8.1.3.1 1978~1979年美国政府的外汇干预

1978年，美国卡特政府面对严重的经济滞胀和外汇市场美元的急剧贬值，于10月下旬宣布了一项反通货膨胀的计划，德国和日本的中央银行也对美元作了大量的冲销购买。11月1日卡特明确宣布美元汇价过低，美国财政部和联邦储备系统将对此采取措施，包括：美国将从金融市场或各国中央银行借入瑞士法郎、联邦德国马克和日元，在外汇市场上购买美元；联邦储备系统将采取紧缩的货币政策，提高贴现率和存款准备金率。至此，干预收到一定效果，美元对瑞士法郎升值7.5%，对联邦德国马克升值7%，对日元升值5%。但到1979年夏，美国货币供应量再次膨胀，美元又一次猛跌，美联储和各国中央银行再次作大量冲销式干预，但仍无法阻止美元下跌。直到1979年10月，美联储宣布了一项控制货币供应量的可信计划后，才使汇率稳定下来。

8.1.3.2 1985年西方五国的联合外汇干预

进入80年代，美国里根政府采取了宽松的财政政策与紧缩的货币政策相结合的政策搭配，导致了美国经济的高财政赤字和高贸易赤字，并形成了美元高利率与高汇率持续并存的局面。美国过分依赖于通过高利率吸引国外资金，来弥补经常账户的巨额赤字，日益引起国内和国际间的广泛忧虑，美元币值的严重高估也使美元占据主导地位的国际货币体系受到极大的威胁。西方五国（美、英、德、日、法）财长于1985年9月22日在美国纽约的广场饭店召开会议，发表了将采取联合干预措施促使美元汇率下调的“广场宣言”，而且制订了具体的联合干预目标：（1）让美元汇率下调10%～20%；（2）干预时间为6周，干预总规模计180亿美元，一天的最大干预规模为3亿～4亿美元；（3）干预资金由有关各国分担。宣言发布的第二天，外汇市场美元汇率就开始下跌，贬值一直持续到1987年底，美元对联邦德国马克和日元的汇率分别从1985年的1美元兑2.9联邦德国马克和238.5日元降至1美元兑1.8联邦德国马克和144.6日元。这次干预几乎完全实现了预先规定的目标。

1987年10月美国纽约股票市场危机发生后，外汇市场又进入相对动荡时期。自此以后，各国政府对外汇市场的干预仍在进行，但一般来说都避免承诺对汇率的特定水平与变动范围的维持，而主要在汇率发生大幅度波动时才予以干预。

8.2 政府的外汇管制政策

8.2.1 外汇管制政策概述

根据国际货币基金组织的分类，外汇管制（Foreign Exchange Control）的概念有狭义和广义之分，狭义外汇管制也称外汇限制（Foreign Exchange Restriction），指一国政府对本国居民从国外购买经常账户下的商品和劳务所需的外汇进行限制；广义的外汇管制，也叫外汇管理（Foreign Exchange Management），指一国政府授权本国的货币金融当局或其他机构，对外汇收支、买卖、借贷、转移以及国际间的结算、外汇汇率和外汇市场等实行的管制措施。

外汇管制是体制性概念，往往同一个国家的经济体制有着密切联系（如战时管制政策、计划经济）。外汇管制与货币自由兑换性密切相关，在外汇管制条件下，本国货币同外汇的兑换部分或全部地受到限制，本币成为不可兑换或不可完全兑换的货币，从而使境外的外汇买卖、国际结算、国际投资等金融活动都置于国家的严密控制之下。可以说，一国货币的不可兑换性或不可完全兑换性正是外汇管制的核心内容和必然结果。

8.2.1.1 外汇管制的历史演进

从外汇管制的历史来看，外汇管制可分为三个阶段：

（1）第一阶段（从第一次世界大战爆发到第二次世界大战结束）。外汇管制的历史，近代可以追溯到17世纪的英格兰，但现代意义上的外汇管制只在1917年后才由第一次世界大战各交战国实施。因此，外汇管制是第一次世界大战的产物。第一次世界大战爆发以后由于战争的影响，不少参战国（如当时的英国、法国、德国和意大利等）都发生了巨额的国际收支逆差，它们本国货币的对外汇率发生了剧烈波动，引起大量资本外逃。为了集中宝贵的黄金、外汇资产进行战争，减缓本国货币汇率的波动，以及防止本国资本的外流，所有参战国在战时都取消了外汇买卖的自由，禁止黄金输出，从而对外汇的收、支、存、兑实行人为的干预和控制。

第一次世界大战结束后，资本主义各国随着经济的恢复和发展，进入了一个相对稳定的发展时期，其货币信用也得到相应的发展，特别是为了扩大对外贸易，恢复和争夺海外市场，从1923年起，各国先后实行了金块本位制和金汇兑本位制。因此，这些国家原先实行的外汇管制都先后取消，外汇买卖的自由基本恢复。1929年发生世界性的经济危机后，一些实力较强的国家急速把资金从各个金融市场大量撤回，促使大部分国家的国际支付无法继续维持，被迫再次放弃金本位制度。1929～1933年，各国为稳定汇率，维持国际收支平衡，都先后以各种措施控制外汇交易。

第二次世界大战期间，参战国为了应付巨额战争开支，都实行比以往更为严格的外汇管制，来适应战时的经济需要。各国所采取的方法包括禁止自由汇率的存在，禁止外汇的自由交易等，而在国际贸易方面则采用易货贸易和记账贸易。到1940年，只有美国、瑞士和一些拉丁美洲国家等8个国家没有实行外汇管制。这一个阶段的外汇管制以防止资本外逃和投机为目的，管制的范围以资本收支项目为限。因为在这个阶段中，战争和经济危机致使各国经济不稳定，资本大量外逃，对外汇市场影响很大。

（2）第二阶段（从第二次世界大战结束到1958年）。第二次世界大战结束后，大多数国家备受战争创伤，经济亟待恢复，而外汇、黄金储备又严重短缺，不得不继续实行外汇管制。与此同时，美国利用其战后占绝对优势的经济地位，抬高美元汇率，大量输出资本，占领国际市场，并一再施加压力，迫使英、法、日、联邦德国等国放松外汇管制。20世纪50年代以后，由于美国经济实力的相对削弱，西欧各国及日本经济实力的相对增强，从1958年起，英国、法国、联邦德国、意大利、荷兰、卢森堡、西班牙、葡萄牙、瑞典、挪威、丹麦、奥地利、爱尔兰等14个国家实行了有限度的货币自由兑换。

在第二个阶段，外汇管制范围从资本项目扩大到经常项目，一切外汇交易都要经过外汇管理机关批准。外汇管制是调整国际收支使其均衡为目的的全面管制。

(3) 第三阶段（从 1958 年至今）。进入 20 世纪 60 年代，资本主义国家兴起了贸易、资本自由化的浪潮，外汇管制进一步放松。80 年代以来，国际上贸易自由化和贸易保护主义并存，汇兑自由化和外汇管制也形成了此消彼长、错综复杂的局面。随着世界经济的发展，特别是金融全球化的发展，各国经济的相互依存性越来越强，所有这些都要求世界范围内的外汇管制的进一步放松。事实上，不仅发达国家，许多发展中国家在外汇管制方面都呈现出逐步放松的趋势。

8.2.1.2 外汇管制的类型

目前，不管是发达国家，还是发展中国家，按其外汇管制的程度可分为三种类型：

(1) 实行严格外汇管制的国家与地区。这类国家的货币尚未实现自由兑换，国家对经常项目、资本项目的外汇收支都实行严格的管理与控制，居民的货币兑换也受到控制。这些国家和地区主要是指一些政治经济不稳定、贫困的发展中国家和实行计划经济的国家，包括 1994 年前的中国。

(2) 实行部分外汇管制的国家与地区。这类国家的货币已经实行经常项目下的自由兑换，通常是放开经常项目的外汇收支，国家只对资本与金融项目的外汇收支进行控制，允许外汇自由买卖。它们多为经济发达国家和新兴工业化国家和地区，以及国际收支和经济状况较好的发展中国家。属于这种类型的国家被称为“第八条款国”。1993 年以来第八条款国激增。中国自 1994 年 1 月 1 日后成为第八条款国。

(3) 名义上取消了外汇管制的国家与地区。这类国家和地区的货币基本上已经实现国际化，经常项目下和资本与金融项目下的外汇收支实行自由化，货币当局只进行国际收支的统计监测和国际储备资产管理。这类国家与地区名义上取消了外汇管制，但对非居民还实行间接的或变相的限制措施（如瑞士对非居民存款采取倒收利息的办法），对居民的非贸易外汇收支也有限制，不过限制的程度比前两种类型的国家和地区大为减小。属于这一类型的国家和地区也有 20 多个，主要是发达国家，如美国，还有国际收支顺差的石油生产国，如沙特阿拉伯等。

8.2.1.3 外汇管制的方法

（1）行政管制。即政府以行政手段对外汇买卖、外汇资金的来源和运用所实行的监督和控制。一般采取如下做法：政府垄断外汇买卖、管制外汇资产、管制进出口外汇、控制资本的输入输出等。

（2）数量管制。即政府对外汇收支数量进行控制。如在经常账户上，对贸易外汇实行外汇配额制、外汇分成制和对非贸易外汇实行限制等；在资本与金融账户上，对资本输出入及非居民账户存款进行审批管制；在外汇交易方面，限制交易的数量等。

（3）价格管制。其实质是实行不同形式的复汇率制。如政府规定法定的差别汇率，对某些进口商品给予优惠的汇率，而对某些商品（如奢侈品）实行高汇率；为鼓励出口，在出口商结汇时给予一定汇率上的补贴；允许出口商的一部分外汇收入按要求向银行结汇后，其余部分按市场汇率在外汇市场上出售等。

8.2.2 外汇管制的经济效应分析

外汇管制具有调整国际收支平衡，促进经济发展的积极作用。但是，也不可避免地会扭曲市场机制，给经济运行造成消极影响。外汇管制不是通过市场手段而是通过行政手段来分配外汇资源，这种制度安排一直受到自由经济学者的批评，如香港大学的张五常教授认为“外汇管制半点好处也没有，有的只是一些肤浅的谬误”。但是，外汇管制几乎被包括发达国家在内的所有国家都采用过。对这一问题的客观认识，应从作为一种制度安排的外汇管制的成本和收益的分析入手。

8.2.2.1 外汇管制的收益

（1）保护并促进国内经济发展。保护并促进国内经济快速发展是实行外汇管制的重要原因，这可从以下几个方面来理解：

①提高就业和收入水平。一国通过实行外汇管制，可以限制外国商品的进口和本国资本的外流，在某些情况下还可以鼓励本国商品的出口和外国资本的流入。根据凯恩斯的理论，商品净出口是一国有效需求的构成部分，净出口的扩大有利于增加就业水平和提高国民收入；与此同时，资本的净流入也刺激了本国的资本形成，投资规模因此而扩大，对资本物品的需求因此而增加。这也会给本国带来更多的就业机会，从而促进国民收入的提高和本国经济的发展。

②提高出口商品的国际竞争力。在浮动汇率制下，一国国际收支出现大量顺差，必然使其货币遭受升值的压力，而货币升值或汇率上涨将削弱该国商品的出口竞争力。因此，顺差国政府往往利用外汇管制来限制国际资本流入，以减轻本国货币的升值压力，保持其产品的国际竞争力及其国际市场份额。

③实现外汇资源的计划配置。外汇短缺在发展中国家是一种普遍现象，因此在这种情况下，由政府来分配外汇资源成为不得已而为之的事情。外汇管制能使一国政府阻止奢侈品进口或资本外流；同时集中外汇收入，采取优先配给的方法，保证那些效益较高的项目或对经济社会发展意义重大的部门的外汇需求，使外汇资源的配置实现尽可能大的社会效益与经济效益。在战争时期或大规模经济建设时期，这种做法尤为重要。

④增加财政预算收入。如果允许外汇自由买卖，国家不进行干预和控制，那么买卖外汇的利润直接归有关当事人所有。实行外汇管制后，国家通过参与外汇交易、课征外汇税等方法，获得经营外汇业务的垄断利润，这构成额外的财政收入。因此，对许多发展中国家来说，外汇管制是一种增加财政收入、缓解财政紧张状况的有效方法。

（2）调节外部经济失衡。对于一些国际收支逆差、外汇短缺的国家来说，外汇管制常被当作平衡国际收支和维持本币汇率稳定的最重要或最直接的手段。下面，我们参照图 8－1 来对此进行分析。

图 8－1 表明，如果外汇买卖是自由的或不受管制的，外汇供给曲线 S 和外汇需求曲线 D 的交点所形成的汇率 P_e 是均衡汇率，即汇率能不受限制地通过上下波动来调节供求关系，直至外汇的需求量与外汇的供给量相等为止。此时，外汇管制也就无存在的必要。

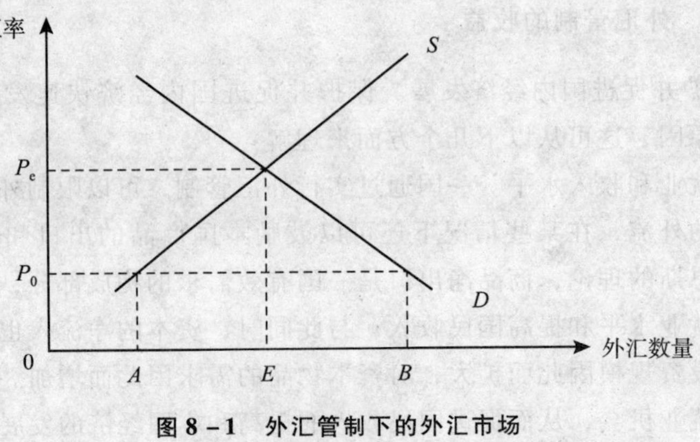

图 8－1　外汇管制下的外汇市场

但是，如果一国政府将本币定值过高（Overvalued），譬如说定值在 P_0 的水平，这时，外汇市场就会出现供不应求的现象，外汇供求缺口 AB 反映在一国的国际收支上即表现为国际收支逆差。为消除对外汇的过度需求或为弥补国际收支逆差，政府可采取以下措施：

①动用本国的国际储备资产来弥补赤字。这对于解决短期性的或暂时性的失衡，应当说是有效的。但是，如果国际收支的失衡是长期性的或根本性的，那么，它将造成中央银行所持有的国际储备大幅下降，甚至告罄的后果。

②宣布本国货币法定贬值。在本币贬值幅度足够大（P_eP_0）的情况下，外汇市场上的供求有望重新获得平衡。但是，改变本币汇率所引起的相对价格体系变化会产生国民收入或社会财富再分配的问题，并由此造成经济发展的不稳定和社会秩序的不安定。

③调节财政政策和货币政策，以此来使总需求或总支出产生增减变化，进而通过国民收入的变化、物价水平和利率水平的变化来影响国际贸易和国际资本的流量，最终使国际收支状况得到改善。但是，这项政策的实施具有牵一发而动全身的特征，它可能会造成内外均衡的冲突，即在解决国际收支逆差时会使内部经济发展出现停滞，失业增加；在解决国际收支顺差时会出现内部经济发展过热，通货膨胀加剧。

④实行外汇管制，即由政府集中所有可能的外汇供给，并按某种程序或形式在外汇市场需求者中实行配给供应。这项措施在增加外汇供给的同时，抑制对外汇的需求，从而缓解国际收支逆差的压力并维持汇率稳定。从经常项目看，实行外汇管制，可对经常项目下的外汇收支实行严格控制和区别对待，改变进出口商品数量，调整进出口商品结构和地区结构，从而有助于改善一国经常项目差额；从资本项目看，实行外汇管制后，通过对资本项目外汇收支的严格控制，可有效地阻止资本外逃；同时，还可以采取各种措施鼓励资本流入，从而改善国际收支状况；从外汇汇率看，实行外汇管制可以在外汇市场存在供求缺口的情况下保持汇率的相对稳定，从而有利于一国对外经济活动的开展。另外，大多数发展中国家都以出口初级产品、进口制成品为主，通过外汇管制措施来使币值高估的本币汇率保持稳定，避免本币的法定贬值，可以阻止本国贸易差额和贸易条件的进一步恶化。

综上所述，外汇管制在调节外部失衡中具有特殊的，甚至是不可替代的作用。尽管外汇管制的实施过程也涉及不小的经济成本和社会成本，但对于广大的发展中国家来说，这是一种不得不做出的痛苦选择。

(3) 阻断外来冲击。

①阻断国际通货膨胀的输入。在实行固定汇率制度或政府有意保持汇率稳定的情况下，源自于国外的通货膨胀可经由商品贸易传入国内，从而导致输入型的通货膨胀。例如，贸易伙伴国发生的通货膨胀使本国的出口竞争力相对得到改善，本国的进口规模则有所减小，国际收支因而出现盈余。为保持本币汇率稳定，中央银行在外汇市场上抛出本币、购入外币。假如央行没有通过公开市场业务对外汇干预的影响进行“冲销”的话，本国货币供应量的增加会对国内物价形成上涨的压力。在这种情况下，实行外汇管制可限制商品进口和资本流出，从而将国际通货膨胀拒于国门之外，使国内物价水平保持稳定。

②防止资本外逃或大量资本流入。国际政治与经济形势的动荡，往往会引起资本在国与国之间进行大规模的流动。对于一国来说，无论是资本的大量外逃还是资本大量涌入，都会破坏其国内金融市场的正常运行，妨碍该国货币与金融政策的实行。而实施外汇管制可有效地阻止国际资本的非正常流动。

③保护本国市场，扶植幼稚工业。幼稚工业是指一个国家刚刚发展起来的新兴工业。由于其工艺技术水平还处于发展或完善的阶段，生产也尚未达到规模经济要求的水平，在这种情况下，如果市场完全开放，外汇可完全自由买卖，那么，国外廉价的同类产品就会大量涌入国内市场，从而将幼稚工业扼杀在摇篮里。通过外汇管制，则可限制威胁本国幼稚工业生产与发展的商品进口，使幼稚工业在被保护的国内市场迅速地成长起来，从而保证本国民族经济的顺利发展。

8.2.2.2 外汇管制的成本

虽然外汇管制在保护并促进国内经济发展、调节外部经济失衡、阻断外来冲击，实现经济安全等方面有一定作用，但从理论上来分析，外汇管制作为一种对市场的行政干预措施，其缺陷也是十分明显的。

(1) 降低资源配置的效率，导致市场扭曲。外汇管制特别是对汇率的管制，使市场的价格信息出现混乱，在国际间进行成本与收益的比较会变得更加困难，从而造成国际比较利益的错位与资源配置效率的降低。例如，一国的货币定值偏高，该国具有比较优势的出口商品的外币价格就会被高估，其国际竞争力就会被削弱，甚至还可能由出口该商品转化为进口该商品。这样，该国就不能充分利用国际分工的功能，专业化与国际贸易为该国带来的利益就会丧失。另外，该国的进口商品的本币价格被低估，进口需求被不适当地扩大，这会刺激外汇的黑市交易。结果，消费者对进口商品实际支付的价格往往不能反映出外汇的“定价便宜”，因为外汇的供不应求导致了外汇拍卖价格和黑市价格的出现，再加之对政府官员的行贿等，最终往往会使实际支付的价格不仅高于官方价格而且还高于均衡价格，从而会促进低效率的进口替代工业的发展，影响该国资源的配置效率。可见，实施外汇管制会人为地扭曲货币汇率和贸易商品的相对价格体系，并可能造成外部经济的畸形发展。从长期看，这种代价是相当高的。

（2）阻碍国际贸易与投资的正常发展。在外汇管制下，外汇的自由买卖和资金的自由流动受到了限制，各国货币丧失了自由兑换性，国际支付中的多边结算方式也因此变得不可能，这对于国际贸易的开展是极为不利的。例如，甲国对乙国的贸易逆差原本可以用甲国对丙国的顺差来抵消或平衡的，如果现在丙国实行外汇管制（如设立封锁账户），阻止甲国用它的货币去购买乙国货币，甲国就不得不减少从乙国的进口或增加对乙国的出口，以此来平衡两国的贸易收支。而乙国的出口的减少可能又会促使它限制从第三国的进口。这样，国际间的自由贸易就会受到严重阻碍，世界贸易量就会出现萎缩。这还不是问题的全部，世界贸易的质量也会因外汇管制而恶化，因为出口商不能在最有利的市场上出售商品，而进口商也不能在最便宜的市场购买商品。由于外汇管制从本质上讲属于歧视性的政策措施，它的实施必然会加剧各国的贸易摩擦和经济矛盾，在世界范围引发贸易战和货币战，从而破坏正常的国际经贸秩序。国际货币基金组织要求其会员国不得对经常项目进行外汇管制，正是出于以上考虑。

由于世界各国经济发展不平衡，各国的资金余缺状况有很大的不同，这在客观上形成了相互调剂余缺的必要性。但资本的跨国界流动一般总是要伴随着外汇交易，如果外汇市场不能进行多边交易，非经外汇管理当局批准一律不准进行任何外汇买卖，这必然会限制国际资本流动的方向和规模。由此可见，外汇管制妨碍了资本国际化的进程，与贸易自由化、生产国际化背道而驰。对于发展中国家来说，外汇管制的实施也会影响到对外资的利用，这不利于本国国际收支的改善和国民经济的发展。对于资本有盈余的国家来说，由于其“过剩资本”找不到出路，资本的使用效率会出现下降，国内货币供给量也会受到一定的影响，这同样不利于其经济的稳定与发展。此外，外汇管制还会影响国际资本市场的运行效率，因为汇率是调节国际间资本供求的重要变量之一。在外汇管制下，管制国的汇率与国际汇率体系相脱离，造成价格关系的扭曲，各国之间的资本收益率差额因此变得更难确定，这直接会导致国际资本市场的畸变与低效率。

（3）压制外汇市场的健康发展。外汇管制下的外汇交易与自由市场上的外汇交易有着显著的差异。自由市场上的汇率取决于外汇的供给与需求，而这种供求关系又会因汇率的变动而得到自动的调整。而在外汇管制的条件下，汇率由外汇管制当局决定，未经批准的私人外汇交易是被禁止的，外汇的供求是受到严格控制的，它并不代表真正意义上的市场供求，而跨越国界的资金流出与流入更是受到严格的限制。这些情况使得一部分外汇需求不能通过正常的渠道得到满足，外汇黑市的出现就成为必然。与此同时，官方制定的汇率低于市场均衡汇率，其传递的价格信号受到了扭曲，这不利于资源的最佳配置。很显然，官方汇率与黑市汇率之间差额越悬殊，就会有越多的外汇资金从官方市场转向黑市，甚至还会出现非法的外汇走私及逃汇、套汇行为。所有这一切不仅会阻碍外汇管制预期目标的实现，而且还会造成市场交易秩序的混乱。

从对国际外汇市场的影响来看，在不存在外汇管制的情况下，通过在世界范围进行多边的外汇交易，一国的外汇指定银行不仅具有调整本国外汇供求的机能，而且还具有加强与各个国际金融中心的密切联系、使国际金融市场趋于一体化的机能；反之，外汇管制的实施使外汇市场上的多边交易不能进行，而且汇率又由官方决定，因此外汇指定银行的上述机能难以发挥，各国之间的金融联系因此而减少，外汇市场的交易活力也会因此而丧失。这最终将导致国际外汇市场的分割，交易量也趋于萎缩。

(4) 外汇管制自身的低效率。由于外汇管制面临着一系列复杂的行政管理方面的问题，外汇管制本身通常都是低效率的。在外汇管制下，黑市或灰色市场的产生和发展是不可避免的。一般而言，官方汇率与市场均衡汇率的偏差越大，从官方市场流向黑市的外汇就越多，这加剧了官方外汇市场上的供求矛盾，从而使得外汇配给问题变得更加尖锐和突出。因此，外汇管理当局所面临的一项艰巨任务就是要阻止人们以高于官方汇率的价格从事外汇交易。于是，一整套庞大的行政管理机构必须建立起来，以监督商业银行、进出口企业以及其他一切外汇收支业务；此外，旅游业、邮政汇付及跨国公司的转移价格等也必须置于政府严格的管控之下。毫无疑问，外汇管制的管理成本与实施成本是巨大的，而任何试图减少这种成本的努力都有可能导致外汇管制效率的降低。

8.2.3 外汇管制的主要内容和措施

外汇管制的主要内容和措施一般是指对管理对象进行何种方式的约束和限制。凡实行外汇管制的国家或地区，一般都对以下一些项目采取一定的管理方法和措施：

8.2.3.1 对经常项目的管制

由于经常项目包括的外汇收支种类繁多，管理的内容也就较为复杂，它一般可分成贸易外汇管理和非贸易外汇管理两部分。

(1) 贸易外汇的管理。贸易外汇收支是决定一国国际收支状况的最主要项目，因此对贸易外汇的管理也就成为各国外汇管理的重点。各国特别是贸易逆差国，都期望通过对贸易外汇的管理达到改善国际收支的目的。

①出口收汇管理。出口收汇管理是大部分国家普遍实行的外汇管理措施。国家为减少和防止逃汇、套汇现象，保持国际收支平衡，一般都要求出口商在商品出口后要将货款调回境内，存放在境内的银行，或按规定在外汇指定银行办理结汇。同时，世界各国对出口一般都采取鼓励政策，以开拓海外市场，扩大出口规模，增加外汇收入。

各国实行的出口鼓励措施有许多，在外汇管理方面主要有三种：汇率补贴。实行外汇管制的国家对出口所涉及的外汇交易规定更优惠的汇率，使商品出口所得到的每一单位能换回较多的本国货币，以此来鼓励出口；外汇留成。出口商可按一定比例保留其出口收汇收入。所留成外汇除可供自己使用外，还可按较高的价格出售给其他外汇需求者，这可看成是一种变相的汇率补贴；外汇倾销。有些国家故意让本国货币的对外贬值程度大于国内外通货膨胀的差异程度，从而使该国所有出口商品以外币表示的价格相对下降，形成“廉价销售”，在价格上提高本国商品的出口竞争能力。此外，许多国家还采取信贷、税收等非外汇管理的措施来鼓励出口。

各国普遍实行“奖出”原则，对出口的限制比较少见。但在个别情况下，有的国家出于政治上的原因，会禁止某些尖端技术和战略物资的出口；或者是迫于国际贸易保护主义的压力，对于某些本国在国际市场上具有很强竞争力的商品采取措施，限制出口。

②进口付汇管理。对进口付汇进行管理，其目的是为了限制与国内生产相竞争的商品进口，并禁止某些非必需品和奢侈品的进口，以保护本国的相关产业，并节约外汇支出。

各国对进口付汇实施的限制性措施多种多样，主要有：进口许可证制。在进口许可证制下，进口商必须先申请进口许可证，然后方可办理进口业务及付汇手续。政府有关部门在颁发进口许可证时，通常要考虑进口总量、进口商品结构、进口商品的来源地或生产国别及进口支付的条件等。进口配额制。一国为了保护本国产业或出于政治上的需要，对进口的总量进行限制，没有配额的不准进口，进口配额分为全球性配额和国别配额。进口押金制。这又称进口预先存款制，即进口商必须将进口货款按规定的比例存入指定银行，银行对此存款不支付利息。通过实施这项押金制度来占压进口商的资金，加大其进口成本，减弱其支付能力，从而达到减少进口的目的。国家垄断经营制。所有的进口统一由国家指定的进口单位办理，其他企业不能从事进口业务，以达到集中控制进口用汇的目的。征收高比例的进口税和进口附加税，以限制某类商品的进口。

（2）非贸易外汇的管理。非贸易外汇收支的范围较广，除贸易外汇和输出入国境的国际资本以外的一切外汇收支均属于非贸易外汇收支，主要包括：与进出口贸易有关的从属费用，如运费、保险费、佣金等；与资本等生产要素的输出入有关的利息、股息、特许权使用费、劳务费等；与文化交流有关的版权费、稿费、留学费用等；与外交活动有关的驻外机构经费。此外，还有海外旅游的费用与侨民汇款等。其中，与贸易有关的费用按贸易外汇进行管理，其他各项外汇收支则采用以下几种管理方式：

①在非贸易外汇收入方面。许可证制：一些发达国家限制某些在高科技行业从事生产和科研的人员，在国防等领域从事研发工作的人员，向国外提供劳务或进行交流。只有经有关部门批准，并持有主管部门发放的许可证才可进行此类输出。结汇和留成制度：规定非贸易外汇收支须在规定的日期内向外汇指定银行办理结汇。有的国家为鼓励非贸易收汇，允许创汇者按一定比例留存外汇。开设外币账户和免征利息收入税：在实施外汇管制的国家，开立外币账户一般都受到严格的限制。但为了鼓励非贸易创汇，国家也会允许企业或个人开立外币账户，并对外币利息免征利息收入税。强制兑换：这是一种严格的管理措施，它强制规定个人和企业不得持有外汇，所有携带入境或从国外汇入的外汇都必须按规定兑换成本国货币；暂时入境的非居民在逗留期间也必须将其携带的外汇向外汇指定银行兑换成当地货币或外汇券。

②在非贸易外汇支出方面。征收外币兑换税。当居民以本币购买外汇时，要按本币的价值征收一定比例的税收。这一做法通常用于出国旅游等项开支上，以限制此类开支；规定购汇的限额和购买的间隔期。如有的国家规定，因私和公务出国一般一年内可购汇一次或两次，数额也受到限制。外汇、贵金属出入国境的管理。对外汇、贵金属出入境管理的重点一般放在限制输出上。多数实行外汇管理的国家都规定，携带或邮寄外汇和黄金出境，须提供外汇管理部门证明，或提供入境时向海关报关申报携入的申报单，禁止私人输出黄金。更有甚者，对携带

贵金属饰品出境也有一定的限制，即限额以内可自由带出，超过限额则要经主管部门批准。而对于外汇和贵金属的入境，大多数国家则未加限制，只要向海关申报即可携带入境。另外，各国还对本币的输出入实行管理，如美国规定携带5 000 美元以上的现钞出境必须向海关申报。

8.2.3.2　对资本项目的管制

根据国际货币基金协定的规定，各成员国未经基金组织同意，不得对国际经常往来的付款和资金转移施加限制，但是在必要的情况下可以对国际资本转移采取一些限制。因此，对资本输出入的管理，在各国实施的外汇管制中占有相当重要的地位。

资本项目管理，包括对本国货币资本、外汇资本、投资利润、股息等输出入及有价证券买卖进行限制，主要的措施有：

（1）审批管理。一些国家对资本的输出和输入实行严格的审批制度，输出和输入单位须向主管部门申请，经批准后才可办理手续。需要报批的项目有：对外借款和对外贷款、外国直接投资和对外直接投资、在境内发行及出售外币有价证券、在境外发行外币债券或股票、向境内或境外转移资本等。审批单位则依据国家引进外资的政策、国家对债务整体规模的控制要求、国家的产业经济政策及鼓励或限制的行业和项目等内容，对申请的每一笔交易进行审核，符合标准和要求的予以批准。

（2）比例限制和限额控制。一些发展中国家对外国投资者在某些行业和企业中的投资比例有所限制。如有的国家要求本国资本在外商投资企业中必须保留50%以上的股权资本，以使本国经济部门不被外国资本操纵或垄断。还有一些国家对外国资本和利润的汇出做了限制性规定，如一年内汇出的利润有最高限额，或不准超过其投入资本的特定比例；资本的转移也必须分批进行等。

（3）明令禁止，严格控制。有的国家通过立法和行政性规定来限制资本的输出和输入，如为了防止资金外流，明令禁止本国居民购买国外的股票债券，禁止携带有价证券出境。与之相反，有的国家为避免资金大量流入造成本币升值的威胁，不允许非居民进入本国市场购买有价证券等。

（4）经济利益诱导。一些发达国家为防止资金流入造成输入性通货膨胀，采取不鼓励资本输入的措施，从经济利益上诱导资金的流向。措施之一是规定本国银行吸收非居民存款时要缴纳较高比例的存款准备金；措施之二是银行对非居民的活期存款不付利息，甚至在一定时期内对超过数额规定的存款余额倒收利息；措施之三是规定非居民持有本国股票和债券所得的收入要缴纳较高比例的所得税等。

总之，各国的国情不同，对资本输出和输入的态度不同，管理的重点也不一样。一般来说，发展中国家普遍面临着生产技术落后、资金短缺的矛盾，因而管理的重点是采取一系列措施鼓励资本的输入，以便更好地利用外资发展本国经济；与此同时，采取严格措施限制本国资金的外流。发达国家则由于自身资金实力雄厚，国内市场又处于饱和状态，需要寻找新的投资场所，因而允许资本自由输出。对于那些国际收支长期顺差、本币不断升值、通货膨胀压力急剧增大的国家，则对资本输入施加限制措施。

8.2.3.3 对汇率的管制——复汇率制

对汇率的管制即汇率管理，是指政府有关部门为调节国际收支、稳定本币价值而对本国所采用的汇率制度、汇率种类和汇率水平进行的管理。如果说以上分析的经常项目与资本项目管理都是偏重于外汇数量上的管制，那么，汇率管理的实质则是一种价格管制。

(1) 汇率管理的主要方法。广义地说，汇率管理的方法主要有以下几种：

①直接管制汇率。一国政府授权某一部门制定、调整和公布汇率，各项外汇收支都必须以此项官定汇率为基础来进行兑换。由官方制定和公布汇率，可以使汇率水平符合官方政策，直接服务于国家对宏观经济调节的需要。但在这种汇率的形成过程中，人为因素与外界干扰的成分较大，它很难反映真实的汇率水平，极易造成价格信号的扭曲。此外，采取这种形式形成的汇率，必须辅之以其他管制措施才能维持。

②间接调节市场汇率。由市场供求决定汇率水平的国家，政府对汇率不进行直接的管制，而是通过中央银行在外汇市场上的买卖来间接地达到调节外汇供求、稳定汇率的效果。为进行这一操作，许多国家都建立了外汇平准基金，运用基金在市场上进行干预，而避免直接运用外汇储备。此外，中央银行还可通过货币政策的运用，利用利率杠杆来影响汇率。如信贷规模的紧缩和利率水平的提高，可以减少市场上对外汇市场的需求，同时抑制通货膨胀，吸引国外资金流入，阻止汇率贬值；反之，则可减轻汇率升值的压力。

一般来说，经济高度发达的市场经济国家都实行浮动汇率制度，即国家不对汇率进行直接管制，而是运用经济手段间接调控或引导汇率；而那些经济欠发达、市场机制发育不健全、宏观调控缺乏有效性的国家，则经常采取直接的行政手段来管理汇率，以保证汇率为本国经济政策服务。

③实行复汇率制度。政府对汇率的管理主要体现为政府施行的复汇率制。复汇率制涉及的问题较多，下面我们开辟专题来分析这一问题。

(2) 复汇率制。

①复汇率制的概念。复汇率（Multiple Exchange Rates）制是指一国实行两种或两种以上的汇率，它有两种主要形式：多重汇率与混合汇率。

②复汇率制的种类。

多重汇率。这是指按不同的政策目标，对不同的外汇收支，规定两种或两种以上的汇率，如贸易汇率与金融汇率。前者适用于进出口贸易及其从属费用的对外结算，后者则适用于资本移动和非贸易交易的结算。区分这两种汇率，其目的不外乎鼓励对外贸易发展、限制国际资本移动。规定两种以上的汇率则可对不同的商品规定不同的汇率，如对于原材料、粮食等战略物资的进口给予优惠的汇率，对于汽车、摩托车等奢侈品的进口则采取限制性的汇率，从而起到对不同商品的进口进行限制或鼓励的作用。

混合汇率。这是指官方汇率和市场汇率混合使用的汇率体制。在一些国家既存在着由官方确定和公布的汇率，也存在着由特定供求关系决定的市场汇率。官方汇率一般都低于市场汇率，因此，使用官方汇率购买外汇，一般都是政府鼓励和支持的进口；而在市场上出售外汇，所得的本币收益高于以官方汇率结售外汇的本币收益，所以，适用于国家鼓励的出口收汇或其他的创汇收入。

③复汇率制的表现形式。复汇率制度按其表现形式有公开的和隐蔽的两种。隐蔽的复汇率又有多种表现形式：如对出口按商品类别给予不同的财政补贴或税收减免，由此导致不同的实际汇率；又如对进口按类别课以不同的附加税，这同样导致不同的实际汇率；采用影子汇率。影子汇率实际上是附在不同种类进出口商品后的一个不同的汇率系数。比如，某类商品的国内平均单位生产成本是8元人民币，国外售价是1美元，官方汇率为1美元等于6元人民币，通过官方汇率只能弥补该产品的部分生产成本（6元）。为鼓励出口，国家就在该类出口产品的官方汇率之后附加一个1.34的折算系数。这样，当该产品出口后，1美元的创汇收入便可换到8.04元人民币。由于不同种类的进出口商品因成本不同往往具有不同的影子汇率，故影子汇率构成实际上的复汇率；在官方汇率和市场汇率两种汇率并存的条件下，对不同企业出口的不同商品实行不同的外汇留成比例，同时允许企业将其不用的留成外汇在外汇调剂市场上按市场汇率换成本国货币，这等于变相地给予补贴。

④复汇率制的利弊。同其他外汇管制政策一样，复汇率制对经济的影响也具有双重性。复汇率制度的积极意义在于：一是在宏观经济出现国际收支问题尤其是大量资本流出时，可维持一国一定数量的外汇储备；二是在国际资金流动问题非常突出时，可隔绝来源于外部的冲击；三是可以体现国家的进出口政策与产业政策；四是成为一种变相的财政手段，不同交易采用不同的汇率实际上意味着政府的不同补贴与征税措施。

复汇率对经济本身也有很大损害，复汇率制度本身存在着许多缺陷：一方面，管理成本较高。由于汇率种类繁多，其管理势必涉及大量的人力成本。另一方面，管理人员主观认识上的失误、繁文缛节、信息不通等都会导致复汇率的错误运用，从而使得经济运行的整体效益下降；扭曲价格信号。众多的汇率导致众多的价格，从而使得一国的相对价格体系变得复杂。另外，这些价格信号中有相当一部分是受到扭曲的，从而使得资源配置的效益大打折扣；导致不公平竞争。复汇率实际上是一种变相的财政补贴，它使不同企业处在不同的竞争地位，从而不利于公平竞争关系的建立和市场透明度的形成；容易引起国际社会的非议，甚至招致贸易伙伴国的报复，从而不利于国际经贸关系的发展。

从第二次世界大战世界各国的历史看，复汇率的使用频率相当高，但它被中止实行的频率也相当高。换言之，复汇率只是作为一种权宜之计或过渡措施来加以利用的，很少有国家长期使用复汇率制度。

8.3 中国的外汇管理政策

我国是发展中国家，新中国成立以来一直实行比较严格的汇率管理与外汇管制。随着经济体制特别是外汇管理体制的改革，1994 年 1 月 1 日，我国开始实行新的外汇管理政策，已实现人民币经常项目下的可自由兑换。2005 年 7 月 21 日，我国的汇率制度又进行了新一轮的重大改革，外汇管理制度也随之进行了配套改革，所有这些改革措施必将使人民币走向完全的可自由兑换。

8.3.1 中国的外汇管制的历史沿革

根据不同历史时期经济发展状况，我国的外汇管理体制可以分为四个阶段：

8.3.1.1 国民经济恢复时期的外汇管理（1949～1953年）

新中国成立初期，中央人民政府指定中国人民银行为外汇管理机关，颁布了《外汇分配使用暂行办法》，规定全国的外汇收入一律由中央人民政府财经委员会统一掌握、分配和使用。外汇分配的原则是：先中央后地方、先工业后商业，先公后私。这一时期外汇管理的主要任务是：建立独立自主的外汇管理制度和汇价制度；取缔帝国主义在华的经济、金融特权；禁止外币在市场上流通，打击外汇黑市；利用、限制私营进出口商和私营金融业；扶植出口；鼓励侨汇。具体的措施有：(1) 建立了外汇的供汇和结汇制度；(2) 建立了独立自主的人民币汇价制度。(3) 建立了外汇指定银行制度；(4) 禁止私自携带或邮寄人民币、外币和金银出境。

8.3.1.2 高度集中的计划时期的外汇管理（1953～1978年）

这一时期外汇管理实行"集中管理、统一经营"的方针。主要内容是：(1) 外汇收支由国家计委全权负责，以收定支。(2) 所有进出口活动均由国营进出口公司负责。(3) 对借用外债和利用外资基本上采取排斥的做法。这种外汇管理制度适应了当时高度集中的指令性计划经济体制，有效地维护了我国的外汇收支，但是计划经济管得过死，随着经济的发展，弊端逐渐显现。

8.3.1.3 改革开放后我国的外汇管理（1979～1993年）

为适应改革开放的要求，我国在改革外汇管理体制方面逐步取得了以下进展：

(1) 设立专门的外汇管理机构——国家外汇管理总局。国务院于1979年批准设立该机构，统一负责我国的外汇管理，1982年改称国家外汇管理局，划归中国人民银行领导，1988年6月成为国务院直接领导的国家局，归口人民银行管理。

(2) 颁布外汇管理条例和各项实施细则。1981年3月，国家批准实施国家外汇管理总局制定的《中华人民共和国外汇管理暂行条例》，这是新中国成立以来第一个全面的、系统的、具有法律效力的外汇管理法规。此后又陆续公布了30多个实施细则。这标志着我国的外汇管理进入了规范化、法制化的阶段。

(3) 实行贸易和非贸易外汇的额度留成。1979年8月，国务院颁发了《关于大力发展对外贸易增加外汇收入若干问题的规定》，恢复实行外汇留成制度。

外汇留成是外汇额度留成，而非外汇现汇留成。一般地区以 1978 年外贸收购额为基数，对中央部委管辖的商品留成 20%，地方管辖的商品留成 40%。1991 年取消外贸补贴后，把按地区、部门留成比例改为按大类商品确定留成比例，外贸企业留成比例为 40%。

（4）建立和发展外汇调剂市场。实行外汇额度留成制度之后，创汇企业和用汇企业之间产生了调剂外汇余额的需要。1980 年国家公布《调剂外汇暂行办法》，次年发布《关于外汇额度调剂工作暂行办法》，1986 年国家颁布《办理留成外汇的几项规定》，允许有留成外汇的国营和集体企业，通过中国银行按照外汇调剂价格，将多余的外汇卖给需要外汇的国营和集体企业。1986 年，国家允许外资企业间相互调剂外汇。1988 年，国家外汇管理局颁布《关于外汇调剂的规定》，在各省、自治区和直辖市建立了外汇调剂市场。外汇调剂作为计划分配外汇的补充手段，促进了外汇资金的横向流动，提高了外汇的使用效率。

（5）放宽对国内居民的外汇管理。1979 年我国开始实行对个人外汇比例留存办法。1981 年 12 月由外汇管理局发布的《对个人的外汇管理施行细则》明确规定了留存比例，但个人留存外汇必须存入中国银行。从 1985 年起，我国银行开办国内居民外币存款业务，个人外汇允许存入银行，在规定的数额和用途内允许提取外汇汇往或携往境外使用。从 1988 年起，部分经济发达地区和侨乡开办了个人外汇调剂业务，允许个人按调剂价格买卖外汇。

（6）外汇金融体系的建立。1979 年中国国际信托投资公司成立之日起就拥有经营外汇业务的权力，随后国家陆续批准了一些有外汇经营权的信托投资公司、财务公司、租赁公司等。1985 年，国务院在经济特区批准设立了一些经营外汇业务的外资银行和合资银行，同时允许各专业银行业务交叉，开办外汇业务。一些全国性和区域性的综合银行如交通银行、深圳发展银行、中信实业银行等也被允许办理外汇业务。这样形成了一个以中国银行为主，多种金融机构并存的外汇金融体系。

（7）建立资本输出入的管理制度。这一时期我国对资本输出入的管理主要包括以下内容：①对外商投资企业的外汇管理。对外商投资企业外汇收支采取比较宽松的政策，允许其保留外汇收入，自行支配使用；允许其向境内外银行借款，自借自还，事后办理登记；允许其通过外汇市场调剂外汇余缺；投资者所得利润、依法停业后所分得的资金、外籍职工的工资收入，均可申请汇出；投资者的人民币利润进行再投资享受外资待遇等。②对外债的管理。从 1986 年 4 月开始，国家外汇管理局统一管理全国外债，监督和管理对外借债和境外发行债券。

对外债实行计划管理的审批制度，借用外债必须纳入国家计划，对中长期外债实行年度指标控制，对短期外债实行余额管理。实行外债登记制度，建立全国外债统计监测系统，定期对外公布外债数字。③对境外投资的外汇管理。对境外投资实行事前审查和事后监督相结合的管理制度。国内企业向境外投资必须凭计划部门批准的项目计划，向外经贸部申请批准。在申请前，须经外汇管理局审查外汇资金来源和外汇风险，并由外汇管理局监督其投资收回和利润调回。

（8）发行外汇兑换券。为保证外国人在我国购买紧缺物资，取代外币在我国境内流通，同时便于计算创汇单位的外汇留成，1980 年 4 月，中国银行开始发行外汇兑换券，简称“外汇券”。

这一时期的外汇管理的特征主要体现在：由高度的计划控制逐步转变为间接的市场调控。适应了改革开放和发展外向型经济的客观需要，特别是外汇调剂市场在互通有无、调剂余缺方面起到了重要的作用，在一定程度上培育了我国的外汇市场。但是，官方汇率与外汇调剂汇率并存，形成了实际上的复汇率，而且全国的外汇调剂市场，长期处于分割状态，扭曲了外汇的价格。所以，存在着许多问题亟待解决。

8.3.2 我国现行外汇管理政策的主要内容

8.3.2.1 1993～1996 年期间的外汇管理体制改革的主要内容

1993 年 12 月 25 日，国务院发布了《进一步改革外汇管理体制的通知》，决定从 1994 年 1 月 1 日起，进一步改革我国的外汇管理体制。这次力度很强的改革，使我国外汇管理体制进入一个全新的阶段，实现了人民币经常项目下有条件的可自由兑换。其主要内容有：

（1）汇率并轨，取消人民币官方汇率，实行以市场供求为基础的、单一的、有管理的浮动汇率制，政府只在必要时予以干预和调整。

（2）实行外汇收入结汇制，取消现行的各类外汇留成、上缴和额度管理制度，企业出口所得外汇收入须及时结售给指定的经营外汇业务的银行，在此基础上，取消经常项目下正常对外支付用汇的计划审批，境内企事业单位、机关和社会团体在此项下的对外支付用汇，可凭有效凭证，用人民币到外汇指定银行办理兑付。非经常性支付购汇或购提现钞，按财务和外汇管理有关规定办理，对向境外投资、贷款、捐款的汇出，继续实行审批制度。

(3) 建立银行间外汇市场，中心设在上海，联网全国，相互调剂头寸，外汇银行是外汇交易市场的主体，通过银行间外汇市场，改进汇率形成机制，保持合理稳定的人民币汇率。

(4) 取消境内外币和外汇券计价结算，禁止外币在境内流通。经过一段时间后，取消外汇券。

(5) 外商投资企业外汇管理仍维持现行办法。在国家规定允许范围内的对外支付和偿还境内金融机构外汇贷款本息，可从其现汇账户余额中直接办理，超出现汇账户余额的生产、经营、还本付息和红利汇出用汇，由国家外汇管理部门根据国家授权部门批准的文件及合同审核批准，通知外汇指定银行兑付。

1994 年 1 月 1 日改革正式实施，1 月在上海建立了中国外汇交易中心，人民币汇率实行并轨，按照 1 美元兑 8.7 元人民币作为中国人民银行外汇牌价。4 月 1 日银行结售汇制度正式实施，4 月 4 日，银行间外汇市场正式经营，使各外汇指定银行可以在市场上买卖外汇，并对客户办理外汇业务，取代了过去的外汇调剂市场。中央银行可通过与外汇指定银行的外汇买卖，维持汇率的稳定。外汇券经历了一定的过渡时间后，在 1996 年初正式停用。

8.3.2.2 1996～2005 年"7·21"期间的外汇管理体制改革的主要内容

1996 年开始，我国外汇管理体制进行了进一步的改革，相应出台了一系列政策法规和相关措施：

(1) 1996 年 1 月 1 日，实施《国际收支统计申报办法》，制定时参照了国际货币基金组织国际收支手册第 5 版的内容，具有较高的国际可比性。

(2) 1996 年 4 月 1 日，出台了《中华人民共和国外汇管理条例》，主要规定了新外汇体制以来外汇管理基本的、原则性的内容，具体操作性的内容则由配套的单项行政法规和规章来解决，是对 1994 年外汇管理体制改革成果的法制化和规范化。

(3) 1996 年 7 月 1 日后实施的法规包括《结汇、售汇及付汇管理规定》、《外商投资企业境内外汇账户管理暂行办法》、《外商投资企业外汇登记管理暂行办法》、《外资银行结汇、售汇及付汇业务实施细则》、《境内机构对外担保管理办法》、《境内居民因私兑换外汇办法》和《境内居民外汇存款汇出境外的规定》等。

前几项法规在全国范围内将外商投资企业的外汇买卖纳入银行结售汇体系，取消对其经常项目下用汇的限制。同时也允许我国境内的外资银行、中外合资银行和外国银行分行经营结售汇业务，成为我国的外汇指定银行。三资企业从1996年7月1日起意愿结汇。1996年1月3日，外汇交易市场在上海正式联网运行。

后两项法规则消除了我国外汇管理体制与国际货币基金组织协定第八条款在非贸易性项目用汇方面的限制。新规定提高了兑换的标准，扩大了因私用汇的范围，对超过标准的兑换和外汇存款汇出要求，经外汇管理部门的审核后也可办理。在此基础上，我国于1996年12月1日起，正式加入国际货币基金组织第八条款，实现了人民币经常项目下可自由兑换。

(4) 1997年10月，为了加强国有企业改革，完善企业经营制度，我国允许符合条件的中资企业开立外汇结算账户，保留一定限额的经常项目外汇收入。2001年12月1日，国家外汇管理局对企业出口外汇核销和外汇账户管理进行了调整。一方面取消出口收汇核销单使用期限，实行出口收汇差额核销制度，简化核销手续；另一方面降低了中资企业外汇结算账户的开立标准。

(5) 2004年11月16日，中国人民银行制定了《个人财产对外转移售付汇管理暂行办法》，自2004年12月1日起施行。通过该办法的实施，规范了个人财产对外转移行为。2005年8月3日，国家外汇管理局发布《关于调整境内居民个人经常项目下因私购汇限额及简化相关手续的通知》。提高境内居民个人经常项目下因私购汇指导性限额。出境时间在半年以下的，由等值3 000美元调整为等值5 000美元；出境时间在半年以上的，由等值5 000美元调整为等值8 000美元。

(6) 2005年2月4日，为进一步推进贸易便利化，切实满足企业用汇需求，降低企业结售汇成本，国家外汇管理局发布《关于调整经常项目外汇账户限额管理办法的通知》：将超限额结汇期限由现行的10个工作日延长至90日；扩大按实际外汇收入100%核定经常项目外汇账户限额的企业范围。2005年9月15日，国家外汇管理局发布《关于进一步简化贸易进口付汇及核销手续有关问题的通知》：简化贸易进口付汇审核凭证；简化“对外付汇进口单位名录”管理；取消“进口货物报关单经营单位与付汇单位不一致”进口付汇备案管理，简化有关进口付汇及核销手续；放宽“异地付汇”进口付汇备案管理。2005年10月14日国家外汇管理局发布《关于进一步简化出口收汇核销手续有关问题的通知》，为进一步完善经常项目外汇管理，促进贸易便利化，国家外汇管理局决定进一步简化出口收汇核销手续。

8.3.2.3 2005年“7·21”汇率制度改革中的新发展

2005年7月21日，为了建立健全以市场供求为基础的、有管理的浮动汇率制度，经国务院批准，中国人民银行发布《关于完善人民币汇率形成机制改革的公告》，这是我国汇率制度的又一次重大变革，具有深远的意义。

为了更好地实施这次重大改革，中国人民银行与国家外汇管理局陆续出台了一系列改革措施，主要内容包括：

（1）2005年7月21日，中国人民银行发布《关于完善人民币汇率形成机制改革的公告》。在该公告中指出，此次改革的主要内容有：自2005年7月21日起，我国开始实行以市场供求为基础，参考一篮子货币进行调节、有管理的浮动汇率制度。人民币汇率不再钉住单一美元，形成更富弹性的人民币汇率机制；中国人民银行于每个工作日闭市后公布当日银行间外汇市场美元等交易货币对人民币汇率的收盘价，作为下一个工作日该货币对人民币交易的中间价格；2005年7月21日19:00时，美元对人民币交易价格调整为1美元兑8.11元人民币，作为次日银行间外汇市场上外汇指定银行之间交易的中间价；银行间外汇市场美元对人民币的交易价仍在人民银行公布的美元交易中间价上下千分之三的幅度内浮动，非美元货币对人民币的交易价在人民银行公布的该货币交易中间价上下一定幅度内浮动。

（2）2005年8月8日，中国人民银行发布《关于加快发展外汇市场有关问题的通知》。其主要内容包括：扩大即期外汇市场交易主体。非金融企业、非银行金融机构符合条件的，可以向中国外汇交易中心申请会员资格，进入银行间即期外汇市场进行自营性交易；增加外汇市场询价交易方式，在银行间外汇市场引入询价交易系统，询价交易与竞价交易方式并存。采取询价交易方式的会员在双边授信基础上，通过交易中心询价交易系统进行交易，交易的币种、汇率、金额等由交易双方协商议定。询价交易实行双边清算，风险自担；开办银行间远期外汇交易；加强外汇市场监管。中国人民银行授权国家外汇管理局对银行间即期外汇市场和远期外汇市场进行监督管理。

（3）2005年9月23日，中国人民银行发布《中国人民银行关于进一步改善银行间外汇市场交易汇价和外汇指定银行挂牌汇价管理的通知》。其主要内容包括：每日银行间即期外汇市场非美元货币对人民币的交易价在中国人民银行公布的该货币当日交易中间价上下3%的幅度内浮动；外汇指定银行对客户挂牌的美元对人民币现汇卖出价与买入价之差不得超过中国人民银行公布的美元交易中间价的1%，现钞卖出价与买入价之差不得超过美元交易中间价的4%；取消非美元货币对人民币现汇和现钞挂牌买卖价差幅度的限制。

2005年11月24日，国家外汇管理局决定在银行间外汇市场引入做市商制度，并发布了《银行间外汇市场做市商指引（暂行）》。2005年12月29日，国家外汇管理局为贯彻执行《中国人民银行关于加快发展外汇市场有关问题的通知》，发布了《非金融企业和非银行金融机构申请银行间即期外汇市场会员资格实施细则（暂行）》。

（4）2006年1月3日，中国人民银行发布《中国人民银行关于进一步完善银行间即期外汇市场的公告》。为改进人民币汇率中间价形成方式，进一步完善银行间即期外汇市场，中国人民银行发布了该公告。主要内容包括：自2006年1月4日起，在银行间即期外汇市场上引入询价交易方式（OTC方式），同时保留撮合方式。同时在银行间外汇市场引入做市商制度，为市场提供流动性；自2006年1月4日起，中国人民银行授权中国外汇交易中心于每个工作日上午9时15分对外公布当日人民币对美元、欧元、日元和港币汇率中间价，作为当日银行间即期外汇市场以及银行柜台交易汇率的中间价；引入OTC方式后，人民币兑美元汇率中间价的形成方式将由此前根据银行间外汇市场以撮合方式产生的收盘价确定的方式改进为：中国外汇交易中心于每日银行间外汇市场开盘前向所有银行间外汇市场做市商询价，并将全部做市商报价作为人民币兑美元汇率中间价的计算样本，去掉最高和最低报价后，将剩余做市商报价加权平均，得到当日人民币兑美元汇率中间价，权重由中国外汇交易中心根据报价方在银行间外汇市场的交易量及报价情况等指标综合确定；人民币兑欧元、日元和港币汇率中间价由中国外汇交易中心分别根据当日人民币兑美元汇率中间价与上午9时国际外汇市场欧元、日元和港币兑美元汇率套算确定。

（5）2007年8月13日发布《国家外汇管理局关于境内机构自行保留经常项目外汇收入的通知》：境内机构可根据经营需要自行保留其经常项目外汇收入；银行在为境内机构开立外汇账户和办理外汇收支业务时，停止使用外汇账户管理信息系统的“限额管理”功能。银行应按规定向所在地外汇局报送经常项目外汇账户及外汇收支等信息。

（6）中国人民银行于2007年8月17日发布《中国人民银行关于在银行间外汇市场开办人民币外汇货币掉期业务有关问题的通知》：本通知所称人民币外汇货币掉期，是指在约定期限内交换约定数量人民币与外币本金，同时定期交换两种货币利息的交易协议。本金交换的形式包括：在协议生效日双方按约定汇率交换人民币与外币的本金，在协议到期日双方再以相同的汇率、相同金额进行一次本金的反向交换；中国人民银行和国家外汇管理局规定的其他形式。利息交换指双方定期向对方支付以换入货币计算的利息金额，可以固定利率计算利息，也可以浮动利率计算利息；现阶段在银行间外汇市场开办了人民币兑美元、欧元、日元、港币、英镑五个货币对的货币掉期交易。

（7）2008 年 8 月 5 日，为了加强外汇管理，促进国际收支平衡，促进国民经济健康发展，修订后的《中华人民共和国外汇管理条例》公布，自公布之日起施行。

（8）2009 年 7 月 14 日，为贯彻落实“走出去”发展战略，促进境内机构境外直接投资的健康发展，对跨境资本流动实行均衡管理，维护我国国际收支基本平衡，国家外汇管理局制定了《境内机构境外直接投资外汇管理规定》，《规定》自 2009 年 8 月 1 日起施行。

改革至今的各项措施表明，我国的外汇管理体制正在逐步向国际惯例靠拢，这必将为人民币实现完全可自由兑换打下坚实的基础。

专题研讨

专题 8.1　蒙代尔—克鲁格曼不可能三角模型

蒙代尔（1960；1963）在《固定与浮动汇率下国际调整的货币动态分析》和《固定与浮动汇率下资本流动与稳定政策》两篇论文中，提出了开放经济条件下货币政策与财政政策的有效性分析理论，弗莱明（1962）在《固定与浮动汇率下国内财政政策》和蒙代尔（1968）在《国际经济学》中，最终提出了蒙代尔—弗莱明模型。该模型指出在给定前提下，固定汇率制度下财政政策有效，货币政策无效；而浮动汇率制度下货币政策有效，财政政策无效。这样，蒙代尔—弗莱明模型实际上已蕴涵着“三元悖论”（Trilemma），即资本自由流动、固定汇率与货币政策独立性三者之间存在着“不可能三角”（Impossible Triangle）的思想。1997 年克鲁格曼根据亚洲金融危机的经验，特别是马来西亚对资本管制的案例，在 1998 年初发表文章认为在这个模型里三者都是变量，货币当局可以控制、管制资本，并自由选择是否允许资本自由流动，但提出三者只能取其二，不能兼备。例如，要想选择独立货币政策和固定汇率制度的政策组合就必须放弃资本自由流动，实行资本管制；要想选择固定汇率制度和资本自由流动的政策组合就必须放弃独立的货币政策；要想选择独立货币政策和自由资本流动的政策组合就必须放弃固定汇率制度，实行浮动汇率制度。弗兰科尔（Frankel，1999）将其形式化为不可能三角模型。我们可以用图8－2来表示上述结论。

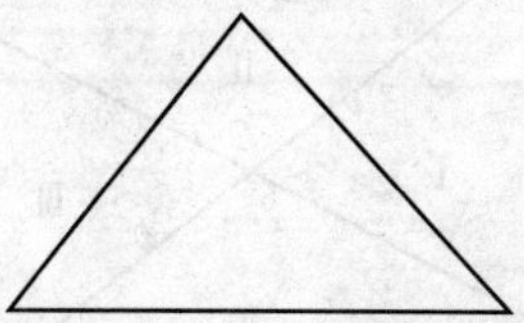

图8－2　蒙代尔—克鲁格曼不可能三角模型

在图8－2中，稳定的汇率制度、资本的完全流动、独立的货币政策这三个目标就如同一个三角形的三个顶点，政府不能同时实现这三个目标，而只能在选择其中两个的同时放弃另外一个，这便被称为“三元悖论”，上述表述这个关系的三角形便被称为蒙代尔—克鲁格曼不可能三角模型。

专题8.2　汇率政策与支出增减政策的搭配

汇率政策与支出增减政策的搭配，可用斯旺图形加以说明。

图8－3中，纵轴表示本国货币的实际汇率（直接标价法），定义为：

$$R = e \cdot P^{*}/P$$

式中，R为实际汇率；e为直接标价法的名义汇率；P^{*}为国外价格水平；P为国内价格水平。R上升意味着实际汇率贬值，可以由名义汇率贬值、国内价格水平下降，或国外价格水平上升造成。R同时也是衡量国际竞争能力的指标，上升意味着国际竞争能力增强，将改善国际收支经常账户。图8－3中横轴为国内经济的总支出水平，也可称为总吸收，以A表示，即：

$$Y = C + I + G + (X - M)$$

令$A = C + I + G$，则：

$$Y - A = X - M$$

式中，Y 为国民收入；C 为消费支出；I 为投资支出；G 为政府购买支出；X 为出口；M 为进口。公式表明当国内吸收水平过高，超过总收入水平 Y 时，进口即超过出口，于是出现经常账户逆差。

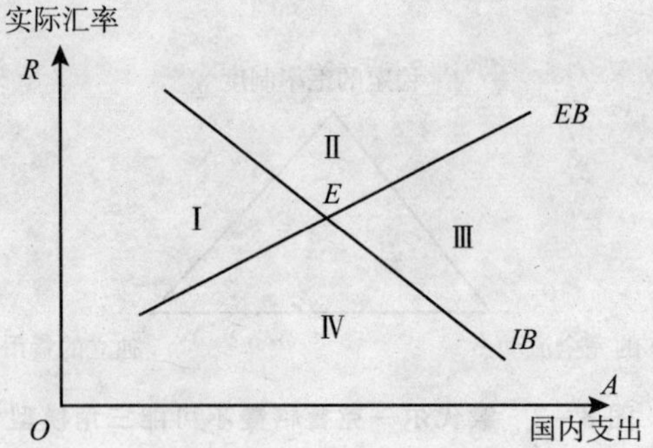

图 8－3　斯旺图形

IB 线（内部均衡）代表实际汇率与国内支出的结合，以实现内部均衡（充分就业与价格稳定）。该线从左到右向下倾斜，因为本国实际汇率升值将减少出口，增加进口，所以要维护内部均衡就必须增加国内支出。在 *IB* 线的右边，有通货膨胀压力，因为对于既定的汇率，国内支出大于维护内部均衡所需要的国内支出；在 *IB* 线的左边，有通货紧缩压力，因为国内支出比维护内部均衡所需要的国内支出要少。

EB 线（外部均衡）表示实际汇率与国内支出的结合以实现外部均衡，并假定外部均衡就是经常项目的平衡。该线从左到右向上倾斜，这是因为实际汇率贬值会增加出口，减少进口，所以要防止经常项目收支出现顺差，就需要扩大国内支出，抵消出口的增长。*EB* 线的右边，国内支出大于维持经常项目平衡所需要的国内支出，结果出现经常项目收支逆差；*EB* 线的左边，国内支出小于维持经常项目平衡所需要的国内支出，结果出现经常项目收支顺差。

IB 线和 *EB* 线将整个经济状况分为四个区域：Ⅰ区存在顺差和失业；Ⅱ区存在顺差和通胀；Ⅲ区存在逆差和通胀；Ⅳ区存在逆差和失业。内部和外部总体平衡状态，是 *IB* 和 *EB* 线相交的 E 点，即与 E 点相应的国内支出和实际汇率 R 的组合，能够实现国内充分就业并同时保持经常账户平衡。

从斯旺图形可以看出，如果只采用汇率政策工具来同时解决经济发展的内外不均衡问题，会面临米德冲突，陷入政策力度难以协调或政策调节方向不一致的困境（见图 8－4）。

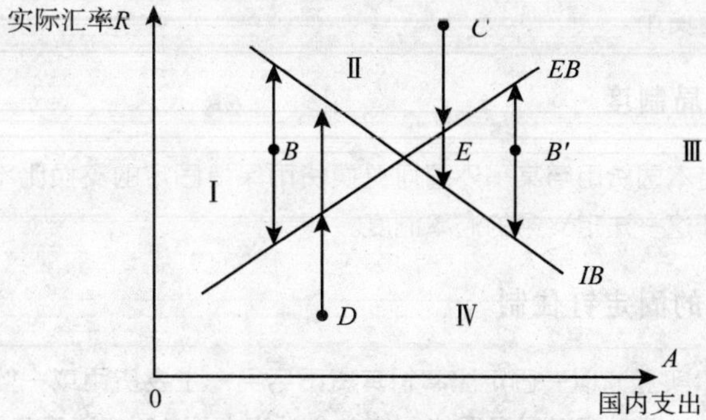

图 8-4 只运用汇率政策的斯旺图形

在图 8-4 中Ⅰ区的不均衡点 B（顺差和失业），如果采用本币升值的汇率政策来消除贸易顺差，B 点可下移至 EB 曲线实现外部均衡，但本币升值会导致出口减少，进口替代行业竞争加剧，使国内失业状况恶化；如采用本币贬值的汇率政策来改善国内失业状况，B 点可上移至 IB 曲线实现内部均衡，但本币贬值又会进一步扩大贸易顺差。在Ⅲ区的不均衡点 B′(逆差和通胀)，如果采用本币贬值的汇率政策升值以消除逆差，B′点上移至 EB 曲线实现外部均衡，但这会加剧通货膨胀，恶化内部均衡的问题；如果采用本币升值的汇率政策消除通货膨胀，B′点下移至 IB 曲线实现内部均衡，但这会扩大贸易逆差，恶化外部不均衡问题。不论是在Ⅰ区还是在Ⅲ区的不均衡点上，采用单一的汇率政策都会出现政策性的矛盾，不能同时解决内外部失衡问题。在Ⅱ区的不均衡点 C（顺差和通胀），实现内、外部均衡都要求采用本币升值的支出转换政策，但在同一政策调整力度下，C 点不是下移至 EB 曲线，就是下移至 IB 曲线，而不能达到同时实现内外部均衡处，即力度较小，可能达到外部均衡，但要以通货膨胀为代价；而力度较大，会实现内部均衡，但要以失去外部均衡为代价。与 C 点的情况相似，在Ⅳ区的不均衡点 D（逆差和失业），实现内、外部均衡都要求采用本币贬值的政策，但汇率政策的实施也不能同时实现内外部均衡的目标。

案例分析

案例 8.1 1999 年 IMF 的汇率制度分类

8.1.1 无独立法定货币的汇率安排

以别国货币作为唯一流通的法定货币，或作为使用同一法定货币的货币联盟的成员而使用这一货币作为法定货币。

8.1.2 货币局制度

法律中明确规定本国货币与某一外国可兑换货币保持固定的交换比率，并且对本币的发行作特殊限制以保证这一法定义务的汇率制度。

8.1.3 传统的固定钉住制

一国（公开或事实上）以一固定比率将其货币与另一主要货币或一篮子货币钉住的汇率制度，在这一汇率安排下，汇率最多只能围绕中心汇率上下1%的狭窄范围波动。

8.1.4 水平带内钉住制

货币价格保持在围绕中心上下1%范围之外波动的固定钉住。

8.1.5 爬行钉住

货币可以经常地按一个事先宣布的固定比率作小幅度调整的汇率制度。

8.1.6 爬行带内浮动

汇率保持在围绕中心汇率一定范围内波动，而这一中心汇率是可以经常地按一个事先宣布的固定比率作小幅度调整的汇率制度。

8.1.7 不事先公布干预方式的管理浮动制

货币当局通过在外汇市场上的积极干预来影响汇率变动，而这种干预是不事先宣布干预方式的。

8.1.8 单独浮动

汇率完全是由市场决定的，在外汇市场上不存在任何倾向性的干预，如表8－1所示。

表8－1　　各国汇率制度的选择

汇率制度	国家数目	
	1999年1月1日	1999年9月30日
1. 无独立法定货币的汇率安排	37	37
2. 货币局制度	8	8
3. 传统的固定钉住制（包括管理浮动制下的实际钉住制）	39	44
4. 水平带内的钉住（目标区）	12	7

续表

汇率制度	国家数目	
	1999年1月1日	1999年9月30日
5. 爬行钉住	6	5
6. 爬行带内的汇率安排（爬行区间浮动）	10	7
7. 不事先公布干预方式的管理浮动	26	26
8. 单独浮动	47	51

习题思考

1. 试分析政府对外汇市场进行干预的目标有哪些？
2. 政府对外汇市场进行干预的类型划分是怎样的？
3. 简述20世纪90年代以来我国外汇管理的主要内容。
4. 试分析外汇管制的经济效应。
5. 外汇管制的主要内容与措施有哪些？
6. 试简要评述复汇率制度。
7. 简述蒙代尔—克鲁格曼不可能三角模型的主要内容。

第9章　开放经济下的国际储备政策

学习目标

◇ 掌握国际储备的概念及构成，了解国际储备的作用。

◇ 掌握国际储备的总量管理及结构管理。

◇ 理解国际储备政策与其他政策的搭配。

基本理论与基本原理

国际储备是一国对外经济和国内经济的结合点。国际储备与国际收支之间的关系密切：国际收支既是国际储备存量的“源”，又是国际储备支出的“流”。国际储备对一国经济实现外部均衡发挥着重要作用。本章主要讲述国际储备的核心内容：国际储备的内涵和构成、国际储备的总量管理和结构管理以及开放经济条件下一国国际储备政策与其他政策的搭配等内容。

9.1　国际储备的内涵及构成

9.1.1　国际储备的内涵

9.1.1.1　国际储备的概念

通常所讲的国际储备（International Reserve）是狭义的国际储备，即自有储备，是指一国货币当局能随时用来干预外汇市场、支付国际收支差额的资产，其数量多少反映了一国在涉外货币金融领域中的地位。

与国际储备相联系的另一概念是国际清偿力（International Liquidity），又称广义的国际储备，包括自有储备和借入储备，它反映了一国货币当局干预外汇市场的总体能力。虽然借入储备多半是短期的，但因为引起汇率波动的因素有很多是短期因素，因此，包含自有储备和借入储备的国际清偿力，常常被经济研究人员和外汇市场交易者视作一国货币金融当局维持其汇率水平能力的重要依据。

国际清偿力和国际储备是两个既有联系又有区别的概念。两者的联系表现在都是一国对外支付能力及金融实力的标志，具有共同的职能和作用。两者的区别主要存在于如下几个方面：第一，从内容上看，国际储备是国际清偿力，但不是国际清偿力的全部，而只是其中的一部分，国际清偿力除了包括该国货币当局直接掌握的国际储备资产外，还包括国际金融机构向该国提供的国际信贷以及该国商业银行和个人所持有的外汇和借款能力。第二，从资产的使用条件来看，一国货币当局对本国国际储备的使用是无条件的、直接的，而对于国际储备以外的借入储备的使用，通常是有条件的。第三，从这两个指标所反映出来的一国的经济状况来看，由于国际清偿力包含的内容要广于国际储备，因此国际储备仅是一国具有的现实的对外清偿能力，而国际清偿力则是该国具有的现实的对外清偿能力和可能的对外清偿能力的总和，是一国综合国力及国际地位和对外资信的重要标志。因此，判断一国短期对外支付能力，通常采用国际储备指标，而判断一国国际经济地位、金融资信和长期对外支付能力，则往往采用国际清偿力指标。一般来说，发达国家的国际清偿力要比发展中国家强。

9.1.1.2 国际储备的特征

按照国际储备的定义，一项资产能否成为国际储备的资产，要看它是否具备下列三个基本条件：

（1）可得性。作为国际储备资产必须是该国政府所拥有的，或能随时、方便的被政府得到。民间企业和居民自己拥有的黄金和外汇资产不能被认作是该国政府的官方储备资产，即这类资产的获取是有条件的。

（2）流动性。作为国际储备资产必须具有较强的无损变现能力。其要点有两个：其一，国际储备能方便地转换成现金；其二，这种转换需不发生损失或尽可能少发生损失。

（3）普遍接受性。作为国际储备资产能在外汇市场上维持本币汇率或在政府间清算国际收支差额时被普遍接受。

9.1.2 国际储备的构成

依照国际储备的概念及特征，广义的国际储备包括自有储备和借入储备两部分。

9.1.2.1 自有储备

自有储备即狭义的国际储备，其构成在不同的历史时期有所不同，构成比例也有所变化。在国际金本位时期，黄金是一国主要的国际储备。在第二次世界大战后，国际货币基金组织先后为其成员国提供了两类资产作为国际储备的补充。目前，按照国际货币基金组织的统计口径，一国的国际储备由四个部分组成：黄金储备、外汇储备、在国际货币基金组织的储备地位以及在国际货币基金组织的特别提款权（Special Drawing Right，SDR）余额。

（1）黄金储备（Gold Reserve）。黄金储备是指一国货币当局作为金融资产持有的黄金，非货币性用途的黄金不在此列。黄金作为国际储备资产已有很长的历史。在国际金本位制和布雷顿森林体系时期，黄金一直是重要的国际储备资产和国际支付与清算手段。然而自1976年起，根据国际货币基金组织的《牙买加协议》，黄金非货币化，黄金同国际货币制度和各国的货币脱钩，黄金不准成为货币制度的基础，也不准用于政府间的国际收支差额清算。但是，国际货币基金组织在统计和公布各成员国的国际储备时，依然把黄金储备列入其中。主要原因是黄金长期以来一直被人们认为是一种最后的支付手段，它的贵金属特性使它易于被人们所接受，加之世界上存有发达的黄金市场，各国货币当局可以方便地通过向市场出售黄金来获得所需的外汇，平衡国际收支的差额。1997年以来黄金储备的数量、价格及分布情况如表9-1所示。

表9-1　　黄金储备数量、价格及分布　　单位：百万盎司（年底数）

项目 \ 年份	1997	1998	1999	2000	2001	2002	2003	2004
基金组织所有成员国	888.64	968.42	967.07	952.44	942.98	931.18	913.56	900.84
工业国家	732.47	808.67	810.43	796.51	783.55	769.85	754.29	740.60
发展中国家	156.17	159.74	156.64	155.93	159.44	161.33	159.27	160.24
中国	12.70	12.70	12.70	12.70	16.10	19.29	19.29	19.29
黄金市价*	290.20	287.80	290.25	274.45	276.50	342.75	417.25	438.00

注：*黄金市价按伦敦黄金市场单位盎司的年底美元价格计算。

资料来源：国际货币基金组织：《国际金融统计》，2005年版，第39~40页。

（2）外汇储备（Foreign Exchange Reserve）。外汇储备是当今国际储备中的主体。说它是主体，首先是因为就金额而言，它超过所有其他类型的储备。更重要的是，外汇储备在实际中使用的频率最高，规模最大，黄金储备几乎很少使用。储备地位和特别提款权因其本身的性质，规模和作用也远远小于外汇储备。1997年以来基金组织成员国外汇储备总额及其分布情况如表9－2所示。

表9－2　　基金组织成员国外汇储备总额及其分布

单位：百万特别提款权（年底数）

年份 / 项目	1997	1998	1999	2000	2001	2002	2003	2004
基金组织所有成员国	1 197 825	1 167 486	1 299 573	1 490 197	1 633 060	1 770 988	2 037 583	2 413 093
工业国家	520 984	476 263	528 686	602 020	626 803	661 488	752 295	845 419
发展中国家	676 841	691 223	770 887	888 177	1 006 257	1 109 500	1 285 288	1 567 675
中国	103 680	102 952	112 695	127 080	168 823	210 668	271 372	392 742

资料来源：国际货币基金组织：《国际金融统计》，2005年版，第36～38页。

由于外汇储备是国际储备中的主体，因此，就全球而言，外汇储备供给状况直接影响世界贸易和国际经济往来能否顺利进行。供给太少，很多国家将被迫实行外汇管制或采取其他不利于国际经贸活动顺利开展的措施；反之，若供给太多，又会增加世界性通货膨胀的压力。因此，外汇储备的供应如何在总体上保持适量，是国际金融研究的一个重要课题。

在20世纪70年代以前，外汇储备的供应主要依赖于美元。美国通过其国际收支逆差，使大量美元流出美国，形成一种世界性货币，其中一部分被各国政府所拥有，成为各国的美元储备。自70年代初期起，由于美元币值的相对不稳定，其他一些国家如日本、联邦德国在经济上的崛起以及在世界经贸领域中作用的扩大，储备货币的供应开始出现多样化。目前，虽然美元在世界外汇储备中所占的比重仍然最大，但与70年代初期比，其重要性已相对下降。

（3）在基金组织的储备头寸（Reserve Position in IMF）。储备头寸又称普通提款权，是基金组织成员国在IMF的普通账户中可以随时自由提取和使用的资产，包括成员国在基金组织储备部分提款权余额和基金组织对成员国货币的净使用。国际货币基金组织犹如一个股份制性质的储蓄互助会。当一个国家加入基金组织时，须按一定的份额向该组织缴纳一笔钱，我们称之为份额（Quota）。按该组织现在的规定，认缴份额的25%须以可兑换货币缴纳，其余75%用本国货币缴纳。当成员国发生国际收支困难时，有权以本国货币抵押的形式向该组织申请提用可兑换货币。提用的数额分五档，每档占其认缴份额的25%，条件逐档严格。由于第一档提款额就等于该成员国认缴的可兑换货币额，因此，条件最为宽松。在实践中，只要提出申请，便可提用这一档。该档提款权为储备部分提款权，其余四档为信用提款权，实际上是基金组织向成员国提供的可兑换货币贷款。国际货币基金组织的储备头寸的规模及分布状况如表9-3所示。

表9-3　在基金组织的储备头寸总额及分布

单位：百万特别提款权（年底数）

项目＼年份	1997	1998	1999	2000	2001	2002	2003	2004
基金组织所有成员国	47 078.0	60 630.9	54 785.6	47 377.7	56 861.3	66 064.6	66 507.8	55 786.2
工业国家	41 336.5	53 919.2	46 775.8	39 699.5	46 960.1	53 717.1	52 584.4	43 581.8
发展中国家	5 741.5	6 711.7	8 009.8	7 678.1	9 901.1	12 374.5	13 923.4	12 204.4
中国	1 682.4	2 523.33	1 684.72	1 462.33	2 060.54	2 738.22	2 555.95	2 138.08

资料来源：国际货币基金组织：《国际金融统计》，2005年版，第33~35页。

（4）特别提款权（Special Drawing Rights，SDR）贷方余额。一国国际储备中的特别提款权部分，是指该国在基金组织特别提款权账户上的贷方余额。特别提款权是相对于普通提款权之外的又一种使用资金（可兑换货币）的权利，它是相对于普通提款权而言的。国际货币基金组织为了解决国际储备不足问题，于1969年创设特别提款权，并于1970年按成员国认缴份额开始向参加特别提款权部分的成员国分配特别提款权。自首次发行以来到目前，共发行了折合428亿美元的特别提款权。成员国可动用分配的特别提款权换成外汇用于弥补国际收支逆差，也可以直接偿还基金组织的贷款。

作为取得特别提款权的条件，成员国必须承担两项义务：支付利息和在需要时按照国际货币基金组织指定的原则，接受特别提款权并兑出相应的货币。一般情况下，只有在国际收支和储备总额方面实力特别强的国家才有可能承担第二种义务。特别提款权的收付义务均通过基金组织开立的特别提款权账户进行。一国可实际动用的特别提款权数额平均不能超过其在基金组织中份额的70%，但可持有3倍于自身配额的特别提款权。

特别提款权分配情况如表9-4所示。

表 9-4　　在基金组织的特别提款权总额及分布

单位：百万特别提款权（年底数）

项目 \ 年份	1997	1998	1999	2000	2001	2002	2003	2004
基金组织所有成员国	20 523.2	20 379.7	18 456.7	18 489.0	19 556.8	19 672.7	19 914.6	20 301.5
工业国家	15 511.5	15 844.0	14 726.0	14 411.1	15 967.8	15 791.9	15 305.9	15 282.8
发展中国家	5 020.7	4 535.7	3 730.7	4 077.9	3 589.0	3 880.8	4 608.8	5 018.8
中国	446.53	480.10	539.58	612.71	676.82	734.19	741.33	803.01

资料来源：国际货币基金组织：《国际金融统计》，2005 年版，第 30 ~32 页。

与其他储备资产不同，SDR 具有自身特点：第一，它不具有内在价值，是 IMF 人为创造的纯粹账面上的资产，因此它也被称做“纸黄金”（Paper Gold）。第二，它不像黄金和外汇那样通过贸易或非贸易交往取得，也不像储备头寸那样以所缴纳的份额作为基础，而是由 IMF 按份额的一定比例无偿分配给各成员国。第三，它具有严格限定的用途，可用于偿付国际收支逆差，或偿还 IMF 的贷款，但不能兑换黄金和用于国际之间的一般支付，它只能在 IMF 及各国政府之间发挥作用，任何私人企业不得持有和运用，不能直接用于贸易或非贸易的支付。

9.1.2.2　借入储备

在国际金融的发展过程中，一些借入资产具备了国际储备的三大特征，因此，IMF 把它们计入国际清偿力的范围之内。一国的借入储备主要由三部分构成：备用信贷、互惠信贷协议、本国商业银行的对外短期可兑换货币资产，它衡量了一国政府在国际金融市场上筹措资金的能力。

（1）备用信贷。所谓备用信贷，是一成员国在国际收支发生困难或预计要发生困难时，同基金组织签订的一种备用借款协议。这种协议通常包括可借用款项的额度、使用期限、利率、分阶段使用的规定、币种，等等。协议一经签订后，成员国在需要时便可按协议规定的方法提用，无须再办理新的手续。对于未使用部分的款项，只需缴纳约 1% 的年管理费。备用信贷协议中规定的借款额度，有时并不被完全使用。有的成员国与基金组织签订了备用信贷协议后，甚至根本不去使用它。凡按规定可随时使用但未使用的部分，计入借入储备。备用信贷协议的签订，对外汇市场上的交易者和投机者，具有一种心理上的作用。它一方面表明政府干预外汇市场的能力得到了扩大；另一方面又表明了政府干预外汇市场的决心。因此，协议签订的本身，有时就能起到调节国际收支的作用。

（2）互惠信贷。互惠信贷协议是指两个国家签订的使用对方货币的协议。在这种协议下，当其中一国发生国际收支困难时，便可按协议规定的条件（通常包括最高限额和最长使用期限）自动地使用对方的货币，然后在规定的期限内偿还。这种协议同备用信贷协议一样，从中获得的储备资产是借入的、可以随时使用的。但两者的区别是：互惠信贷协议不是多边的，而是双边的，它只能用来解决协议国之间的收支差额，而不能用作清算同第三国的收支差额。美国在20世纪60年代分别同10多个国家签订过双边互惠信贷协议，以期减缓当时外汇市场上对美元的压力。

（3）本国商业银行的对外短期可兑换货币资产。本国商业银行的对外短期可兑换货币资产，尤其是在离岸金融市场或欧洲货币市场上的资产，虽其所有权不属于政府，也未被政府所借入，但因为这些资金流动性强、对政策的反应十分灵敏，政府可以通过政策的、新闻的、道义的手段来诱导其流动方向，从而间接达到调节国际收支的目的。故这些资产又被称为诱导性储备资产。

我们对以上的叙述作一小结：

第一，国际清偿力系自有国际储备、借入储备及诱导性储备资产之和（见表9－5）。

表9－5　　　　　　　　　国际清偿力的构成

自有储备（国际储备）	借入储备	诱导储备（借入储备的广义范畴）
1. 黄金储备	1. 备用信贷	商业银行的对外短期可兑换货币资产
2. 外汇储备	2. 互惠信贷	
3. 在基金组织的储备地位	3. 支付协议	
4. 在基金组织的特别提款权余额	4. 其他类似的安排	

第二，自有国际储备中的主体是外汇储备。自有储备仅仅反映一国货币当局干预外汇市场、平衡国际收支逆差的部分能力，借入储备和诱导性储备也可被用来干预外汇市场、平抑汇率波动尤其是短期性的汇率波动和收支逆差。

第三，所有的储备资产均须具备流动性、可得性及普遍接受性三大特性。除特别提款权外，它们通常以可兑换货币来表示。

第四，不是所有可兑换货币表示的资产都可以成为国际储备。只有当该种可兑换货币价值相对稳定、在国际经贸领域中被广泛使用，以及该可兑换货币发行国在世界经济中具有特殊地位等条件得到满足时，它才能成为储备货币（或称为关键货币、世界货币），其发行国称为储备货币发行国。

9.1.3 国际储备的作用

国际储备的作用，可以从两个层次来理解。第一个层次，是从世界范围来考察国际储备的作用。随着世界经济和国际贸易的发展，国际储备也相应增加，它起着媒介国际商品流动和世界经济发展的作用。第二个层次则是具体到每一个国家来考察。从一国角度看，持有国际储备的主要目的在于：

9.1.3.1 清算国际收支差额，维持对外支付能力

国际储备可以作为应对国际收支逆差的缓冲体。如果国际收支逆差是因偶然性因素或季节性因素导致的暂时性国际收支困难，动用外汇储备弥补差额，可以避免采取影响整个宏观经济的财政货币政策，避免由此产生的不良影响。如果国际收支逆差是长期性的、巨额的，虽然动用储备不能从根本上解决问题，但是至少可以为政府赢得时间，减少因猛烈的调节措施而带来的经济震荡。

9.1.3.2 干预外汇市场，调节本国货币汇率

一国国际储备量的多少，在一定程度上反映出该国政府干预外汇市场能力的强弱。当本国汇率发生变动时，特别是投机因素造成的不稳定时，政府通常利用国际储备（主要是外汇储备）对外汇市场进行干预，使本国货币汇率稳定在与国内经济政策相适应的水平。通过出售储备购入本币，可使本国货币汇率上升；反之，通过购入储备抛出本币，可增加市场上本币的供应，从而使本国货币汇率下浮。但由于国际储备的数量毕竟有限，所以干预活动对汇率的影响只是短期的。

9.1.3.3 信用保证

国际储备是衡量一国经济实力的标志之一。一方面，它是维护本国货币信用的基础，持有足够的国际储备，客观上和心理上都能提高本国货币的信誉，有利于支持本币价值稳定；另一方面，国际储备可以作为政府对外借款和偿债的信用保证。自有储备越充裕，政府筹措外部资金的能力越强，有可能获得的借入储备越多。充足的国际储备还可以加强一国的资信，吸引外资流入，促进本国经济的发展。

9.2 国际储备管理

国际储备管理，是指一国政府及货币当局根据一定时期内本国的国际收支状况和经济发展的要求，对国际储备的规模、结构及储备资产的运用等进行计划、调整、控制，以实现储备资产规模适度化、结构最优化、使用高效化的整个过程，是国民经济管理的一个十分重要的组成部分。国际储备的管理包括量的管理和质的管理两个方面。量的管理是指对储备规模的确定和调整，即通常所说的国际储备的水平管理或总量管理；质的管理是指对国际储备结构的确定和调整，也被称做国际储备的结构管理。

9.2.1 国际储备管理的原则

国际储备的管理既是一种资产管理，也是一种政策选择。尽管因为各个国家的实际情况不同，管理的原则也有差别，但管理的一般原则都应该是保证储备资产的流动性、安全性和盈利性。

9.2.1.1 流动性原则

国际储备作为一种保障性资产，它首先必须保证能供国家货币当局随时使用，以调节国际收支、干预外汇市场，因此流动性是国际储备的第一特性。

9.2.1.2 安全性原则

国际储备既是一种资产，但更是一种储备，因此其安全性也十分重要。如果因为通货膨胀与汇率变动而使储备资产贬值，或是其他原因使储备资产损失，其结果将不只是国家财富的直接损失，而且将使国际储备的作用难以充分发挥。所以，国际储备管理还必须保障储备资产的内在价值具有相当的稳定性。

9.2.1.3 盈利性原则

国际储备作为一种资产，也应具有资产的一般性质，即能不断增值，这也是安全性的保证。因为风险是绝对的，安全是相对的。防止贬值风险的一个途径就是利用资产获利。因此，国际储备管理也必须同时考虑使这部分资产能不断增值。

9.2.2 国际储备的总量管理

一国对国际储备总量的管理，从根本上说，就是使国际储备的供应保持在最适度国际储备量的水平或区域上。

9.2.2.1 国际储备的供给

国际储备的供给量取决于构成国际储备的四个要素的增减变化。而影响一国国际储备供应量的因素有以下两类：第一类是决定一国出口创汇、换汇能力和对外投资收益的因素；第二类是决定和影响一国获得国际信贷能力的因素。这两类因素对国际储备供应量的影响具体表现在以下六个方面：

（1）国际收支顺差。一国的国际收支出现盈余，意味着该国国际储备存量的增加。假定误差和遗漏项为零，则国际储备的变动额 = 经常项目差额 + 资本项目差额，国际收支经常项目差额由资本项目差额来弥补。两者差额之和，反映在平衡项目上就是国际储备的变化额。

（2）国际信贷。一国从国际上取得政府贷款或国际金融机构贷款，以及中央银行之间的互惠信贷等均可以充当外汇储备。国际信贷可以通过国际收支发生额引起国际储备的变动，反映在借款国的国际收支平衡上是国际储备的增加，反映在贷款国的国际收支平衡上是国际储备的减少。

（3）干预外汇市场所得外汇。这一项主要针对西方工业国而言，因为其货币可以自由兑换且构成国际储备货币体系。因此，当一国的货币汇率升势过猛，给国内经济及对外贸易带来不利影响时，该国货币当局就会进入外汇市场抛售本国货币，收购其他储备货币，所得外币一般列入国际储备。

（4）黄金存量。黄金储备的增加一般通过两条途径：一是在国内收购黄金并由中央银行贮藏；二是进入国际黄金市场购买。

（5）特别提款权分配。特别提款权是国际货币基金组织分配给成员国的一种国际流通手段，是国际储备的一个构成部分。

（6）在国际货币基金组织的储备头寸。其数额大小取决于各国的份额，而且其使用还受各种条件的限制。

9.2.2.2 国际储备的需求

对国际储备的需求主要来自于以下几个方面：

（1）弥补国际收支逆差。当一国国际收支发生逆差时，必须动用国际储备来平衡逆差，从而导致该国国际储备量的减少。

（2）干预外汇市场，支持本币汇率。

（3）突发事件引起的紧急国际支付。这属于对国际储备的临时需要。

（4）国际信贷的保证。即以国际储备充当对外借贷和进行国际融资的信誉保证。

表9-6为国际储备的供给与需求的对比。

表9-6　　国际储备的供给与需求

国际储备的供给	国际储备的需求
1. 国际收支顺差	1. 弥补国际收支逆差
2. 国际信贷	2. 干预外汇市场，支持本币汇率
3. 干预外汇市场所得外汇	3. 突发事件引起的紧急国际支付
4. 黄金存量	4. 国际信贷的保证
5. 特别提款权分配	
6. 在国际货币基金组织的储备头寸	

9.2.2.3　影响国际储备适度规模的因素

一国的国际储备主要取决于该国的经济发展水平。储备规模的下限是保证该国最低限度进口贸易总量所必需的储备资产数量，称之为经常储备量。它的上限是在该国经济发展最快时可能出现的外贸量与其他国际金融支付所需要的储备资产数量，称之为保险储备量。下限是制约国民经济正常运行的临界点，下限不保，维持现行正常生产所需的进口就得不到保证。国际储备规模的上限表明该国具有充分的国际清偿力，足以应付最高经济发展水平和任何突发事件对国际储备的需要。超过上限的储备则是完全没有必要的。适度规模的国际储备，位于上下限之间。而影响这一规模的经济因素有以下几点：

（1）经济开放度和国民经济对外依赖度。经济开放程度越大，对外贸易依赖程度越高，则对国际储备的需求越大。由于国际储备最重要的作用是平衡国际收支，而贸易收支的状况往往决定国际收支的状况，因此，对外贸易状况是决定国际储备需求的首要因素。

（2）外汇管制制度。各国实行外汇管制的初衷是为了改善国际收支逆差，维持汇率稳定以及集中外汇资金，一国外汇管制的宽严将影响该国直接控制的外汇收支的能力，因而对国际储备的需求就有所不同。外汇管制严，国家直接控制外汇收支的能力强，较少的国际储备就能够满足需要，反之则相反。

(3) 外汇政策和汇率制度。实行固定汇率制度的国家，货币当局有维持汇率稳定的义务，对国际储备的需求将较大；浮动汇率制度下，一国若采取稳定汇率的政策，就需要较多的国际储备用于对外汇市场进行干预，相反，若一国对汇率采取自由放任的政策，所需国际储备就较少。

(4) 本国货币的国际地位。本国货币的国际地位指一国货币是否处于储备货币的地位。一国货币若处于储备货币的地位，可以通过增加本国对外负债来弥补国际收支逆差，而不需过多的储备。

(5) 借用外国资金的能力。一国在国际金融市场上筹措资金的能力越强，则储备可以越少，但是一国国际储备充足与否，直接关系到该国从国际金融市场上的融资能力。

(6) 外债规模。外债规模越大，则需较多的储备，以备还本付息。

(7) 各国协调合作情况。各国政策协调、合作良好，可以缩小国际收支不平衡或者协同干预外汇市场，因而对国际储备的需求就可小一些，如欧元区国家持有的外汇储备相比统一货币前已大幅度减少。

(8) 持有国际储备的成本与收益。综合考虑持有国际储备的成本和收益，国际储备的规模不宜过小，也不宜过大，而应维持适度水平。

9.3 国际储备政策与其他政策的搭配

一国的政策目标是同时实现内部均衡（经济增长、充分就业、物价稳定）和外部均衡（国际收支均衡）。在封闭条件下，各国更关注内部均衡。当前，在经济全球化大潮的推动下，越来越多的国家从封闭走向开放，逐渐融入到全球市场经济体系中，外部均衡日益受到各国的重视。国际金融理论和实践均表明，国际储备在调节国际收支、实现内外均衡方面发挥了重要作用。

9.3.1 国际收支失衡时储备政策的运用

9.3.1.1 国际收支失衡的种类

当开放经济出现失衡尤其是外部失衡时，政府面临的第一个问题就是“融资还是调整”（Financing or Adjusting）。对这一问题的不同意见直接带来了政策搭配上的不同选择。如果政府选择以融资为主，那么体现在政策搭配上则是原有其他政策均不进行调整，主要通过使用国际储备来维持经济稳定。如果政府选择以调整为主，则原有的各项政策均要进行调整，这最主要是针对国际收支逆差的需求紧缩政策，这一调整行为常常是非常痛苦的。政府要想正确解答这一问题以选择合理的政策搭配措施，关键是要在把握经济内外均衡状况的基础上，准确分析国际收支失衡的性质。

根据我们对开放经济运行情况的分析，可以将国际收支失衡归结为以下几种类型：

（1）临时性失衡。临时性失衡，是短期的、由非确定或偶然因素引起的国际收支失衡。这种性质的国际收支失衡，程度一般较轻，持续时间不长，带有可逆性，因此，可以认为是一种正常现象。在浮动汇率制度下，这种性质的国际收支失衡有时根本不需要政策调节，市场汇率的波动有时就能将其纠正。在固定汇率制度下，一般也不需要采用政策措施，而只需动用官方储备便能加以克服。

（2）结构性失衡。结构性失衡是指国内经济、产业结构不能适应世界市场的变化而发生的国际收支失衡。结构性失衡通常反映在贸易账户或经常账户上。结构性失衡有两层含义：第一层含义是指因经济和产业结构变动的滞后和困难所引起的国际收支失衡。比如，一国的国际贸易在一定的生产条件和消费需求下处于均衡状态。当国际市场发生变化、新产品不断淘汰老产品、新款式高质量产品不断淘汰旧款式低质量产品、新的替代品不断出现的时候，如果该国的生产结构不能及时根据形势加以调整，那么，其原有的贸易平衡就会遭到破坏，贸易逆差就会出现。像这种含义的结构性失衡，在发达国家和发展中国家都有发生。第二层含义的结构性失衡，是指一国的产业结构比较单一，其产品出口需求的收入弹性低或出口需求的价格弹性高而进口需求的价格弹性低所引起的国际收支失衡。这层含义的结构性失衡，在发展中国家表现得尤为突出。结构性失衡与暂时性失衡不一样，它具有长期的性质，扭转起来相当困难。

（3）货币性失衡。货币性失衡，是指一定汇率下国内货币成本与一般物价上升而引起出口货物价格相对高昂、进口货物价格相对便宜，从而导致的国际收支失衡。在这里，国内货币成本与一般物价上升的原因被认为是货币供应量的过分增加，因此，究其根源，国际收支失衡的原因是货币性的。货币性失衡可以是短期的，也可以是中期的或长期的。

（4）周期性失衡。周期性失衡是指一国经济周期波动所引起的国际收支失衡。当一国经济处于衰退期时，社会总需求下降，进口需求也相应下降，国际收支发生盈余。反之，如果一国经济处于扩张和繁荣时期，国内投资与消费需求旺盛，对进口的需求也相应增加，国际收支便出现逆差。周期性失衡在第二次世界大战前的发达资本主义国家中表现得比较明显。在战后，其表现经常被扭曲。比如，1981～1982年发达资本主义国家在衰退期普遍伴有巨额的贸易逆差。

9.3.1.2 国际收支失衡的调节办法

一般来说，对不同性质的国际收支失衡要采用不同的调节方法。

(1) 对于经济中出现的暂时性的冲击，可以完全通过使用国际储备而不必对经济进行大的调整。开放经济运行中面临的许多冲击都是随机出现、易于反复的，因此在这种情况下对经济进行调整成本太高并且也不必要。从这个角度看，避免经济不必要的调整是国际储备政策的收益。通常的做法是采用外汇缓冲政策。

外汇缓冲政策是指一国运用官方储备变动或临时向外筹借资金来抵消超额外汇需求或供给。一般做法是建立外汇平准基金，该基金保持一定数量的外汇储备和本国货币，当国际收支失衡造成外汇市场的超额供给或需求时，货币当局就动用该基金在外汇市场公开操作，买进或卖出外汇，消除超额的外汇供求。

外汇缓冲政策调节国际收支的优点。如果国际收支失衡是由季节性、偶然性原因或不正常的资本流动所造成，则改变国内经济运行来消除这种失衡，会对国内经济产生不良影响。这时，通过外汇缓冲政策调节国际收支，是一种既简便又有益的做法。它能够使外部失衡的影响止于外汇储备，使本币汇率免受暂时性失衡所造成的无谓波动，有利于本国对外贸易和投资的顺利进行，而不影响国内经济与金融。

外汇缓冲政策调节国际收支的缺点。首先，外汇缓冲政策只能用于解决临时性国际收支失衡。对于长期的根本性失衡，该政策运用的结果不仅不能解决这种失衡，而且会使问题大量积累，最终使国内经济因不可避免的调整而承受极大的震动。其次，外汇缓冲政策的运用也要具备一定条件，即必须保持实施缓冲政策所需要的充足外汇，必须具备实施公开市场操作的有效条件。而事实上，一国外汇储备总是有限的，因此，对于那些巨额的、长期的国际收支赤字，仅用外汇缓冲是不行的，长期运用将导致外汇储备的枯竭或大量外债的累积。

(2) 对于导致经济基本运行条件发生变化的冲击，应以政策调整为主，但国际储备政策也可在这其中发挥缓冲、协调作用。对经济进行调整需较长时期才能实现的，其对国际收支等变量的影响要经过一段时期后才能显现出来，因此国际储备政策的使用也是必然的、第一线的。它为经济的调整创造了过渡条件。

9.3.2 内外均衡冲突时国际储备政策的运用

国际储备对于宏观经济运行的影响在于：国际储备中占绝大多数的外汇储备构成了国内基础货币供应的一个源泉。一国基础货币的供应可以被分为国内和国际两条渠道，可表示为：$MB=D+R$。其中，MB 为基础货币；D 是国内提供的基础货币供应，即中央银行的国内信贷或支持货币供给的国内资产；R 是来自国外的基础货币供应，它通过国际收支盈余获得，以外汇储备为表现形式。由于经济的对外开放，一国经济体系被分为国内经济部门和对外经济部门两个部分，而且两者的运行状况常常发生背离，因此中央银行在控制货币供给时两个基础货币供应渠道也就可能会发生矛盾冲突。例如，当国内经济面临通货膨胀压力需要紧缩货币供给的时候，本国对外经济部门却可能处于国际收支顺差，外汇储备急剧增长阶段。这样一来，中央银行为压制通货膨胀收缩国内资产，但为平衡外汇市场供求又不得不扩张外汇储备的持有规模，两者互相矛盾。

造成这一困境的直接原因在于中央银行在外汇市场上收购外汇资金时需要投入本币资金，从而导致基础货币的发行。要割断外汇储备与基础货币供应之间的联系可以运用多种方法，而发行储备债券就是其中的一种。

所谓储备债券，指的是中央银行为吸收外汇资金而发行的一种以本币计值的债券。它使得中央银行不需要增加基础货币的发行就可以获得外汇资金，吸纳外汇市场多余的外汇供给，增加外汇储备。当中央银行需要控制基础货币的发行规模，而为稳定汇率、防止本币市场本币升值又必须在外汇市场上吸纳外汇资金的时候，中央银行可以在国内债券市场发行储备债券，将发行所获本笔资金用于收购外汇。向中央银行出售外汇获得了储备债券的售汇者，既可以持有债券作为一种投资，也可以在需要人民币时将储备债券拿到二级市场上出售获取所需的本币资金。这样一来，中央银行既稳定了汇率，又没有增加基础货币的供给。

储备债券主要针对两种国内目标与汇率目标相矛盾的情况。

(1) 当国内经济过热，而本币又出现升值时，国内目标需要紧缩性的货币政策，而汇率目标需要扩张性的货币政策。这时，中央银行在一级储备债券市场上发行储备债券，从公众手中吸纳本币资金，然后将所得的本币资金于外汇市场上购买外币。从而增加了外汇市场上的本币供给量，减弱了本币的升值压力，而与此同时增加国内本币的总供给量。

（2）当国内经济衰退，而本币又出现贬值的情况下，国内目标需要扩张性的货币政策，而汇率目标需要紧缩性的货币政策。这时，中央银行用以前发行储备债券进行外汇市场干预时得到的外汇存量，减弱了本币贬值的压力。然后用获得的本币在储备债券的二级市场上买进储备债券。最终本币总供给量并未减少。因此中央银行通过储备债券的操作和货币政策的搭配能解决政策目标的矛盾，实现内外平衡。其中，储备债券的操作主要用来稳定汇率的波动，货币政策主要用来实现货币供应量的指标（见表9－7）。

表9－7　　不同情况下中央银行对储备债券的操作

内外经济情况	中央银行的操作
经济过热/通货膨胀/本币升值压力	紧缩性货币政策，一级市场发行储备债券
经济过热/通货膨胀/本币贬值压力	紧缩性货币政策
经济衰退/通货紧缩/本币升值压力	扩张性货币政策
经济衰退/通货紧缩/本币贬值压力	扩张性货币政策，二级市场买进储备债券

由此可以看出，中央银行实际上是通过储备债券向本国公众借款以干预外汇市场，这不会影响本国货币供应量。因此，中央银行发行储备债券获得的本币资产是用来购买外汇的，本国货币供应量不会发生变动。

专题研讨

专题9.1　国际储备的结构管理

一国对国际储备的管理除了需要使其具有适当的规模外，还应使其具有适当的结构，即最佳的分布国际储备资产，使黄金储备、外汇储备、储备头寸和特别提款权四种形式的国际储备资产的持有量之间保持适当的比例关系。由于储备头寸和特别提款权部分在各国国际储备中的比重较低，作用也比较弱，而黄金储备虽然一直是国际储备的主要组成部分，但由于产量低、持有成本高、流动性差，它在国际储备中所占的比重有不断下降的趋势，因此，各国国际储备资产的最佳分布实际是外汇储备中各种储备货币的比例安排和储备资产的流动性结构的确定。

9.1.1 储备货币种类的安排

储备货币种类的安排指确定各种储备货币在一国外汇储备额中各自所占的比重。储备货币结构的管理需要是随布雷顿森林体系的崩溃而出现的。浮动汇率制下各主要货币之间比率的波动造成了以不同货币持有储备资产的收益差异和不确定性。趋利避害是人类社会的自然本能，人们安排证券投资的组合是希望在获得一定预期收益率的情况下将风险减低到最小限度，或者说在承担一定风险的条件下获取尽可能高的预期收益率。同样，各国货币当局也会根据资产管理的这一原则来安排外汇储备结构。

预期收益率等于名义利率加上该资产的预期升值率。不同储备货币的名义利率是容易确定的。然而，在收益率中重要的是一种资产对另一种资产的升值。在浮动汇率制下这部分收益难以事先确定，由此也使得整个收益率具有不确定性。对于外汇储备，收益不确定的风险表现为一国当局将持有的储备资产转化为其他资产进行使用时面临购买力下降的可能性。例如，一国可以以美元来持有储备资产，由此把以美元计值的风险减少到最低限度。但如果一国的贸易伙伴主要是欧洲国家，则该国美元储备的购买力将随美元对欧洲国家货币的汇率升降而波动。因此，为了减少汇率风险，一国可以考虑设立与弥补赤字和干预市场所需用的货币保持一致的储备货币结构。

在这里，需要进一步说明的是：

(1) 持有储备的目的之一是支付进口大于出口的部分，因此，一国外汇储备所面临的汇率风险主要在于该国进口大于出口的那些国家的货币，该国应当将储备集中在这些币种上。

(2) 当计算贸易赤字的货币构成时，进口应包括预期以各种货币清偿的还本付息支出净额。也就是说，一国以各种货币表示的债务净额（债务大于债权的部分）也是确定外汇储备结构的依据。

(3) 有些学者认为，应以贸易结算货币构成作为确定储备结构的基础。实际上，如果一种储备货币升值，那么短期内所有以该种货币计价的进口商品价格都会上升，但只有那些真正来自该储备货币发行国的进口产品才会在整个升值期间保持价格居高不下。因此，一国储备构成应当集中在进口来源国和出口目标国的货币上，而不是贸易结算货币。

(4) 储备的日常职能是充当外汇干预手段，支持本国货币的汇率。为此，一国货币当局必须确定一种干预货币。一国在储备中保有足够的干预货币，不仅可以避免兑换而产生的交易成本，还可以避免因兑换而产生的汇率风险。

减少外汇储备风险的另一种可行办法是实行储备货币多样化。目前世界储备货币多样化的格局也是在浮动汇率制度下各国货币当局避免风险、保持外汇储备购买力的决策结果。根据詹姆士·托宾（James Tobin）的投资组合选择理论，把各种相互独立的不同资产混合搭配进行投资所承担的风险，一般要低于投资于任何一种资产所承担的风险。因为一部分资产的亏损可以由另一部分资产的升值来抵冲，从而维持预期的收益率，或保证资产的价值不受损失。同样，一国货币当局实行储备货币多样化组合，也可以避免"将所有鸡蛋放在同一个篮子中"的风险，使整个储备资产的购买力保持不变。

通常认为，一国国际储备可分为两个部分：一部分基于日常弥补赤字和干预外汇市场的需要，称为交易性储备；另一部分基于不可预测的、突发的内外冲击，称为预防性储备。总的来看，交易性储备的货币构成应与弥补赤字和干预市场所需用的货币构成保持一致，而预防性储备则应按照分散原理进行投资。

9.1.2 外汇储备资产形式的确定

确定外汇储备的资产形式，是外汇储备结构管理的又一重要内容。根据流动性，储备资产可以分成三类：

9.1.2.1 一级储备

这类储备的流动性最高但收益最低，风险基本上为零，平均期限为3个月。包括活期存款、短期国库券、商业票据等。活期存款可随时开出支票对外支付，因此流动性最高。储备货币发行国一般有发达的二级市场，短期国库券和商业票据很容易变现。由于这些资产的盈利性较差，各国货币当局需要根据特定时期短期对外支付的需要控制它们在储备资产中的比例。

9.1.2.2 二级储备

指收益率高于一级储备，而流动性低于一级储备但仍然较高的储备资产，平均期限为2~5年，主要是指中期国库券。由于各国货币当局很难准确预测短期对外支付额，所以必须持有一定比例的二级储备，以应付一级储备不足时的对外支付需要。

9.1.2.3 三级储备

这类储备的收益率最高，但流动性最差，风险也最大，平均期限为4~10年。主要指各种长期投资工具。各国货币当局根据特定的债务结构，在确定一级和二级储备规模之后，还可通过对外国政府债券和欧洲债券进行长期投资，持有部分三级储备，以此提高储备资产的盈利性。

从储备的职能出发，为了应付对外支付和市场干预，货币当局必须持有足量的一级储备，对于自然灾害等偶然发生的变动，还必须拥有一定数量的二级储备以备急用，剩余的部分才可以考虑进行长期投资。一般来说，国际收支逆差国要在其储备资产中保留较大比重的一级储备，而顺差国则保留较小比重的一级储备和较大比重的三级储备。

案例分析

案例 9.1　中国的外汇储备

最新出炉的外汇储备数据显示，截至 2009 年末，中国国家外汇储备余额为 23 992 亿美元，同比增长 23.28%。2009 年全年国家外汇储备共增加 4 531 亿美元，其中第四季度新增 1 266 亿美元，前三季的增量分别为 77 亿美元、1 779 亿美元和 1 510 亿美元。请分析：中国国家外汇储备不断增加的原因是什么？中国政府持有巨额外汇储备有何弊端？你认为中国政府持有多少外汇储备是合理的？

习题思考

1. 国际储备与国际清偿力的联系与区别有哪些？
2. 如何确定适度的储备量？
3. 实现内外均衡目标的政策搭配中，一国应如何使用国际储备政策？

第10章 国际货币合作

学习目标

◇ 理解国际货币体系的变化及国际金本位制的特点。
◇ 掌握布雷顿森林体系和牙买加体系的主要内容及特点。
◇ 了解国际货币合作的未来发展趋势。
◇ 掌握牙买加体系的主要内容及主要特点。
◇ 掌握亚洲货币合作的多种可能模式。

基本理论与基本原理

国际货币体系是在国际政策协调过程中对一些基本问题进行的制度安排。国际货币体系大体经历了三个阶段：国际金本位制、布雷顿森林体系和牙买加体系。

国际金本位制是指以黄金作为本位货币、各国普遍采用金本位制为基础的国际货币体系。国际金本位制具有汇率制度为固定汇率制度、储备资产和国际结算支付手段为英镑和黄金、内外均衡实现机制通过“价格—现金流动机制”具有自动调节功能三大特点。

布雷顿森林体系是实行美元以固定比价直接兑换黄金、各国货币以可调整的固定汇率与美元实行兑换的双挂钩制度的国际货币体系。布雷顿森林体系下各国在内外均衡实现机制上具有不对称性，这一不对称性构成了布雷顿森林体系的根本缺陷——特里芬两难。

现行的国际货币体系是牙买加体系，是以美元为中心的国际储备货币多元化的浮动汇率体系。牙买加体系具有黄金非货币化、浮动汇率合法化、汇率制度多样化、国际储备资产多元化、国际收支调节形式多样化等特点。

10.1 国际金本位体系

在开放经济下，各国经济存在着紧密的相互依存性。各国实现内外均衡目标的政策会通过各种经济活动产生相互影响。这种相互影响在一定程度上制约着一国实现内外均衡目标的努力。而且，随着国际贸易和金融全球化的发展，国际货币关系逐渐成为世界经济中的一个日益重要和复杂的问题，它突出反映了各国间的各种矛盾，不但涉及各国的利害关系和经济发展，而且影响了整个世界经济和国际金融体系的稳定与发展。

因此，为了同时实现内外均衡目标，各国需要对一系列问题进行政策的国际协调。国际政策协调主要是对货币金融领域中的最基本问题进行制度安排。这种制度安排就是国际货币体系，即对各国实现内外均衡的一些基本问题所进行的制度安排。国际货币体系在国际金融领域内具有基础性作用，同时它也是各国国内金融稳定与否的重要保证。

划分国际货币体系的标准主要是汇率制度和货币本位（储备货币）。汇率制度是国际货币体系的核心。根据汇率制度可以将国际货币体系分为固定汇率制度和浮动汇率制度，以及二者之间的各种汇率制度（如可调整的钉住汇率制、爬行钉住汇率制、有管理的浮动汇率制等）。货币本位是国际货币体系的基础，它涉及国际储备资产的性质。根据货币本位可以将国际货币体系分为金本位制、不兑换纸币本位制和金汇兑本位制。

国际货币体系随着经济发展而不断演变着。国际货币体系的形成有两种方式：一种是依靠市场自发形成，其实现内外均衡的国际准则是市场体制和习惯长期缓慢发展的结果；另一种是人为设立，是借助政府间协定在短期内形成的国际协调与合作机制。从时间顺序上，国际货币体系大体经历了三个阶段：国际金本位制、布雷顿森林体系和牙买加体系。

10.1.1 国际金本位制的主要内容

世界上首次出现的国际货币体系是国际金本位制，它大约形成于 19 世纪 80 年代，到 1914 年第一次世界大战爆发结束。

10.1.1.1 国际金本位制的含义

国际金本位制是指以黄金作为本位货币的一种制度。具体指至少两个以上的国家通过颁布法令，将其货币制度建立在黄金的基础上而形成的一种国际货币体系。国际金本位制就是以各国普遍采用金本位制为基础的国际货币体系。

国际金本位制是历史上第一个国际货币体系。在19世纪80年代，世界上的主要资本主义国家都先后在国内实行了金本位制，国际金本位制由此而产生。

根据货币与黄金的联系程度，金本位制度包括金币本位制、金块本位制和金汇兑本位制三种不同的形态，其中金币本位制是典型的金本位制度。

10.1.1.2 国际金本位制的特征

在国际金本位制下，黄金充分发挥世界货币的职能，履行着国际支付手段、国际购买手段和社会财富的职责。国际金本位制是一种比较稳定的货币制度。

此时，国际金本位制具有以下三大特点：

（1）汇率制度：在国际本位制下，汇率制度为固定汇率制度。

在金币本位制度下，金币是用一定数量和成色的黄金铸造的，因此两国单位货币含金量之比即铸币平价成为决定两国货币汇率的基础。在实际经济中，虽然汇率受供求关系而围绕铸币平价上下波动，但由于金币汇率波动幅度相对较小，所以在金币本位制下汇率制度属于固定汇率制度。

在金块本位制和金汇兑本位制下，尽管流通中主要使用纸币，但是，在这两种货币制度下各国政府依法规定了纸币含金量，并且政府对汇率波动的幅度加以维护，汇率基本保持稳定。因此，在金块本位制和金汇兑本位制下汇率制度仍然属于固定汇率制度，只是其汇率的稳定程度小于金币本位制下的汇率状况。

（2）储备资产和国际结算：在国际金本位制下，英镑代替黄金成为世界货币、储备资产和国际结算的最常用的支付手段。

在国际金本位制下，黄金充当国际货币，是最后的清偿手段和价值的最后标准。但是，在1880~1913年实行金本位制的这段时间里，由于当时英国经济实力雄厚，是全球最大的贸易国和金融资产的提供者，而且由于纸币的使用比金币更为方便，所以90%的国际贸易以英镑来计价和结算；加之在英国开设英镑账户，不仅可以随时兑换黄金还可以获得利息，持有英镑比黄金更有利可图，导致当时绝大多数国家的中央银行储备的资产是英镑而不是黄金。因此，这一时期的国际金本位制实际上是以黄金为基础，以英镑为中心的国际货币体系，其储备制度是黄金—英镑储备制度。

(3) 国际收支的调节机制：在国际金本位制下，国际收支具有自动调节机制，即存在着大卫·休谟的“价格—现金流动机制”。

由于此时国际收支具有自动调节功能，所以一国国际收支失衡时一般不需要政府干预。但是为保证自动调节机制作用的发挥，一国必须遵守三项原则：①各国货币当局应维持本国货币的法定含金量，承诺随时以固定官价无限制地买卖黄金。②黄金数量与货币供给量之间存在着一种固定的数量关系，两者的紧密程度由通货发行的黄金准备比例高低决定。③各国市场处于自由放任状态，黄金自由输出入，不受任何限制；物价随货币供应量变动可以灵活变动；物价变动又能充分影响进出口数量的变动。

10.1.2 国际金本位制下的内外均衡实现问题

由于国际货币体系不同，意味着各国在实现内外均衡过程中需要遵循的准则不同，内外均衡目标的具体表现形式也会发生变化。因此，对国际货币体系的分析，需要从实现内外均衡的规则是否有效率、是否可以稳定地加以维持角度入手，来研究在特定的历史条件下各国际货币体系的本质。

10.1.2.1 国际金本位制下内外均衡的表现形式

在国际金本位制下，外部均衡目标成为政府的首要目标，它体现为政府对本国货币金平价的维护，对本国货币汇率稳定的维持。即外部均衡目标具体体现为维持汇率稳定。

在金本位制下，各国货币都规定有含金量，外汇市场上的实际汇率就围绕着各国货币含金量之比所形成的金平价而在一定限度内上下波动。国际金本位制的这一制度特征，决定了各国政府被迫将维持货币价值的稳定放在首位。政府必须按固定比价保证本国货币与黄金的自由兑换。只有将本国货币汇率维持在金平价水平上，国际贸易与资本流动才能正常有序地进行。

从国际金本位制实行期间各国实际经济状况来看，当时自由市场经济的弊端尚未充分暴露，经济中的失业、通货膨胀问题并不突出，而且尚未建立政府对经济进行调控的宏观经济理论，因此，内部均衡问题还未成为政府关注的政策目标。各国通过依靠市场的自发调节机制基本上保持了内外均衡。

10.1.2.2 国际金本位制下内部均衡的实现机制

在国际金本位制下，内部均衡目标可以在政府不对经济进行干预的条件下，通过经济的自动调节机制即“价格—现金流动机制”而实现。“价格—现金流动机制（Price Specie-Flow Mechanism）”指，在国际间普遍实行金本位制的条件下，一个国家的国际收支可通过物价的涨落和现金（即黄金）的输出输入自动恢复平衡。由于它是在1752年由英国经济学家休谟·大卫（Hume David）提出的，所以这一自动调节规律又称为“休谟机制”。

价格—现金流动机制对经济的自发调整，是建立在一系列前提下的。主要前提有：①政府严格按金本位制的要求实施货币政策；保持黄金的自由兑换、自由铸造、自由输出入；当国际收支因素带来黄金储备变动进而影响货币供给时，不得采取冲销措施，而任由价格的灵活调整使得经济达到内外均衡。②不存在国际资金流动。③商品价格具有完全弹性。

当存在国际资金流动时，内外均衡自动实现速度会加快。因为，一方面，国际收支失衡使汇率受供求关系影响发生变动，从而导致投机性资金流动；资金的流动在进行投机时却又取得了平衡国际收支的作用。另一方面，国际收支失衡还会使国内利率随着货币供给量的变动而变化，而利率变化又会导致投机性资金流动。该资金的流动同样取得了平衡国际收支的作用。以国际收支逆差为例，由于金本位制下汇率在黄金输送点之间变动，因此当国际收支逆差使本币汇率暂时下跌至黄金输出点以下时，投机者就会预期市场汇率必将回升，大量资金就会流入该国以谋取汇率差价。同时，在国际收支逆差引起货币供给收缩过程中利率上升后，又会吸引意在获取利率差价的资金流入，这样该国的国际收支逆差就会通过吸引资金流入而得到改善。

因此，国际金本位制下内外均衡实现机制具有三个方面的特点：

（1）自发性：完全依靠经济的自发力量实现，不需要政府对之采取专门的政策措施进行干预。

（2）对称性：自动调节机制是在国际收支顺差国与逆差国之间同时发挥效力的，两国都承担调节责任，这种调节机制比较公平合理。

（3）稳定性：在自动调节过程中，汇率始终在黄金输送点之间变动，使内外均衡的实现始终在稳定的条件下进行，避免了汇率的剧烈变动等现象对经济的破坏性影响。

10.1.2.3 对国际金本位制度下内外均衡实现机制的评价

从国际金本位制的实践来看，在其形成后的相当长的一段时间内，世界黄金供应比较充分，各国也基本上能够遵守游戏规则，因此国际金本位制对世界经济的发展起到了一定的促进作用，推动了生产的发展，保持了汇率的稳定，通过自动调节机制保持了国际收支平衡。

但是，国际金本位制并不完善，在内外均衡实现机制上存在着很大的局限性。这些局限性主要体现在：

(1) 它要求各国政府遵守特定的“游戏规则”，即政府应严格按照金本位制的要求实施货币政策。政府不需要对经济进行干预，如进行干预，也应以加速国际收支恢复平衡为目的；否则，自动调节机制就将难以发挥效力。然而，实际上尤其是在国际金本位制的后期，各国违反这一规则的情况时常发生。在国际金本位制下，由于并不存在一个国际监督机构，因此这一现象影响了国际金本位制的存在和发展。

(2) 它要求商品价格应具有完全弹性。只有这样价格才可以灵活调整从而使经济始终处于充分就业状态，内部均衡一直得以维持，从而一国政府不必调整经济即可利用自动调节机制实现内外均衡。然而，现实中商品价格不具有完全弹性，这一条件的缺失，导致在货币供应量变动以实现外部均衡的过程中，经济内部必然会出现严重的失业或者通货膨胀问题。在国际金本位制下，实际上各国将外部均衡作为政策的首要目标，而把内部均衡放在次要位置，服从外部均衡的需要。这样，随着经济的发展，商品价格粘性使各国政府的注意力越来越集中于内部均衡。由此导致国际金本位制下的内外均衡实现机制难以实现。

(3) 它要求世界黄金产量能满足经济发展对货币供给量的需要。在国际金本位制下，内外均衡的实现有其物质基础，即世界黄金产量能满足经济发展对货币供给量的需要，也就是说货币供给数量的增长要依赖于黄金数量的增长。否则，当世界黄金产量的增长满足不了世界经济的增长和维持稳定汇率的需要时，金本位制就难以经受各种冲击。但是由于黄金生产的特性，导致黄金产量难以随着经济发展而增长。另外，黄金分布还存在相对不均，大量黄金存量集中在极少数国家手中的问题。这些状况致使其他国家的金本位制难以维持，也使国际金本位制面临危机。

10.1.3 国际金本位制的崩溃

在第一次世界大战爆发前，由于世界黄金产量跟不上世界经济的增长，较发达的国家通过贸易顺差的持续积累和其他特权使黄金分布失衡，导致其他国家的金本位制难以继续维持。因此，当第一次世界大战爆发时，各国便中止银行券与黄金的兑换，禁止黄金的出口，国际金本位制遂宣告瓦解。

在战争期间，各国发行的大量不可兑换纸币在战后大幅贬值，严重影响了世界经济的稳定。所以，在第一次世界大战后国际政局相对稳定后，各国便着手恢复金本位制。但此时所恢复的国际金本位制与战前相比已大不相同了，黄金地位大大削弱。当时，实际上只有美国实行的是完整的金币本位制，而英法两国实行的是金块本位制，其他国家则实行金汇兑本位制。由此看来，第一次世界大战后的国际金本位制，实际上是一种国际金汇兑本位制。

在各国恢复金本位制的过程中，它们面临的世界黄金存量绝对不足与相对不均的局面不但没有改变反而是更加严重。

此外，第一次世界大战后，各国越来越重视内部均衡目标，例如美国、法国明确表示将内部均衡目标置于外部均衡目标之上。各国越来越不遵守游戏规则，开始干预经济，这使自发调节机制难以发挥效力，国际金本位制的可信性大大下降。

在国际金本位制可信性下降的情况下，国际资金流动又起了推波助澜的作用，日益演变为破坏金本位制稳定的威胁。因为此时的货币制度实际上是一种金汇兑本位制，在国际收支出现逆差时，出于对政府的不信任态度，极易出现严重的资本外逃，资金流动进一步恶化国际收支。在这种情况下，维持国际金本位制的困难加重。

最终，当1929~1933年资本主义大危机到来时，在国际资金流动冲击下，维持国际金本位制的规则不复存在，各国在第一次世界大战后勉强维持的国际金本位制彻底崩溃了。

国际金本位制崩溃后，国际金融领域处于混乱状态，形成英镑、美元和法郎三个相互对立的货币集团。各国纷纷加强外汇管制。1936年9月，英、法、美三国为了恢复国际货币秩序，达成了一项“三国货币协议”（Tripartite Agreement），以维护汇率的稳定，并共同维持货币关系的稳定。然而由于法郎受到投资冲击及后来第二次世界大战的爆发，致使该协议很快瓦解。但是，该协议通过国际合作谋求货币关系相对稳定的做法对第二次世界大战后布雷顿森林体系的建立提供了可贵的经验。

10.2 布雷顿森林体系

在第二次世界大战即将结束的时候，为避免1929~1939年间长达十年的混乱无序的世界经济秩序，同盟国即着手拟订战后的经济重建计划。重建工作以美英两国为主，目标在于寻求国际间的经济合作和全球经济问题的解决。1944年7月，44个国家的300多位代表出席在美国新罕布什尔州（New Hampshire）布雷顿森林（Bretton Woods）城召开的国际金融会议，这次会议确立了新的国际货币体系——布雷顿森林体系。

10.2.1 布雷顿森林体系的主要内容

布雷顿森林体系的建立反映了主要西方国家之间力量对比的变化，美国取代英国在世界经济体系中占据了中心地位。这一历史条件的变化真实地反映在了对现实内外均衡的制度安排上。在设计新的国际货币体系时，英、美两国分别提出了各自的方案，即美国的“怀特计划”和英国的“凯恩斯计划”，这两个不同的方案意在争夺国际金融领域的主导权。鉴于美国在政治上和经济上的实力，美国的“怀特计划”对布雷顿森林体系的形成发挥了主导作用，形成了一个美国居于统治地位的新的国际货币体系。

10.2.1.1 布雷顿森林体系的主要内容

布雷顿森林体系的主要内容可以概括为如下三个方面：

（1）建立一个永久性的国际金融机构，即国际货币基金组织（IMF），以促进国际间货币合作。国际货币基金组织为第二次世界大战后国际货币体系的核心。它的各项规定构成了国际金融领域的基本秩序，为国际政策协调提供了适当的场所，它还对各成员国的汇率政策进行监督，为成员国提供短期融通资金，在一定程度上维持着国际金融形势的稳定。

（2）实行“双挂钩制度”，即美元与黄金挂钩、各国货币与美元挂钩。也就是实行以黄金—美元为基础的、可调整的固定汇率制。在这个体系下，规定美元按

35美元等于1盎司黄金与黄金保持固定比价，各国政府可随时用美元向美国政府按这一比价兑换黄金。各国货币则与美元保持可调整的固定比价，称为可调整的钉住汇率（Adjustable Peg）。各国货币对美元的波动幅度为平均上下各1%，各国货币当局有义务在外汇市场上进行干预以保持汇率的稳定。只有当一国国际收支发生“根本性不平衡”时，才允许升值或贬值。平价的变动要得到基金组织的同意。但在实践中，平价变动若小于10%，一般可自行决定。只有当平价变动大于10%时，才需基金组织的批准。由于各国货币均与美元保持可调整的固定比价，因此，各国货币相互之间实际也保持着可调整的固定比价，整个货币体系就成为一个固定汇率的货币体系，在这种情况下，平价的单方面变动就显得比较困难。

（3）取消对经常账户交易的外汇管制，但允许对国际资金流动进行限制。在20世纪30年代国际金本位制崩溃后，各国都采取了严厉的外汇管制措施，这使国际经济交流受到严重损害。为了改变这一状况，布雷顿森林体系要求各国尽快放开对经常账户交易的管制。但是，鉴于两次世界大战间国际资金流动的投机色彩特别浓厚，给国际货币体系的稳定带来了非常大的冲击，因此布雷顿森林体系允许对国际资金流动进行控制，各国均严格限制资金的国际流动。

在布雷顿森林体系下，美元成为一种关键货币，它既是美国本国的货币，同时又因为它是储备货币和国际清偿力的主要来源而成为世界货币。美元的这种特殊地位反映了布雷顿森林体系建立的历史条件，使这一体系下的内部均衡实现问题具有独特性。

10.2.1.2 布雷顿森林体系的特点

作为第一个人为设立的国际间协调与合作机制，布雷顿森林体系具有显著的特点。

（1）制度内容上的特点：①在货币制度上，布雷顿森林体系实际上实行的是国际金汇兑本位制。美元以固定比价与黄金直接兑换，而各国货币与美元可以按固定汇率进行兑换。根据各国货币法定平价的对比，普遍地与美元建立固定比例关系。②在汇率调节机制上，布雷顿森林体系人为规定了汇率波动的幅度。汇率的波动是在基金组织的监督下由各国干预外汇市场来调节，汇率不再具有自动调节国际收支的机能。③在国际储备上，布雷顿森林体系下的储备资产是黄金、美元和特别提款权，其中黄金与美元并重，美元是主要的储备货币。

（2）体制上的特点：①建立了永久性的国际金融机构。第二次世界大战前的国际货币制度并没有一个统一的国际组织进行组织和监督；而布雷顿森林体系则建立了国际货币基金组织、国际复兴开发银行等永久性国际金融机构。通过国际金融机构的组织、协调和监督，保证统一的国际金汇兑本位制各项原则、措施的推行。②签订了有一定约束力的《国际货币基金协定》。国际金本位制对汇率制度、黄金输出入没有一个统一的协定，货币区也只是在规定的地区实施宗主国、联系国的法令。第二次世界大战后的《国际货币基金协定》则是一种国际协议，对成员国政府具有一定的约束力。它的统一性在于把几乎所有的资本主义国家都囊括在国际金汇兑本位制之下；它的严整性在于对维持货币制度运转的有关问题做了全面规定，并要求各国遵守。③根据《国际货币基金协定》，建立了现代国际货币管理所必需的各项制度。例如，国际收支调节制度、国际信贷监督制度、国际金融统计制度、国际汇率制度、国际储备制度、国际清算制度等。

因此，第二次世界大战后的国际货币体系同历史上的国际货币制度相比，有了明显的改进。主要表现在：建立了世界性的组织机构，制定了具有一定约束力的国际协议，建立了统一的、完整的规章制度。

10.2.2 布雷顿森林体系下的内外均衡实现问题

10.2.2.1 布雷顿森林体系下的内外均衡的表现形式

在布雷顿森林体系下，内部均衡问题成为政府所关注的主要经济目标，这是由于理论和实践两方面的原因造成的。从实践方面来看，自由市场经济的弊端日益显著，尤其是在20世纪30年代经济大危机后，各国经济中的失业与通货膨胀问题日益突出，维持经济的稳定与发展成为政府首要任务；从理论方面来看，20世纪30年代以来，以凯恩斯主义为基础的宏观经济理论日益成熟，为政府积极干预经济提供了理论基础和指导。在以上两方面因素的作用下，内部均衡目标凸显出了其重要地位，布雷顿森林体系在建立时也宣布促进各国经济的稳定与发展是其重要宗旨。

布雷顿森林体系采取的是固定汇率制，并且又限制国际资金的流动，因此外部均衡就直接体现为实现经常账户平衡，以维持汇率的稳定。但是，由于布雷顿森林体系是一个以美国居于主导地位的国际货币体系，美国与其他国家的地位及其权利义务大不相同，这就决定了它们的内外均衡实现机制不同，从而导致布雷顿森林体系下的内外均衡的具体表现形式更加复杂。

10.2.2.2 布雷顿森林体系下的内外均衡实现机制

由于布雷顿森林体系实行“双挂钩制度”，使其内外均衡实现机制具有两个特点：

（1）内外均衡实现机制以政策调节为主。因为货币供给与黄金失去联系，原有的自动调节机制已不复存在，并且各国把实现内部均衡作为主要经济目标，也无法再容忍自动调节机制对内部均衡的冲击。

（2）内外均衡实现问题上存在不对称性。这表现为两个不对称性：储备货币国和非储备货币国之间内外均衡实现机制的不对称性和非储备货币国内部之间在实现内外均衡问题上的不对称性。

首先，从储备货币国和非储备货币国来看，在维持内外均衡方面具有不对称性。

对于储备资产发行国美国而言，在外部均衡方面，美国既要保持美元与其他货币之间的固定比价，又要保持美元与黄金之间的固定比价。对于前者而言，当美国在与其他国家进行交易而出现国际收支不平衡（例如逆差）时，它可以简单地以输出美元的方式弥补逆差，以此来维持固定的汇率而不必对本国经济进行调整，因为美元是一种国际货币，而其他国家则不能这样做。面对维持美元与黄金之间的固定比价而言，由于黄金储备总量是有限的，这就要求美国控制美元发行总量，尤其是控制美元向国外的输出总量。可见，对于美国来说，它的外部均衡目标实际上体现为控制美元向国外的输出总量。从内部均衡的实现来看，由于维持固定汇率的责任由非储备货币国承担，美国不必对外汇市场进行干预，使美国可以将货币政策完全用于实现国内经济均衡上。但是这样，在固定汇率制度下，美国的货币政策也同时给非储备货币国家国内经济带来了影响。美国可以把内部均衡目标作为主要经济目标。但是，对于非储备货币国家来说，则必须把外部均衡目标置于内部均衡目标之上，也就是说，非储备货币国家外部均衡目标的实现是以牺牲内部均衡为代价的。

其次，对于非储备货币国家而言，它们在实现内外均衡问题上也存在着不对称性，这体现在国际收支顺差国与国际收支逆差国在国际收支调节上的不对称性。

在布雷顿森林体系下，逆差国负有国际收支调整责任。尽管布雷顿森林体系设计了一套调整方法：短期内的国际收支逆差由国际货币基金组织提供贷款，而长期内的国际收支逆差（即国际收支的“根本性不均衡”）则通过汇率变动进行调整。然而，由于基金组织提供的资金有限，并且使用上还需要严格的条件，因此很难满足逆差国调节国际收支的需要。另外，在布雷顿森林体系运行过程中，因为“根本性不均衡”是个非常抽象的概念，不易具体掌握，所以通过汇率调整国际收支逆差难以实现。同时国际资金流动的严格管制，使各国无法利用国际金融市场融资，因此，利用财政货币政策调节便成为逆差国对长期性逆差进行调整以实行内外均衡的主要政策工具，但是财政货币政策在调整外部均衡时势必会给内部经济带来消极影响。而与之相反，国际收支顺差国可以积累美元储备并用它向美国换取黄金，此时国内经济可以完全不进行调整。这种外部均衡调整的不对称性进一步加重了逆差国的困难。由于实现内外均衡过程中的这种不对称性，使各国都在与他国的经济交往中追求国际收支顺差，积聚美元储备。因此，对于非储备货币国家而言，它们的外部均衡目标具体体现为通过国际收支顺差积累美元。

由于布雷顿森林体系特有的内外均衡实现机制，使美国与其他国家之间的外部均衡目标的表现不一致，它们之间的矛盾构成了布雷顿森林体系的根本缺陷并最终造成了体系的崩溃。

10.2.2.3 从内外均衡问题角度看布雷顿森林体系的根本缺陷

（1）“特里芬两难”（Triffen Dilemma）。由于美国与其他国家外部均衡目标上的差异导致美国陷入进退两难的境地：为了满足世界各国经济发展的需要，美元储备必须不断增长，但是黄金储备由于产量问题而无法随之增长，从而导致美元难以维持与黄金的固定比价和可兑换。美元的这种两难境地被称为“特里芬两难”。是美国耶鲁大学教授罗伯特·特里芬于20世纪50年代首先提出的，故又称为“特里芬难题”。

在布雷顿森林体系下的内外均衡实现机制的分析中可以看出，美国与其他国家的外部均衡目标是完全不同的。美国的外部均衡目标体现为控制美元向国外的输出总量，保证美元与黄金之间的固定比价和可兑换，以维持美元信心和提供足够清偿力；而其他国家的外部均衡目标体现为通过国际收支顺差积累美元，这就要求美元大量向境外输出。显然，这两者之间是完全矛盾的，这种矛盾使得美元处于一种进退两难的状况。

“特里芬两难”指出了布雷顿森林体系的内在不稳定性及危机发生的必然性。随着流出美元的日益增加，美元同黄金的可兑换性必将日益受到人们的怀疑，这最终必然会诱发人们对美元可兑换性的信心危机，从而带来整个布雷顿森林体系的崩溃。“特里芬两难”充分体现了理论的高度预见性，最终布雷顿森林体系就是因为这一根本缺陷而走向崩溃。

（2）汇率过于僵化，国际收支失衡调节乏力，且调节责任不对称。由于实行固定汇率制度，国际货币基金组织又人为规定了汇率的波动幅度。因此，各国货币当局必须要保持汇率的稳定，从而使汇率变化缺乏灵活性。布雷顿森林体系实行双挂钩制度，导致国际收支调节责任的不对称。在储备货币国和非储备货币国之间，储备货币国美国出现国际收支逆差时可以通过输出美元来弥补，而汇率的调整则由非储备货币国来承担。在非储备货币国之间，国际收支失衡的调整责任则由逆差国完成。同时，国际收支失衡调节乏力。对于短期逆差，基金组织的贷款资金有限，且贷款条件又过高；长期性逆差因概念难以把握，又无法通过变动汇率来调节；利用财政货币政策调节国际收支逆差又会形成国内经济停滞、失业增加的不良局面。这些缺陷不但造成了逆差国的巨大负担，而且造成了储备货币国家和其他国家、国际收支逆差国和顺差国之间的利益分配不公。

10.2.3 布雷顿森林体系的崩溃

10.2.3.1 维持布雷顿森林体系的条件

以美元为中心的国际货币制度能在一个较长的时期内顺利运行，是与美国雄厚的经济实力和充足的黄金储备分不开的。要维持布雷顿森林体系的运转，必须具备三项基本条件：

（1）美国国际收支保持顺差，美元对外价值稳定。若其他国家通货膨胀严重，国际收支逆差，则在基金组织同意下，该国货币可以贬值，重新与美元建立固定比价关系。这并不影响美元的国际地位。但若美国国际收支持续性逆差，美元对外价值长期不稳，美元则会丧失其中心地位、危及布雷顿森林制度存在的基础。

（2）美国的黄金储备充足。在布雷顿森林体系下，美元与黄金挂钩，外国政府或中央银行持有的美元可向美国兑换黄金。美国要履行35美元兑换一盎司黄金的义务，必须拥有充足的黄金储备。若美国黄金储备流失过多，储备不足，则难以履行兑换义务，布雷顿森林体系将难以维持。

（3）黄金价格维持在官价水平。第二次世界大战后，美国黄金储备充足，若市场价格发生波动，则美国可以通过抛售或购进黄金加以平抑。若美国黄金储备不足，无力进行市场操作和平抑金价，则美元比价就会下降，国际货币制度的基础也就会随之动摇。

在布雷顿森林体系的早期，各国都需要从战争废墟中恢复经济，迫切需要美元，此时美国由于国际收支顺差导致输出的美元数量有限，因此世界上面临着“美元荒”的局面。随着美国国际收支持续逆差，各国手中持有的美元数量激增，“美元荒”变为“美元灾”。当人们对美元的信心日益丧失，对美元与黄金之间的可兑换性产生怀疑时，必然会出现抛售美元、抢购美国黄金和经济处于上升阶段的国家硬货币的现象，由此即会触发美元危机。因此可以看出，布雷顿森林体系的瓦解过程，就是美元危机不断爆发—拯救—再爆发直至崩溃的过程。

10.2.3.2　布雷顿森林体系崩溃的原因

(1) 制度自身的缺陷，这是以美元为中心的国际货币制度崩溃的根本原因，是由于这个制度本身存在着不可解决的矛盾。在这种制度下，美元作为国际支付手段与国际储备手段，发挥着世界货币的职能。

一方面，美元作为国际支付手段与国际储备手段，要求美元币值稳定，才会在国际支付中被其他国家普遍接受。而美元币值稳定，不仅要求美国有足够的黄金储备，而且要求美国的国际收支必须保持顺差，从而使黄金不断流入美国而增加其黄金储备。否则，人们在国际支付中就不愿接受美元。

另一方面，全世界要获得充足的外汇储备，又要求美国的国际收支保持大量逆差，否则全世界就会面临外汇储备短缺、国际流通渠道中国际支付手段的短缺。但随着美国逆差的增大，美元的黄金保证不断减少，美元又将不断贬值。第二次世界大战后从美元短缺到美元泛滥，是这种矛盾发展的必然结果。

(2) 美元危机与美国经济危机频繁爆发。资本主义世界经济此消彼长，美元危机是导致布雷顿森林体系崩溃的直接原因。

①美国黄金储备减少。美国1950年发动朝鲜战争，海外军费剧增，国际收支连年逆差，黄金储备源源外流。1960年，美国的黄金储备下降到178亿美元，已不足以抵补当时的210.3亿美元的流动债务，出现了美元的第一次危机。60年代中期，美国卷入越南战争，国际收支进一步恶化，黄金储备不断减少。1968年3月，美国黄金储备已下降至121亿美元，而同期的对外短期负债为331亿美元，引发了第二次美元危机。到1971年，美国的黄金储备（102.1亿美元）仅是它对外流动负债（678亿美元）的15.05%。此时美国已完全丧失了承担美元兑换黄金的能力。于是，尼克松总统不得不于1971年8月15日宣布停止承担美

元兑换黄金的义务。1973年美国爆发了最为严重的经济危机，黄金储备已从战后初期的245.6亿美元下降到110亿美元。没有充分的黄金储备作基础，严重地动摇了美元的信誉。

②美国通货膨胀加剧。美国发动侵越战争，财政赤字庞大，不得不依靠发行货币来弥补，造成通货膨胀。加上两次石油危机，石油提价导致美国国际支出增加；同时，由于失业补贴增加、劳动生产率下降，造成政府支出急剧扩大。而美国消费物价指数1960年为1.6%，1970年上升到5.9%，1974年又上升到11%。这些因素给美元的汇价带来了巨大冲击。

③美国国际收支持续逆差。第二次世界大战结束时，美国利用在战争中膨胀起来的经济实力和其他国家被战争削弱的机会，大举向西欧、日本和世界各地输出商品，使美国的国际收支持续出现巨额顺差，其他国家的黄金储备大量流入美国。各国普遍感到"美元荒"。随着西欧各国经济的增长，出口贸易的扩大，致使其国际收支由逆差转为顺差，美元和黄金储备增加。与此同时，美国由于对外扩张和侵略战争，国际收支由顺差转为逆差，美国资金大量外流，形成世界的"美元过剩"。这导致美元汇率承受了巨大冲击和压力，不断出现下浮波动。

10.2.3.3 布雷顿森林体系崩溃的过程

（1）美元停止兑换黄金。大规模的美元危机最早爆发于1960年，其后在1968年、1971年、1973年多次爆发。每次美元危机爆发的原因是相似的，即对美元与黄金之间的可兑换性产生怀疑，由此引起大量投机性资金在外汇市场上抛出美元，酿成风暴。尽管在每次美元危机爆发后，美国与其他国家都采取了互相提供贷款、限制黄金兑换、美元贬值等一系列协调措施，但这都不能从根本上改变"特里芬两难"所揭示的布雷顿森林体系在实现内外均衡的制度安排上的缺陷，因此只能收到暂时的效果。

1971年7月第七次美元危机爆发，尼克松政府于同年8月15日宣布实行"新经济政策"，停止履行外国政府或中央银行可用美元向美国兑换黄金的义务。这意味着美元与黄金脱钩，支撑国际货币制度的两大支柱有一根已倒塌。

（2）取消固定汇率制度。1973年3月，西欧又出现抛售美元，抢购黄金和马克的风潮。同年3月16日，欧洲共同市场9国在巴黎举行会议并达成协议，联邦德国、法国等国家对美元实行"联合浮动"，彼此之间实行固定汇率。英国、意大利、爱尔兰实行单独浮动，暂不参加共同浮动。此外，其他主要西方货币也都实行了对美元的浮动汇率。至此，战后支撑国际货币制度的另一支柱，即固定汇率制度也完全垮台。这宣告了布雷顿森林制度的最终解体。

布雷顿森林体系是特定历史条件下的有关内外均衡实现机制的一种制度安排，这一特定的历史条件主要是美国在世界经济中的垄断地位以及国际资金流动的缺乏。美国的垄断地位使得美元可以在国际货币体系中成为等同于黄金的关键性货币，国际资金流动的缺乏则使可调整的钉住汇率制易于维持。在布雷顿森林体系运行的相当长的一段时期里，这两个条件都是存在的，因此在这段时期内布雷顿森林体系有效地推动了世界经济的发展。当这些条件随着时间的推移而逐步弱化并最终消失时，布雷顿森林体系的动摇和崩溃也就难以避免了。如何适应新的历史条件，确定新的实现内外均衡的制度安排，就成为建立新的国际货币体系的尝试中所要解决的问题。

10.3 牙买加体系

现行的国际货币体系是牙买加体系，是以美元为中心的国际储备货币多元化的浮动汇率体系。由于实行双挂钩体制的布雷顿森林体系的内在不稳定性，从而导致了国际货币体系的危机，加速了国际货币体系的改革。1976 年 1 月，国际金融会议在牙买加首都金斯敦举行，讨论修改国际货币基金协定的条款，最后达成了《牙买加协定》。1978 年 3 月，国际货币基金组织理事会通过决议，正式宣布实行浮动汇率制和取消黄金的唯一国际支付手段的地位，一个以《牙买加协定》为基础的新的国际货币体系——牙买加体系（Jamaica System）开始形成。

10.3.1 牙买加体系的形成

自布雷顿森林体系瓦解后，国际货币金融局势一直处于动荡之中。浮动汇率和高昂的石油价格相结合造成了 20 世纪 70 年代通货膨胀的 10 年。1973 年底到 1974 年，石油价格大幅上涨，由此造成的石油危机严重冲击了世界经济。美元的国际地位不断下降，出现了国际储备资产多元化的状况。许多国家实行浮动汇率制，汇率波动剧烈，全球性国际收支失衡现象日益严重，西方发达国家之间以及发达国家与发展中国家之间矛盾重重、斗争激烈。国际社会及各国纷纷探析能否建立一种新的国际货币体系，提出了许多改革主张，如恢复金本位制、恢复美元本位制、实行综合货币本位制及设立最适货币区等以协调国际经济，但均未能取得实质性进展。因为石油危机带来的国际收支失衡使各国建立“稳定但可调整的汇兑平价体系”的破灭，使浮动汇率制度成为解决国际收支逆差的最佳途径。

1972 年 7 月，为研究国际货币制度改革问题，国际货币基金组织成立了“国际货币制度改革和有关问题委员会”，该委员会由 11 个主要工业国和 9 个发展中国家组成，所以又称“二十国委员会”。1974 年 6 月，该委员会提出了一份“国际货币制度改革大纲”，对汇率、国际资本短期流动、国际储备资产、黄金等问题提出了一些原则性的相关建议，并建议基金组织在“二十国委员会”结束后，另成立临时委员会，继续探讨有关国际货币制度的改革问题。根据这个建议，1974 年 7 月，基金组织设立了“国际货币制度临时委员会”来接替“二十国委员会”的工作。1976 年 1 月 8 日，“临时委员会”在牙买加首都金斯顿举行的第 5 次会议上，讨论修订了《国际货币基金协定》，会议集中讨论了扩大和重新分配份额、处理黄金官价和基金组织库存的黄金、修改基金组织有关汇率的规定等三个问题。经过激烈争论，会议对增加份额、黄金的作用、汇率体系和发展中国家资金融通等问题达成了具体协议，即《牙买加协定》。在牙买加会议上达成的协议，需要由基金组织对协定条文修改后方能付诸实施，基金组织执行董事会于同年 3 月完成了协定条文和修改草案，基金组织理事会于同年 4 月通过了《国际货币基金组织协定第二次修正案》，于 1978 年 4 月 1 日起正式生效。实施牙买加协议后，逐渐形成了现在的国际货币关系的新格局，即“牙买加体系”。

各国达成《牙买加协定》后，国际货币关系出现了一些重大变化，进入了一个新的阶段。有关变化虽然是在牙买加会议之前发生的，但一般都在这次会议上得到了认可。由于《牙买加协定》形成了一种新的国际货币关系格局，因而此后的国际货币体系亦被称作牙买加货币体系。

10.3.2 牙买加体系的基本内容

牙买加体系是以《牙买加协定》为基础的，其核心内容涉及本位货币问题、汇率制度问题等。具体说，它包括以下几方面的内容：

10.3.2.1 承认浮动汇率制的合法性

牙买加协议正式确认了浮动汇率制的合法化，承认固定汇率制和浮动汇率制并存的局面，成员国可自由选择汇率制度。同时国际货币基金组织继续对各国货币汇率政策实行严格监督，并协调成员国的经济政策，促进金融稳定，缩小汇率波动范围。实行浮动汇率制的成员国应根据条件逐步恢复固定汇率制，并防止采取损人利己的货币贬值政策；在认为国际经济条件已经具备时，经总投票权的85%多数通过，基金组织可以决定采用“稳定的但可调整的货币平价制度”，即恢复固定汇率制度。

10.3.2.2 减弱与消除黄金的货币作用

协议做出了逐步使黄金退出国际货币的决定，实行黄金“非货币化”，取消有关黄金问题的一切条款。并规定：废除黄金条款、取消黄金官价、用特别提款权逐步代替黄金作为国际货币体系的主要储备资金。取消成员国之间及成员国与基金组织之间以黄金清算债权债务的义务。各成员国中央银行可按市价从事黄金交易，基金组织不在黄金市场上干预金价。基金组织持有的黄金应逐步加以处理，其中1/6（2 500万盎司）按市价出售，超过其官价（每盎司42.22美元）部分作为援助发展中国家的资金；1/6由原缴纳的成员国按官价买回，剩余的黄金须经总投票权85%的多数通过，决定向市场出售或由各成员国买回。

10.3.2.3 以特别提款权作为主要的储备资产

规定特别提款权作为主要国际储备资产和各国货币定值的标准，以及进行国际借贷之用。即在未来的货币体系中，应以特别提款权作为主要的储备资产，并作为各国货币定值的基础。凡有特别提款权账户的国家，可以通过用特别提款权进行借贷以及用来偿还基金组织的债务，基金组织要加强对国际清偿能力的监督，用以提高特别提款权的国际储备地位，扩大其在国际货币基金组织一般业务中的使用范围，并且适时修订特别提款权的有关条款。

10.3.2.4 增加基金组织的份额

实行第六次增资，成员国的份额根据各国经济实力的变化而略有改动。各成员国对基金组织缴纳的份额，由原来的292亿特别提款权增加到390亿特别提款权，增加了33.6%。各成员国应交份额所占的比重有所改变，主要是石油输出国组织的比重由5%增为10%，除联邦德国、日本外，西方主要工业国的份额均有所降低，而英国下降最多。份额重新修订的一个重要结果是发达国家的投票权与发展中国家比较相对减少了。

10.3.2.5 扩大对发展中国家的资金融通

扩大对发展中国家的资金融通，用在市场上出售黄金超过官价部分的所得收入建立信托基金，向最穷困的发展中国家以优惠条件提供贷款，帮助它们解决国际收支方面的困难。同时，扩大基金组织的信用贷款总额，由占成员国份额的100%提高到145%；增加“出口波动补偿贷款”的比重，由占份额的50%增加到75%，并放宽出口波动补偿贷款条件以满足发展中国家的特殊需要。资助持续发生巨额国际收支逆差的国家，放松贷款条件，延长偿还期限。

牙买加体系对货币体制改革起了一定作用，但许多根本性的问题，如对汇率的监督、国际收支的调节、国际储备的创造和管理等，仍未解决。

10.3.3 牙买加体系的主要特点

牙买加体系是对布雷顿森林体系的改革，现行的货币体系有如下特点：

10.3.3.1 黄金非货币化

黄金脱去了国际货币的外衣，黄金不再是各国货币平价的基础，也不能用于官方之间的国际清算。

10.3.3.2 浮动汇率合法化

1978年，国际货币基金组织正式批准了浮动汇率制度，形成了固定汇率制和浮动汇率制并存的局面。牙买加协定确认各国可以自由做出汇率方面的安排，各国货币当局不再规定与维持本币与外币汇率的波动界限，汇率主要是根据外汇市场的供求状况自发形成与浮动，或实行有管理的浮动。

10.3.3.3 汇率制度多样化

在牙买加体系下，以浮动汇率为主的汇率制度得到发展。经过1976年牙买加会议认可和基金组织通过的《国际货币基金组织协定第二次修正案》，允许各国自由安排汇率制度，既可以自由浮动，也可以有管理地浮动；既可以单独浮动，也可以联合浮动；既可以钉住单一货币浮动，也可以钉住特别提款权或一篮子货币浮动。各国可根据自身的经济实力、开放程度、经济结构等一系列相关因素去权衡得失利弊。

10.3.3.4 国际储备资产多元化

与布雷顿森林体系下国际储备结构单一、美元地位十分突出的情形相比，在牙买加体系下，国际储备货币呈现多元化局面。虽然美元仍旧是最主要的国际货币，但地位已经下降，美元垄断外汇储备的情形不复存在。德国马克、日元的国际货币地位逐步加强，出现了以美元为首的国际储备资产多元化的局面。

10.3.3.5 国际收支调节形式多样化

在牙买加货币体系的条件下，各国通过汇率机制、利率机制、国际金融市场、动用国际储备资产以及国际金融机构的协调来调节国际收支的不平衡，多种国际收支调节机制可以相互补充，从而出现了国际收支调节机制的多样化。

10.3.4 牙买加体系的积极作用

牙买加体系比较客观地反映了布雷顿森林体系崩溃以后国际货币体系的新格局，在一定程度上适应了不少国家主张的按“市场主导”原则，自主选择经济、货币政策模式的客观要求。尽管牙买加体系是解决布雷顿森林体系解体后的一种权宜之计，甚至事实上，它是对当时国际上处理黄金、汇率问题某些做法的一种事后法律认可，但牙买加体系的产生，还是比布雷顿森林体系有了很大的改进，适应了世界经济形势发展的需要，对国际贸易和世界经济的正常运转起到了重要的积极作用。

（1）牙买加体系是以实施浮动汇率制为主的货币制度，浮动汇率不仅可以比较灵敏准确地反映出不断变化的国际经济状况，而且还可以调节外汇市场的供求关系，从而促进国际贸易和世界经济的发展。浮动汇率制对国际经济的这种有利影响主要表现在：

①各主要国家货币的汇率可以根据市场供求状况自发调整，可以灵敏地反映瞬息万变的宏观经济情况；

②可以缓解市场上大量游资对硬货币的冲击。硬通货国家不负有类似固定汇率制下维持汇率稳定的义务，因此也就不会出现该国家外汇储备大量流失的状况，同时也起到了阻止输入国际通货膨胀的作用，从而有利于国际外汇市场和国际货币秩序的稳定；

③灵活地以浮动汇率为主的汇率体制可以使一国的宏观经济政策更具独立性和有效性；

④可以促进国际金融业务创新和发展。在浮动汇率制下，为避免风险、加强竞争，推动国际金融领域出现了许多新型业务与新型的金融工具，促进了国际贸

易、金融和投资的发展。

(2) 牙买加体系实际上是储备货币多元化的国际货币制度，基本上克服了布雷顿森林体系下基准通货国家与依附国家相互牵连、对单一货币即美元过度依赖的弊端，缓解了国际清偿力不足的压力，在一定程度上克服了以前的美元“两难”困境。牙买加体系实现了国际储备多元化和汇率制度浮动化，即使发生美元贬值，也不一定会影响到各国货币的稳定性，基本上割断了基准通货与依附国家或挂钩国家货币之间的必然牵连，使一国汇率的形成和国际储备资产的运作更趋合理。

(3) 牙买加体系采取多种调节机制相互补充的办法来调节国际收支，在一定程度上改变了布雷顿森林体系调节失灵的状况。布雷顿森林体系调节成员国国际收支失衡的渠道主要有两条：第一条途径，当成员国发生暂时性的国际收支失衡时，通过国际货币基金组织的贷款援助来调节；第二条途径，当成员国的国际收支出现根本性失衡时，通过改变货币平价、变更汇率来调节。事实证明，由于调节渠道和力度有限，调节机制失灵，曾长期出现全球性国际收支失衡的现象。而牙买加体系除可以继续依靠基金组织和变动汇率外，还可以通过利率及国际金融市场的媒介作用、国际商业银行活动、外汇储备的变动等渠道进行，多种调节手段还可以结合起来运用，在一定程度上克服了布雷顿森林体系调节机制失灵的困难，从而对世界经济的健康发展起到了积极作用。

10.3.5 牙买加体系的主要缺陷

牙买加体系在对世界经济发展产生积极促进作用的同时，亦带来许多消极影响。最为明显的后果是汇率的剧烈波动，由此助长外汇市场的投机活动，引发国际金融市场的动荡和混乱，也直接影响到国际借贷关系的发展，还会增加进出口贸易蒙受的外汇风险损失。牙买加体系以多样性、灵活性、适应性为特征取代了原来整齐划一的国际货币体系，但它却明显缺乏制约及协调能力，是一种比较松散的国际货币体系。正是在这个意义上，所以说牙买加体系实则“无体系”。

美元虽然随着布雷顿森林体系的解体而遭受重创，但此后它仍在国际货币体系中处于主导地位。牙买加体系摧毁的只是美元对黄金及各国货币“双挂钩”的独断专权，并没有剥夺美元世界货币的功能。实际上，美元仍然是最主要的世界货币，只不过在布雷顿森林体系中它是唯一的世界货币；而在牙买加体系中，美元和马克、日元一同成为世界货币。马克、日元作为后起之秀改变了美元一统天下的金融局面，虽然它们一再向美元发起冲击，但毕竟没能后来居上、未能与美元平分秋色。20世纪90年代初，联邦德国马克占各国官方储备的20%，日元占近10%，而美元仍占50%的份额。当时不少人认为，随着日元大幅升值，德国马克坚挺以及美元大幅贬值，美元、马克、日元三种货币有望并驾齐驱。但事实并非如此，德国和日本的经济实力短时期很难与美国抗衡，后来日元的大幅震荡就已证明了这一点。随着美国克林顿政府新经济政策的实施，日本泡沫经济的破裂，德国在高新技术竞争中的相对滞后，日元、马克日益难抵美元的强势。

现行的牙买加体系毕竟是在布雷顿森林体系解体后国际金融领域较为动荡时期的产物，从建立伊始就有许多不完善之处，诸如它只是对当时既成事实的各国普遍实施的各种不同浮动汇率制度的一种认可，并没有建立起一种新的稳定的国际货币制度及其执行机构，没有重视稳定国际汇兑的基础问题或平价问题等。随着复杂多变的国际经济关系的发展变化，牙买加体系的某些弊端已日益明显暴露出来。这些弊端主要表现在：

(1) 汇率变动频繁剧烈，给国际贸易投资和各国经济带来不利影响。具体表现在：①汇率频繁变动，给进出口核算及正常经营带来困难；②汇率频繁变动，助长了外汇市场上的投机活动，引发和加快了资本流动，造成国际财富不合理的转移及再分配，加剧了国际金融市场的动荡和混乱；③汇率变动不定，容易引发债务危机，从而影响国际贸易的正常开展和国际金融形势的稳定；④汇率急剧变动，会引起物价、工资以及就业发生大的变化，从而对贸易与经济产生不利影响。同时，汇率经常下浮，容易导致通货膨胀。

(2) 国际货币多元化，世界缺乏统一的稳定的货币标准，不利于国际经济活动的顺利开展。牙买加体系是多种货币储备体系，具有内在的不稳定性。国际储备资产多元化，会相对增加国际储备的数量和增加管理的难度，增加遭受外汇风险的机会，从而不利于充分与合理地运用有限的国际资源。

(3) 国际收支调节机制仍不健全，全球性国际收支失衡现象日益严重。尽管在牙买加体系下国际收支调节的渠道与措施比先前增多且可组合运用，但从该体系运行多年来看，全球性的国际收支失衡问题非但没有得到妥善解决反而更加严重，充分暴露出该体系的缺陷与软弱之处。对于国际收支不平衡的国家，不论是顺差国还是逆差国，应该采取的调整措施、合适的国内经济政策的确定、国际间的政策协调以及实施国际监督等等，牙买加体系并没有提出具体的可操作方案，因而国际货币关系长期处于较为混乱的状态，这也说明现行的国际货币体系还没有建立起完善的国际收支调节机制。

从上述分析可以看出，现行的牙买加货币体系，还有许多不适应国际经济健康发展需要的弊端，必须进行进一步的改革，建立起合理的稳定的国际货币新秩序。

10.3.6 牙买加体系的改革构想

鉴于现行国际货币体系的种种弊端，就国际货币体系的改革问题形成了多种方案，归纳如下：

（1）储备货币国际化。特里芬认为，现行的国际货币体系存在种种弊端，其根源在于用少数国家的关键通货作为国际储备货币。这种关键的国家货币作为国际货币的做法必然给其货币充当国际储备货币的国家以金融特权，加剧本来就不平等的贫富国家之间的不平等关系。同时，用作国际储备货币的国家必须应付持久的巨额逆差以平衡本国货币在世界上的供求关系，这样必然会使自己的通货充斥世界市场，最终导致这种货币的不可兑换性。因此，特里芬的货币体系改革思路就是储备货币的国际化。特里芬关于国际货币体系改革方案的核心是在国际储备中用国际货币基金组织的余额取代外汇储备余额。国际货币基金组织的主要任务有三项，即存款、放款以及清算活动。

（2）改革国际货币基金组织和世界银行。埃及经济学家萨米尔·阿明认为，改革方向应当是将国际货币基金组织转变为拥有真实的世界货币发行权的世界中央银行，这种真实货币将取代美元，保证汇率的稳定，并为发展中国家提供“在增长中调整”所需的清偿能力。把世界银行变成一种基金，使它能够从德国和日本等国吸收国际资本，并注入到发展中国家而不是美国。这种意在推动发展中国家经济增长的资本流动调节同时会迫使美国减少其巨额的经常项目赤字，加强欧洲、日本和美国之间的金融政策协调，使之朝着允许汇率获得相对稳定的方向发展，从而消除正在进行中的全球单极化的消极影响。以上构想的实质反映了发展中国家对美元霸权、对发达国家主导国际货币体系的不安，希望发达国家更多地分摊货币危机的损失等。

（3）设立“托宾税”控制资本流动。托宾提出建立国际金融体系的“新大厦”，甚至乔治·索罗斯也同意这一主张。他们坚持全球自由化，建议重新设立“托宾税”来控制资本流动，即对所有与货币兑换有关的国际证券和外汇即期交易征收税率统一的国际税，以交易成本的提高来减少国际资本流动的不稳定性，并降低国际证券价格和汇率的波动性。托宾将国际交易税形容为“向国际金融的车轮撒沙子”。其优势在于减少汇率的脆弱性，削减国际金融市场对国家政策的影响力，有利于维护政府在决定预算和货币政策方面的权力。

(4) 回归派。回归派有两个分支，一是主张回归金本位制，另一个主张回归布雷顿森林体系。虽然这两派观点都有幻想主义色彩，但是它们都反映了人们的一个共同愿望——渴望国际货币体系的稳定。

这些关于国际货币体系改革的设想最大的缺陷在于站在全球的高度，起点太高，范围太广，忽略了货币改革要以经济为基础的原则。在经济发展极不均衡的今天，如此激进式的改革方法只能将发展中国家置于更不利的地位。

10.3.7 牙买加体系的启示

牙买加体系的局限性以及对牙买加体系的改革为我们带来如下启示：

(1) 应当降低国际货币对美元的依赖。美元的影响力下降将有利于减少美国对其他国家的剥削、降低美国政策对别国的影响，即逐渐消除美元的“金融霸权”。只要美元仍旧执行世界货币的职能，美国就可以无偿占有大量铸币收益，这是强国对弱国的剥削。只要美元的地位仍不被动摇，世界各国的货币政策仍将受到美国的影响。

解决这一问题最直接的方法就是创建国际或区域间共同货币替代美元作为国际主要货币，但这在当今的国际经济环境下是无法实现的，主要因为各国的经济差异太大，无法形成以经济为保障的共同货币。而国际货币基金组织所创建的特别提款权由于在本质特征、创设条件和分配方面的限制，使其不能成为国际货币合作中的国际本位币。因此，在这种情况下，进行区域货币合作，形成货币区之间的相互制衡就显得尤为重要。

(2) 建立货币区不但可以降低美元对货币区各国的影响，而且可以大大减少浮动汇率制带来的弊端。地理位置相邻、经济结构相似的国家结成区域经济集团，发展区域货币合作，有助于直接和间接节省交易成本，提高市场透明度，促进区内贸易和市场一体化，消除汇率波动，减少汇率和价格的不确定性和资本的风险成本，提高货币政策有效性，降低通货膨胀等。

伴随着区域货币合作的发展会相应地产生区域中央银行以协调本区域的经济政策。这些超国家的中央银行的出现会逐渐削弱国际金融机构的作用，区内的中央银行会监督成员国的经济事务，而且区域货币合作会降低危机发生的可能，这就大大减少了国际金融机构处理国别事务的工作量，同时国际金融机构与区域中央银行的协作效率会更高。

（3）区域货币合作能为我们提供一种渐进式的改革路径：寻求稳定—区域经济合作—区域货币合作—经济与货币趋同—单一货币区，有可能在世界形成几个大的货币区，产生区域间货币与经济的趋同，最终产生世界货币。

目前，牙买加体系在各国的不断博弈中已经形成了这样的发展趋势：世界货币体系开始分割成多个货币区。欧元区的形成则提供了一个渐进式的货币改革路径，值得各国借鉴。

习题思考

1. 什么是国际货币体系？
2. 简述国际金本位制在内外均衡实现机制上的特点。
3. 简述布雷顿森林体系的主要内容和特征。
4. 试从内外均衡实现机制角度分析布雷顿森林体系的根本缺陷。
5. 牙买加体系的主要内容与特点有哪些？
6. 评析牙买加体系所存在的主要缺陷。
7. 你认为一个国家或经济体在进行汇率制度选择时应当考虑哪些因素？

参考文献

1. 姜波克、杨长江编著：《国际金融学》（第二版），高等教育出版社 2004 年版。

2. 姜波克著：《国际金融新编》（第三版），复旦大学出版社 2001 年版。

3. 姜波克、傅浩、钱钢著：《开放经济下的政策搭配》，复旦大学出版社 1999 年版。

4. 马君潞、陈平、范小云主编：《国际金融》，科学出版社 2005 年版。

5. 潘英丽、马君潞主编：《国际金融学》，中国金融出版社 2002 年版。

6. 杨胜刚、姚小义编著：《国际金融》，高等教育出版社 2005 年版。

7. 连平著：《离岸金融研究》，中国金融出版社 2002 年版。

8. 左连村、王洪良著：《国际离岸金融市场理论与实践》，中山大学出版社 2002 年版。

9. 杨胜刚主编：《国际金融学》，中南大学出版社 2003 年版。

10. 杨胜刚、姚小义主编：《外汇理论与交易原理》，中国金融出版社 2002 年版。

11. 沈学兵主编：《国际金融》，上海财经大学出版社 2004 年版。

12. 侯高岚编著：《国际金融》，清华大学出版社 2005 年版。

13. 陈雨露编著：《国际金融》（第二版），中国人民大学出版社 2005 年版。

14. 徐志刚、钱钢著：《香港金融制度与分析》，上海三联书店 2000 年版。

15. 单忠东、綦建红编著：《国际金融》，北京大学出版社 2005 年版。

16. 李富有著：《区域货币合作：理论、实践与亚洲的选择》，中国金融出版社 2004 年版。

17. 吴丽华编著：《外汇业务操作与风险管理》，厦门大学出版社 2004 年版。

18. 易纲、杨磊著：《国际金融》，上海人民出版社 2004 年版。

19. 杨培雷编著：《国际金融》，上海财经大学出版社 2005 年版。

20. 陈信华、殷凤编著：《国际金融学》，上海财经大学出版社 2004 年版。

21. 蓝发钦著：《国际金融》，立信会计出版社 2005 年版。

22. 叶蜀君编著：《国际金融》，清华大学出版社 2005 年版。

23. 刘军善主编：《国际金融学》，东北财经大学出版社 2004 年版。

24. 杨星主编：《国际金融学》，广东经济出版社 2001 年版。

25. 王立成编著：《外汇交易技巧与实战图解》，清华大学出版社 2005 年版。

26. 韩复龄编著：《外汇交易工具与避险操作》，中国时代出版社 2006 年版。

27. 任正晓、刘光洪编著：《外汇风险防避与利用》，中国经济出版社 1995 年版。

28. 王爱俭著：《汇率导论》，中国金融出版社 1997 年版。

29. 刘玉操编著：《国际金融实务》，东北财经大学出版社 2001 年版。

30. 刘园主编：《国际金融风险管理》，对外经济贸易大学出版社 1998 年版。

31. 韩玉珍编著：《国际金融》，首都经济贸易大学出版社 2002 年版。

32. 白钦先等著：《金融可持续发展研究导论》，中国金融出版社 2001 年版。

33. 白英瑞等著：《欧盟：经济一体化理论与实践》，经济管理出版社 2002 年版。

34. 关志雄著：《亚洲货币一体化研究——日元区发展趋势》，中国财政经济出版社 2003 年版。

35. 马君潞著：《21 世纪金融大趋势——金融自由化》，中国金融出版社 1999 年版。

36. 罗纳德·I·麦金农、贡特尔·施纳布尔著：《东亚经济周期与汇率安排》，中国金融出版社 2003 年版。

37. 罗纳德·I·麦金农著：《经济发展中的货币与资本》，上海三联书店 1988 年版。